KB040401

국회의원도 소환하라!! 국민소환제

국회의원도 소환하라!! 국민소환제

이경주·정영태·박재범·김헌구 지음

차 례

표·그림 목차

부록

[그림]

책을 펴내며

고양이 목에 방울을 달 수 있을까

17대 국회의원 총선 이후 국회의원 소환제도 도입에 대한 논의가 계속되고 있으며, 제21대 국회에서도 출범 6개월만에 벌써 6개의 법안이 발의되어 현재(2021.05)에 이르고 있다.

이번에는 고양이 목에 방울을 달 수 있을까. 국회의 과반수를 차지하고 있는 집권여당에서도 법안이 발의되는가 하면 소환제를 당의 제1과제로 삼은 정당도 등장한 것을 생각하면 기대를 갖기에 충분하다. 그러나 2007년에도 소환제 입법에 대한 논의는 활발하였으나 결국 지방의회 의원에 대한 소환제에 그친 경험을 생각하면 낙관은 금물이다.

국회의원에 대한 전형적인 책임추궁제도, 소환제

현행 헌법은 국민소환제의 헌법적 근거를 명문화하고 있지 않다. 그러나 그렇다고 프랑스 제1공화국 헌법에서와 같이 기속적 위임 금지를 명문화하여 국민소환제를 부정하고 있지도 않다. 비교헌법 사적으로 보더라도 주권자인 국민의 개념은 제한선거에 바탕을 둔 200여 년 전의 국민(국적보유자의 총체)이 아닌 보통선거권의 도입과 함께 유권적 시민으로 변화되었다. 대의제는 국회의원이 유권자의 뜻을 의식하지 않을 수 없는(예를 들어, 선거공약, 메니페스토 등) 이른바 반대표제*로 변화하여 왔다고 할 수 있다. 이러한 반대표제하에서의 대표(국회의원)는 유권자의 의사에 간접적 또는 직접적으로 강한 구속을 받는다. 대표 또한 유권자에게 정치적 책임을 지려한다. 이러한 국회의원에 대한 책임추궁제도의 전형적인 요소가 국민소환제다.

개헌 없이도 가능한 소환제 입법

보통선거권의 실시와 더불어 대의제는 대의제 민주주의로 질적인 전환을 이루게되어, 면책특권**이 존재한다고 하더라도 일정한 국정사안에 대하여 국민투표나 국민발안은 물론 대표에 대한 소환을 허용하기도 한다. 우리 헌정사를 돌이켜 보더라도 면책특권은 존재하고 있지만, 헌법개정안에 대한 국민발안권(1962년 헌법 제119조 제1항)을 규정한 바 있다. 국가안위에 관한 중대사안에 대해 국민투표(1954년 헌법 제7조의2)를 규정한 이래 현행 헌법(제72

---

*   유권자가 대표를 일부 통제할 수 있는 상황을 반대표제라고 한다.

**   국회의원이 국회에서 직무상 행한 발언과 표결에 관하여 국회 밖에서 책임을 지지 않는 특권을 말한다.

조)에서도 이어지고 있으며, 헌법개정안에 대한 국민투표(제130조)도 인정하고 있다. 또한 지방의회의 대표에 대해 이미 2007년부터 '주민소환에 관한 법률'로 소환제를 실시하고 있다.

그러나 논란도 없지 않다. 대표적인 것은 우리 헌법 제46조 제2항(국가이익우선)을 들어 이를 무기속 위임의 근거로 삼고 기속위임*을 내용으로 하는 소환제를 도입하기 위해서는 개헌을 추진해야 한다는 주장이다. 또 하나는 국회의원 임기가 헌법에 4년이라 규정되어 있으니 개헌을 해야만 국회의원 소환제에 관한 법률을 제정할 수 있다는 주장이다.

하지만 헌법 제46조 제2항 조항은 무기속 위임의 근거가 아니라 헌정사적으로 보면 청렴의무조항의 구체화로 이해해야 한다. 또 헌법 제42조(임기조항)에서의 임기는 최소보장의 의미가 아니라 최대보장의 의미로 해석해야 한다.

책임추궁 활성화 위한 설계해야

소환제는 세계적으로 유례없는 특이한 제도도 아니다. 영국과 대만을 비롯한 여러 나라가 실시하고 있는 제도이기도 하다. 비교헌법적으로 소환제도는 그 층위별로 보면 중앙정부 수준에서 실시되는 나라(영국, 대만, 베네수엘라 등)와 하위단위(주정부나 시정부 단위) 수준에서 실시되는 나라(미국의 개별 주, 독일의 개별 주, 일본 지방자치단체 등)로 나눌 수 있다. 그 대상별로 보면 모든 선출직 공직자를 대상으로 하는 나라(대만, 베네수엘라 등 8개국), 대통령에 대한 소환만을 실시하는 나라(아이슬란드), 의회 전체를 소환하

---

* 대표가 유권자의 의사에 기속된다고 하여 기속 위임이라고도 한다.

는 나라(리히텐스타인), 개별의원을 상대로 하는 나라(영국 등 11개국)로 나눌 수 있다.

소환사유별로 보면 정치적 책임추궁절차로서의 소환제와 사법적 책임추궁절차로서의 소환제도로 대별할 수 있다. 사법적 책임추궁절차로서 소환제를 도입하는 경우 소환의 사유(위법 등)를 명확히 할 수 있는 장점이 있는 반면, 충분치는 않지만 국회의원의 사법적 책임추궁절차와 관련한 법제도가 있는 바, 소환제 도입의 의미가 약화될 수 있다. 정치적 책임추궁절차로서 소환제를 도입하는 경우 소환제 도입의 헌정사적 의미는 확대될 수 있으나 소환사유가 불분명하여 남용의 여지가 없는 것은 아니다.

소환발의시점을 기준으로 보면 사법적 책임추궁절차로 소환제를 도입하는 경우 언제든 소환을 발의할 수 있도록 하는 경향이 강한 반면, 정치적 책임추궁절차로 소환제를 도입하는 경우 일정한 기간 즉 대표로서 성과를 입증할 수 있는 기간 예를 들면 1년 등의 시간을 두는 경우가 많다.

투표와 소환대상의 교체방식도 일정 수의 소환서명만으로 소환을 결정하는 경우와 소환성립 투표와 보궐선거를 별도로 하는 경우가 있다.

이상을 고려하면 소환제를 사법적 책임추궁절차로 도입할 것인가, 정치적 책임추궁절차로 도입할 것인가를 입법과정에서 결정해야 한다. 제도활성화를 위해서 사법적 책임추궁절차로서 소환제를 설계하는 경우는 소환사유를 확대할 필요가 있으며, 정치적 책임추궁절차로서 설계할 경우는 소환의 시기와 소환청구권자수를 조정하여 제도 취지를 살릴 필요가 있다. 소환정족수와 관련하여 제도활성화를 위해서는 직전 선거에서의 투표율과 연동할 필요가 있다.

방울달기, 유권자의 권리 찾기

이 책은 2020년 중앙선거관리위원회에서 발주한 '국회의원 소환 제도 도입에 대한 연구'의 결과물이기도 하다. 보고서를 일반 독자의 눈높이에 맞추어 알기 쉽게 대폭 수정하고 소환제 도입과 관련된 우려와 신중론을 포함한 논의들을 좌담회의 형태로 정리하여 덧붙였다. 보고서의 대중적 확산을 위해 출간을 허락한 중앙선거관리위원회에 감사의 말씀을 드린다. 연구 과정에 동참한 최준영 교수(인하대)께도 이 자리를 빌어 감사의 말씀을 드린다.

개인적으로는 2005년 『유권자의 권리 찾기, 국민소환제』를 발간한 이후 늘 마음 속에 부채로 있던 후속작업의 결과이기도 하다. 후속작업이 부진했던 것은 개인적인 게으름도 있었지만, 해외사례를 산뜻하게 정리할 수 없어서였다. 그런데 연구 과정에서 그런 고민을 한 번에 날릴 수 있는 천군만마를 얻게 되었다. 한국사회의 정치 구조와 정당정치에 대해 명쾌한 논진을 펼쳐온 탓에 평소 늘 존경하던 정영태 교수가 실은 소환제에 대해서도 관심이 있다는 것을 알게 되어 공동작업으로 이어질 수 있었다.

뿐만 아니라 이 책은 사실 정영태 교수의 지대한 공헌이 있었다. 헌법 및 법률적 쟁점 등과 관련해서는 이경주가 주로 정리 편집하였지만 2005년도 책의 내용을 크게 벗어나고 있지 못하여 출판까지는 엄두도 낼 수 없었다. 그런데 정영태 교수가 담당한 해외사례는 아마도 국내 유일무이할 것이다. 2005년도에도 해외 사례를 참조하였지만 그것은 지방의회 수준의 소환제에 대한 번역서와 해외사례에 불과했는데, 이번에 정영태 교수가 담당한 해외사례는 참고할 만한 내용이 많이 있다. 이 책의 해외사례가 징검다리가 되어 소환제 연구에 관한 새로운 지평을 열었으면 하는 마음 간절하다.

　　나아가 이 책의 저술과정에는 2명의 후배 연구자들도 큰 역할을 해주었다. 20대 국회와 21대 국회에 제출된 법안에 나타난 법률적 쟁점에 대해서는 (제2부 제1장) 박사과정에 재학 중인 박재범(산업노동정책연구소 연구원)이 면밀한 분석을 해주었고, 소환제에 대한 헌법의식 및 사례조사(제2부 제2장)에 대해서는 김헌구(변호사)가 여러모로 궁리된 분석을 담당해주었다. 두 연구자의 분석이 결정적으로 이 책에 생동감을 불어넣었다고 생각한다.

　　이 책이 동아시아 관계 전문 출판사인 논형에서 출판하게 된 데는 소재두 대표와의 소소한 인연은 물론 소환제에 대한 소신이 큰 몫을 했다. 이번에 비로소 숙제를 하게 된 셈이다. 논형 출판사 편집인 여러분들에게도 감사의 말씀을 전한다.

　　아무쪼록 이번에는 모두가 나서 고양이 목에 방울을 달 수 있기를 기대하며······

2021년 5월

이경주

제1부

헌법적 쟁점

영국 유권자들은 자신들이 자유롭다고 생각하는데, 크게 착각하는 것이다. 영국 유권자들은 국회의원 선거 동안만 자유롭다. 국회의원이 선출되는 즉시 노예가 되고 아무것도 아닌 존재가 된다. 영국의 유권자가 자유를 누릴 수 있는 짧은 시간 동안 그 자유를 어떻게 사용하는지를 보면 그들은 분명 자유를 잃을 만하다. … 그래서 나는 국회의원들이 행사할 수 있는 것들을 규제하기 위한 어떠한 행동도 가하지 않는 영국인들의 태만, 무관심 그리고 그 무지함을 경탄해 마지않는다.

－장 자크 루소

1. 헌법적 근거

1) 보통선거권과 대의제의 대의제 민주주의로의 전화

현행 헌법은 국민소환제의 헌법적 근거를 명문화하고 있지는 않다. 그러나 프랑스 헌법에서와 같이 기속적 위임금지를 명문화하여 국민소환제를 명문으로 부정하고 있지도 않다.

비교헌법적으로 보더라도 주권자인 국민의 개념은 제한선거에 바탕을 둔 200여 년 전의 국민(국적보유자의 총체)이 아니라 보통선거권의 도입과 함께 유권적 시민으로 변화되었다. 유권자와 대표와의 관계 측면에서 보면, 국회의원이 유권자의 뜻을 의식하지 않을 수 없는(예를 들어, 선거공약, 메니페스토 등) 이른바 반대표제로 변화하여 왔다고 할 수 있다(성낙인, 2021:350). 이러한 반대표제 하에서의 대표(국회의원)는 유권자의 의사에 간접적 또는 직접적으로 강한 구속을 받는다. 대표 또한 유권자에게 정치적 책임을 지려 하며 이러한 정치적 책임추궁제도의 전형적인 요소가 국민소환제이다.

보통선거권의 실시와 더불어 대의제는 대의제 민주주의로 질적인 전환을 하게 되어, 면책특권이 존재한다고 하더라도 일정한 국정사안에 대해 국민투표나 국민발안을 허용하거나 대표에 대한 소환을 허용하기도 한다.

보통선거의 실시와 민의에의 종속현상

비교헌법사적으로 보면 보통선거권의 실시에 따른 대표의 민의에의 종속현상이 국민소환제 논의의 계기가 되었다. 이러한 상황을 프랑스의 공법학자 레옹 뒤기(Léon Duguit)는 "국회의원은 법적으로는 유권자에게 구속되지 않지만 선거에서 당선되기 위해서는 지역구의 여론을 무시할 수 없게 되었다"고 했다. 의원이 지역구의 유권자 뜻을 의식하지 않을 수 없게 된 상황을 말베르(Carré de Malberg)는 '반(半)대표제(gouverment semi-représentatif)라하기도 했다.

제한 선거 하에서는 유권자의 수가 많지 않고 유권자와 대표와의 사회경제적인 기본이 다르지 않아 양자 간에는 동일 집단의 내부자로서의 신뢰관계 같은 것이 있었다. 즉 누가 대표가 되어도 대세에 지장이 없으니 당신이 해도 좋다는 식이었다. 그래서 대표는 유권자로부터 비교적 독립적으로 의회활동을 할 수 있었다. 하지만 보통 선거제의 도입에 따라 부르주아 이외의 사회 세력들, 다시 말해 노동자라든가 농민 그리고 중소상공인들이 유권자의 다수를 차지하는 상황이 전개되면 과거와 같이 동일 집단 내부자로서의 신뢰관계는 변화가 불가피하게 된다. 비록 법적으로 유권자의 제재를 받지 않는다 해도 선거에서 당선되기 위해서는 유권자의 의사를 의식하지 않을 수 없는 상황이 전개된 것이다.

이와 같은 조건 하에서 대표가 되고자 하는 후보들은 유권자의 의사를 반영하는 '공약'이라는 것을 제시하게 된다. 대표를 뽑는 선거는 이제 동일 계급집단 내부의 신뢰관계의 승인이 아닌 계급 계층 집단 간의 공약의 승인이라는 관계로 변화되었다. 공약에 구속되거나 민의에 종속되는 현상이 발생하게 된 것이다. 이러한 비교헌법사적 경위에 의해 면책특권이 존재함에도 대표가 유권자를 의식하게 되어 재선을 염두에 둔 입장에서는 공약을 무시할 수 없게 되었다.

순수대표제[1]로부터 반대표제로

이상과 같은 보통선거제의 도입에 따른 대표제의 역사적 변화과정은 헌법학자들에게 많은 과제를 던져주었다. 직접 선거와 보통선거가 보편화되면서 크고 작은 변화들이 초래되었기 때문이다. 뿐만 아니라 예외적인 사항이기는 하지만, 유권자가 정책결정과정에 투표를 통해 참여하는 제도 즉 국민투표제도(Referendum)가 도입되면서는 대표와 유권자와의 관계가 질적으로 변화된 것 아니냐는 의문이 증폭되었기 때문이다.

프랑스의 헌법학자 에스맹(Adhémar Esmein)은 보통선거 도입 이전의 유권자와 대표와의 관계를 순수대표제라 부르고, 보통선거제가 도입된 이후의 변화된 관계를 반대표제라고 하면서 변화된 관계를 설명하려 했다.

순수대표제 하에서는 ① 주권자 국민은 스스로 주권행사를 못하고 헌법상의 일정한 권력에 위임한다. 이때의 대표된 권력은 대표자로서 독자적이고 자유로운 판단으로 주권을 행사한다. ② 대표된 권력 즉 대표자는 유권자에 대해 원칙적으로 책임을 지지 않지만, 대표 상호간의 견제력을 갖는다. ③ 대표제는 직접민주제[2]보다도 우월하다.

하지만 반대표제 하에서는 ① 대표와 유권자가 일원화되는 경향이 강해진다. ② 표결(referendum)과 같은 요소가 가미되어 직접 민주제로의 경사현상이 발생한다. ③ 대표를 뽑는 것은 최선이 아니라 차선이며 경우에 따라서는 직접민주제가 대표제의 보완물이 되기도 한다.

---

1   유권자에게 구속되지 않던 보통선거권 이전의 유권자와 대표와의 관계를 말한다.
2   국가의사의 결정 또는 집행과정에 국민이 직접 참여하는 제도를 말한다.

이상을 종합하면 반대표제 하에서는 유권자의 다수에 의해 표명된 실제의 의사를 대표자가 가능한 한 정확히 표명하고 실행하는 것이 유권자와 대표와의 관계에 있어 핵심적인 요소가 된다.

말베르는 명령적 위임[3] 금지가 견고한가의 여부를 기준으로 명령적 위임금지가 견고한 경우를 순수대표제라 하고 완화된 경우를 반대표제 또는 현대적 대표제라는 개념으로 분류해야 한다고 주장하기도 했다.

일본의 대표적인 헌법학자이자 주권론 연구의 선도자인 스기하라 야스오(杉原泰雄)는 반대표제 개념에 주목하여 이를 좀더 진전시키기도 했다. ① 오늘날에 있어서는 유권자가 국가 정책의 일부에 대하여 투표를 통해 직접 정책결정을 할 수 있다. ② 명령적 위임을 금지하는 조항이 완화되었거나 존재하지 않는다. ③ 대표자가 유권자의 의사를 임의로 형성하여 표시하거나 공약의 형태로 일방적으로 제시하는 것이 아니라, 유권자의 의사를 확인하고 그에 기반하여 그 의사를 표시하는 단계에 접어들었다고 보고 있다. ⑤ 주권에 대한 표현에 있어서도 프랑스 제1공화국 헌법에서는 "주권은 단일·불가분·불가양이며 시효에 의해 소멸하지 않는다. 또한 그 주권은 국민(nation)에게 속한다"와 같은 표현이 있었으나 프랑스 제4공화국 헌법과 제5공화국 헌법에서는 "국민주권은 프랑스 인민(peuple)에게 있다"라고 표현되어 있는 점에도 주목한다. 이러한 점에 비추어 보면 유권자와 대표와의 관계는 반대표제보다 직접 민주제에 더 경사된 것으로 보아야 하며 이를 '반직접제'로 불러야 한다고 분석하기도 한다.

---

3   집단의 의사결정기관에 파견되는 대표가 각 선출모체의 테두리 안에서 대표권을 갖는 관계를 말한다.

우리 헌정사를 돌이켜 보더라도 명령적 위임을 금지하는 명문의 규정이 없고, 면책특권은 존재하고 있지만, 헌법개정안에 대한 국민발안권(1962년 헌법 제119조 제1항)을 규정한 바 있고, 국가안위에 관한 중대사안에 대하여서는 국민투표(1954년 헌법 제7조의2)를 규정한 이래 현행 헌법(제72조)에서도 국민투표를 규정하고 있으며, 헌법개정안에 대한 국민투표(제130조)를 인정하고 있다. 또한 국회의원과 지방의회 의원의 경우 차이(전국민의 대표, 주민의 대표)가 있다는 주장이 없는 것은 아니지만, 지방의회의 대표에 대하여서는 이미 2007년부터 '주민소환에 관한 법률'로 소환제를 이미 실시하고 있다.

2) 명령적 위임 금지 조항의 부존재
프랑스 – 4공화국 헌법, 5공화국 헌법

1946년 프랑스헌법(제4공화국 헌법)은 주권론에 괄목할 만한 변화가 있었다. 보통·평등·직접 그리고 비밀선거에 의해 선출된 국민의회의 의원을 통해 주권을 행사한다(제3조 제4문)고 하면서도 주권이 인민(peuple)에게 있다(제3조 제1문)고 규정했다. 직무상 행한 의사 또는 표결을 이유로 소추되거나 체포되지 않고 재판을 받지 않는다고 하여 면책특권을 규정(제21조)하면서도, 명령적 위임을 금지하는 조항을 삭제했다.

하지만 1958년의 헌법(제5공화국 헌법)은 면책특권을 존치하고(제26조), 명령적 위임은 무효라는 규정(제27조)을 두었다. 그러나 국가의 주권은 인민(peuple)에게 속한다고 규정하고, 인민은 대표자(représentant)를 통하거나 또는 국민투표(réfréndum)의 방법으로 주권을 행사한다고 하여 명령적 위임 무효라는 규정의 부활에도 불구하고 원리적으로는 직접민주제에 경사된 헌법 규정을 두었다. 명령적 위임 무효라는 규정도 사실은 유권자와의 절연을 부활시킨 것이라기보다 정당강제의 남용을 방지하기 위한 측면이 강했다. 잘 알려져 있듯이 1946년 프랑스헌법(제4공화국헌법) 하에서는 소수정당이 분립하면서 정당 간의 합종연횡이 빈번해졌다. 1946년 헌법이 유지되었던 22년간 무려 20번의 내각교체가 이루어진 데서 알 수 있듯이 정당간의 합종연횡과 정당의 국회의원에 대한 강제가 강화되었던 바 명령적 위임 무효 규정은 국회의원의 대표로서의 헌법적 지위를 방어하는 데 상징적인 헌정사적 의미가 강했다고 볼 수 있다(高野真澄, 1975年: 88頁). 또한 1958년 헌법은 드골헌법이라고 불리듯이 대통령의 권한을 강화하고 마침내 드골의 독재를 확립하기 위한 헌법이었다는 점도 감안할 필요가 있다(野村敬造, 1960年: 262頁).

최근 프랑스에서는 자유위임[4]을 제한하고 국민소환제를 도입하자는 운동이 일어나고 있는 실정이다. 2017년 4월, 프랑스의 6공화국운동(mouvement pour la 6ème république)은 1차 대통령선거에 출마한 11명의 후보자에게 헌법회의를 소집해 보다 민주제적 요소를 도입하기 위한 헌법개정에 대해 의견을 물었는데, 그중 4명이 소환제에 찬성의견을 보였다고 한다.[5] 이들은 6공화국운동의 대

---

4 국회의원이 유권자의 의사로부터 자유로이 대표권을 갖는 것을 말한다.

5 6공화국운동은 프랑스 올란드 정부의 긴축정책과 극우정당의 약진에 실망한 유권자들의 기대에 부응하기 위해 국민소환제 등과 같은 참여민주주의적 요소를 포함한 보다 많은 개인의 권리, 환경과 사회권을 보장하기 위한 새헌법 제정을 목표로 좌파정당 전 당수(ex-president of Parti de Gauche), 2012년 대통령후보였던 장루크 멜렝숑(Jean-Luc Mélenchon) 등 50여명의 저명인사들이 참여해 2014년 9월에 출범한 연대조직이다. Links: International Journal of Socialist Renewal. (2014. 9. 28). http://links.org.au/node/4079#:~:text=The%20movement%20for%20the%206th%20Republic%20is%20an,the%20ballot%20box%20in%20the%202017%20presidential%20elections.

부분 의제를 공유하고 있었는데, 그 중에는 선출직 공직자를 임기 중에 소환하는 것도 포함되어 있었고, 이들 4명의 후보는 이에 대해 적극적인 찬성 의견을 표했다는 것이다. 대통령선거 1차 투표에서 19.62%를 득표한 좌파정당(la France insumise) 후보인 장루크 멜렝숑(Jean-Luc Mélenchon)도 그 중 하나였다. 그의 높은 득표율은 선출직 공직자의 자유위임권한을 축소하거나 소환제와 같은 직접민주주의 제도에 대한 국민적 관심 내지 지지가 어느 정도인지를 보여주는 간접적인 지표라 할 수 있다(Whitenead, 2018: 1348).

독일 - 헌법규정에도 불구하고 지방차원에서는 소환제 입법 활발

독일연방공화국기본법(1949년 5월 23일)은 국회의원은 전국민의 대표자이며 위임 또는 지시에 구속되지 않는다고 해 일견 명령석 위임 금지를 명문화한 것으로 보인다. 그러나 이러한 조항은 바이마르공화국 헌법(1919년 8월 11일) 헌정 하의 과도한 직접 민주제의 폐해 즉 나치의 등장(송석윤, 2002: 125)을 막지 못한 것에 대한 반성적 의미가 강하다. 그런데도 그러한 의미를 도외시하고 문구만을 들여다 보는 문리해석에 치중할 일은 아닐 것이다. 그도 그럴 것이 독일의 경우 연방헌법의 이러한 규정에도 불구하고 개별 주(Land)의 헌법에서는 명령적 위임 금지 규정이 없거나, 오히려 다양한 형태의 소환제도를 규정하고 있다(이 책 192쪽 이하 참조). 주민투표에 의한 의원 소환뿐만 아니라 소환으로 의회를 해산하거나 주민투표로 시장을 소환하는 등의 소환제도를 입법화하여 실시하고 있다.

1990년도 이후 즉 베를린장벽 붕괴 이후에는 16개 주 가운데 무려 11개 주가 (직접 또는 간접) 주민소환제를 도입했다. 의회가 주도하는 간접소환제는 11개 주가 도입했고, 주민이 주도하는 직접소환제는 브란덴부르크, 노르트라인-베스트팔렌, 작센, 쉘레빅-홀스타인, 투링겐 등 5개 주가 채택하고 있다. 즉 권력이 지역으로 분산되어 있는 독일에서는 연방정부 수준의 공직자나 국가기관에 대한 소환제는 도입되어 있지 않으나 주(Land)나 지방정부 수준에서는 많은 주들이 국민(주민)입법(initiative)이나 국민(주민)투표제와 같은 직접민주주의적 요소를 도입하고 있다(Whitehead, 2018).

소환제입법의 활성화는 베를린장벽의 붕괴 즉 사회주의권의 몰락과 밀접한 관계가 있다. 작센 주의 경우 지나치게 강한 시장의 권한 등 지방정치 제도의 개혁을 위해 직접소환제가 도입되었고, 튜링겐(Thuringa) 주의 경우 '보다 많은 민주주의'를 위한 정당 간의 연대운동 등을 통해 도입되었다(197쪽 이하 참조).

그러나 우리 헌법의 경우 프랑스 4, 5공화국 헌법, 독일 헌법과 달리 명령적 위임을 금지한 규정조차도 존재하지 않는다.

2. 기속위임과 무기속위임

1) 국가이익 우선조항과 무기속 위임

국회의원 소환제 입법에 부정적인 논자들은 현행 헌법 제46조2항(국가이익 우선)을 무기속 위임(자유위임)의 근거로 활용하기도 한다.

그러나 이 조항은 지역유권자의 의사에 구애받지 않아야 한다. 즉 이른바 자유위임의 의미가 아니라 개개인의 지위 및 특권 남용을 견제하기 위한 청렴의무조항의 구체화로 이해해야 할 것이다. 이는 이 조항의 제정 및 개정과정을 통해서도 알 수 있는데, 이러한 청렴의무가 처음 규정된 것은 1962년 헌법 제40조다. 이에 따르면 "국회의원은 그 지위를 남용해 국가·공공단체 또는 법률이 정하는 기업체와의 계약 또는 그 처분에 의해 재산상의 권리나 이익 또는 지위를 취득하거나 타인을 위해 그 취득을 알선할 수 없다"고 하여 매우 구체적으로 국회의원의 청렴의무 즉 사리사욕을 견제하고 있음을 알 수 있다(김철수, 1989: 561). 이 조항은 1972년 헌법 제81조에서 "국회의원은 그 지위와 특권을 남용해서는 아니 된다"는 규정으로 포괄화 과정을 거친 후 1980년 헌법 제82조에서 현재와 같은 모습으로 정비되었다.

이상과 같은 목적론적, 역사적 헌법해석에 근거해 보면 현행 헌법 제46조2항(국가이익 우선)이 무기속 위임(자유위임)의 근거가 된다고 할 수 없을 것이다.

나아가 국민소환제가 실시되면 부분이익으로부터 자유로울 수 없는 바 자유위임에 입각한 대의제와 조화되지 않는다는 지적도 있다. 물론 보통선거권 실시 이후의 유권자의 대표와의 관계가 유권자의 표를 의식하지 않을 수 없어 유권자의 의사를 확인하여 표시는 하지는 못하더라도 반영하여 표시해야 한다는 점에서 그러한 경향이 없다고는 할 수 없을 것이다. 국민소환제가 도입되면 유권자의 의사를 반영하는 정도에 그치지 않고 확인해 표시하거나 구속될 수 밖에 없지 않는가 하는 것을 의식한 논리이기도 하다.

그러나 이러한 논리는 몇 가지 점에서 설득력을 제고하기 힘들다. 첫째, 특정지역의 부분의사로부터 자유로울 수 없는 대표의 정책이 곧바로 국민 전체의 의사가 될 수는 없다. 국회의 의사정책결정과정은 다수결에 의한 의사결정과정을 거쳐야 한다. 전체의 의사 또는 공익을 고려하지 않는 부분의사는 법률제정과 같은 정책결정으로 이어지기 힘들다. 나름의 견제장치가 있는 것이다. 둘째, 이러한 논리는 일면 대표가 유권자의 의사를 자의적으로 형성하여 표시할 수 있는 순수대표제를 옹호하는 논리와 맞닿아 있다. 유권자의 의사로부터 유리된 대표가 대의제 민주주의를 변질시키고 최소한의 대의기능마저 무너뜨렸던 비교헌정사 및 한국 헌정사를 목도할 수 있는데, 이를 반면교사로 삼을 일이다. 여론조사 결과 국민의 약 80%가 국민소환제 도입에 찬성하는 것은 유권자의 부분의사도 반영하지 못하고 오히려 당리당략과 대표 개인의 이해관계에 매몰되어 유권자의 신뢰를 배신하는 헌법현상 때문에 초래된 것이라는 점을 다시금 확인할 필요가 있다.

2) 국민소환제와 주민소환제의 무기속 위임의 차등론

지방의회의원과 자치단체장에 대한 선거권은 법률상의 권리이므로 무기속위임의 원리가 완화되어 소환제입법이 가능하나 국회의원 선거권은 헌법상의 권리이므로 국회의원 소환제는 무기속위임의 원리에 반한다는 논란이 있을 수 있다.

이러한 논리는 현행 헌법의 유권자와 대표와의 관계를 무기속위임으로 보는 입장에서 주민소환제 도입을 사후적으로 허용하기 위해 제시된 논리며, 헌법재판소도 원용한 바 있는 논리다. 헌법재판소는 주민소환제법상의 주민소환제를 단순한 법률상의 권리로 보아 "헌법에서 명문으로 선거권을 인정하는 대통령이나 국회의원, 지방의회의원과 같은 수준의 대의제의 원리가 당연히 작용된다고 볼 수는 없어, 지방자치단체장의 주민들에 대한 무기속 위임성은 좀 더 약해진다 할 것이므로, 이로써 주민들의 지방자치단체장에

대한 통제는 더욱 강화될 수 있다고 보아야 할 것이다"(2007헌마
843)고 한 바 있다.

물론 헌법은 지방자치단체장과 지방의회의원에 대한 선거권을
직접 규정하고 있지는 않다. 그리고 그 선임 방법을 법률에 위임해
(제118조 제2항) 지방자치법이 이를 정하고 있으므로, 지방자치단
체장 등에 대한 선거권이 헌법상의 권리가 아닌 법률상의 권리로
볼 수 있는 여지가 전혀 없는 것은 아니다.

그러나 헌법재판소의 선거권에 대한 태도도 다음과 같이 변화해 지
방자치단체장 등에 대한 선거권을 이미 헌법상의 권리로 보고 있다.

> 주민자치제를 본질로 하는 민주적 지방자치제도가 안정적으로 뿌리
> 내린 현 시점에서 지방자치단체의 장 선거권을 지방의회의원 선거권,
> 나아가 국회의원 선거권 및 대통령 선거권과 구별해 하나는 법률상의
> 권리로, 나머지는 헌법상의 권리로 이원화하는 것은 허용될 수 없다.
> 그러므로 지방자치단체의 장 선거권 역시 다른 선거권과 마찬가지로
> 헌법 제24조에 의해 보호되는 기본권으로 인정해야 한다.
>
> 공직선거법 제191조3항(지방자치단체장 결정 등의 지역구국회의원 당선인
> 결정 준용) 등 위헌확인 (헌재 2016.10.27./2014헌마797)

대의제 민주주의는 선거를 전제로 한 개념으로서, 지방자치단체
장에 대한 선거권도 헌법상의 권리로 이해해야 할 것이다. 지방자
치단체장 등에 대한 직접적인 선거권 규정이 없다고 하여 지방자
치단체장 및 의원에 대한 선거권을 법률상의 권리로 보고 법률상
의 권리의 경우에는 무기속위임의 원리가 약해지므로 지방의원 등
에 대해서만 소환제가 허용될 수 있다는 것은 사후약방문과 같다.
주민소환법상의 소환제도도 애초부터 대의제가 대의제 민주주의로
질적으로 변화하는 과정에서 나타난 헌법현상이며, 무기속위임을
원칙으로 하는 설명태도를 애초부터 취하지 않았다면 훨씬 논리적

일관성이 있었을 것이다.

　나아가 이러한 자유위임 차등론은 대의제가 대의제 민주주의로 내용적으로 진화하고 있는데도 불구하고 200년 전의 대의제 틀로 현재의 주민소환법을 정당화하는 것으로 볼 수 밖에 없다. 대의제는 보통선거권 실시 이후 직접 민주제적 요소를 가미해 대의제 민주주의로 전화하였는 바, 소환제 입법의 경우 국회의원 소환제든 주민소환제든 대의제 민주주의의 현재적 모습인 것이지, 대의제의 예외이므로 차등화해야 한다는 주장은 비교헌법적으로도 헌법사적으로도 시대에 조응하기 어려운 논리로 보인다.

　또한 자유위임과 관련한 헌법재판소의 태도 변화도 주목해야 한다.

> 　국회의원은 단독으로 국회의 의사를 결정해 국회의 권한을 행사하는 것이 아니라 국회의 구성원으로서 국회의 의사절차에 참여하는 것이므로, 국회의원의 직무는 국회의 기능 수행을 위해서 정해진 의사절차와 그에 필요한 내부조직의 구성방법에 의해 구체화될 수밖에 없다.
>
> 　이와 같은 의사절차와 내부조직을 정할 때에도 국회의원의 자유위임에 기한 권한을 충분히 보장해야 하는 것이나, 국회 내 다수형성의 가능성을 높이고 의사결정의 능률성을 확보하는 것 역시 중대한 헌법적 요청이므로 **자유위임원칙이 언제나 최우선적으로 고려되어야 하는 것은 아니다.** 나아가 자유위임원칙이 개별 국회의원이 국회 내부에서 구체적으로 어떠한 직무를 담당하는 것까지 보장하는 원리는 아니다.
>
> 　따라서 자유위임원칙 위배 여부는 국회의 자율권 행사 결과 정해진 의사절차 및 내부조직의 구성이 국회의 기능 수행을 위해 필요한 정도와 자유위임원칙을 제한하는 정도를 비교형량해 구체적인 사안에 따라 개별적으로 판단해야 한다.
>
> 국회의원과 국회의장 간의 권한(오신환의원 사보임사건)쟁의(헌재 2020.5.27./2019헌라1)

　자유위임을 원칙으로 하더라도 이를 고집할 수는 없다. 즉 다른 헌법적 이익에 언제나 우선하는 것은 아니라는 뜻이다. 확대해석하면 자유위임도 소환제와 같은 민주주의를 위해서는 필요한 범위 내에서 제한될 수 있는 것이다.

3) 혼합선거구제도에서 소환대상적격과 자유위임

우리나라의 선거구제도는 혼합선거구제(지역구국회의원선거와 비례대표 국회의원선거의 혼합)인 바, 소환대상의 적격이 지역구국회의원에 한정되는지 비례대표 국회의원에게도 확대될 수 있는지가 쟁점이 될 수 있다.

이 경우, 현행 헌법의 대표와 유권자의 관계를 기속적인 것으로 볼 것인가 무기속적인 것 즉 자유위임적인 것으로 볼 것인가에 따른 논란이 있을 수 있다.

우선 유권자와 대표와의 관계가 기속적 위임관계로 경사되어 있다고 보는 경우는 지역구국회의원선거로 당선된 국회의원이든, 비례대표로 당선된 국회의원이든 소환대상으로서의 적격이 문제되지 않는다 할 것이다.

문제는 자유위임으로 보는 경우다. 이 경우에도 두 가지 입장이 있을 수 있다. 첫째, 지역구국회의원 선거에 의한 국회의원이든 비례대표의원선거에 의한 국회의원이든 구별하지 않고 전국민의 대표로 보고 자유위임을 인정해 어떤 경우도 소환대상적격을 인정하지 않으려는 입장이 있을 수 있다. 둘째, 비례대표 국회의원의 경우 소환대상 적격이 인정되지 않고 지역구 유권자와의 견련(牽連)성이 있는 지역구 국회의원만 인정된다는 입장이 있을 수 있다.

헌법재판소는 당적변경에 따른 국회의원직 상실 문제와 관련해 "자유위임 하의 국회의원의 지위는 그 의원직을 얻는 방법 즉 전국구로 얻었는가, 지역구로 얻었는가에 의해 차이가 없으며, 전국구의원도 별도의 법률규정이 있는 경우 국회의원직을 상실할 수 있다"(헌재 92헌마153)고 판시한바 있다. 자유위임의 원칙을 취한다고 하더라도 별도의 법률규정이 있는 경우 국회의원직을 상실할 수 있으며, 1994년 3월 16일에 개정된 선거법(공직선거 및 선거부정방지법)에서 비례대표의원의 경우 "소속정당의 합당 해산 또는 제명 외의 사유로 당적을 이탈 변경하거나 2개 이상의 당적을 가지고 있을 때에는 퇴직한다"(제192조 제4항)고 규정한 바 있다.

> 자유위임제도를 명문으로 채택하고 있는 헌법 하에서 국회의원은 선거모체인 선거구의 선거인이나 정당의 지령에도 법적으로 구속되지 아니하며, 정당의 이익보다 국가의 이익을 우선한 양심에 따라 그 직무를 집행해야 하며, 국회의원의 정통성은 정당과 독립된 정통성이다. 이런 자유위임하의 **국회의원의 지위**는 그 의원직을 얻은 방법 즉 **전국구로 얻었는가, 지역구로 얻었는가**에 의해 차이가 없으며, 전국구의원도 그를 공천한 정당을 탈당했다고 해도 **별도의 법률규정이 있는 경우**는 별론으로 하고 당연히 국회의원직을 상실하지는 않는다는 것이다.
>
> 전국구국회의원 의석계승 미결정 위헌확인(1994.4.28./92헌마153)

그렇다면 유권자와 대표와의 관계를 기속적인 것으로 보든 무기속적인 것으로보든 법률 즉 국민소환제법률의 규정에 의거해 지역구 국회의원이든 비례대표 국회의원이든 소환청구대상으로서의 적격을 갖을 수 있는 셈이다.

3. 임기보장

현행 헌법 제42조는 "국회의원의 임기는 4년으로 한다"고 규정하고 있다. 이와 관련해 국민소환제 입법을 제정하는 경우 이 조항과의 정합성이 논란이 될 수 있다.

그러나 이러한 논의는 국회의원 임기에 대한 최소보장론적 접근에 불과할 수 있다. 현행 헌법상 임기 규정에도 불구하고 파면제도를 두고 있는 헌법기관이 적지 않다. 예를 들어 대통령에 대한 파면의 경우 임기규정(제70조-5년)에도 불구하고 탄핵결정이 있는 날로부터 파면(헌법 제65조 제4항)한다고 규정하고 있는 바, 국회의원의 임기규정과 국회의원 소환제는 양립할 수 없는 제도가 아니다. 또한 국회법에서 국회의 조직과 의사 및 국회의원 사직 등에 대해 규정하고 있다.

현행 헌법은 국민주권원리를 채택하고 있으며 그에 기초해 대표제를 비교헌법사적으로 살펴본다면 최소보장론만이 능사가 아니다. 우리 국회법 제155조 제1항만 보더라도 "국회는 의원이 다음 각 호의 어느 하나에 해당하는 행위를 한 때에는 윤리위원회의 심사를 거쳐 그 결과로서 징계할 수 있다"고 규정하고 있다. 그리고 제163조 제1항 제4호에서는 국회의원의 제명을 징계의 종류의 하나로 규정하고 있다. 결국 제명의 형태로 이미 국회의원 임기 중 파면을 규정하고 있는 것이다. 또한 같은 법 제135조는 "국회는 그 의결로 의원의 사직을 허가할 수 있다"고 해 국회의원의 임기규정은 있지만 사직의 형태로 임기 중단을 할 수 있다고 규정하고 있다.

그렇다면 현행 헌법 제42조의 4년 임기 규정은 국회의원의 임기를 어떠한 경우에도 최소한 4년을 보장한다는 취지로 이해할 것은 아니다. 최대 4년으로 하여 유권자의 심판을 받도록 한다. 다만, 법률에 따라 제명의 결의 또는 본인의 사직이 있는 경우 임기가 중단될 수 있는 것으로 파악하는 것이 타당하다 할 것이다. 나아가 국민소환법의 제정과 유권자가 관계규정에 따라 국회의원 파면을 요구할 때에도 임기가 종료될 수 있을 것이다.

우리 헌정사상 국회의원이 임기를 다하지 못하고 제명된 사례가 있으며(4번), 당선무효형 선거 등으로 임기 중단된 사례가 다수 존재한다. 그 밖에도 금고이상 판결로 국회의원이 의원직을 상실한 경우도 무수히 존재하는데, 국민소환제 입법에 임기조항이 문제가 된다면, 이러한 조항도 위헌이 되었어야 한다.

4. 면책특권

현행 헌법 제45조는 "국회의원은 직무상 행한 발언과 표결에 관해 국회 외에서 책임을 지지 아니 한다"고 하여 국회의원의 발언과 표결에 관한 면책 특권을 규정하고 있다.

이에 대해 판례는 "국민의 대표자로서 자유롭게 그 직무를 수행할 수 있도록 보장하기 위해 마련된 장치다"라고 판시한 바 있는데, 이를 일부 교과서들은 확대해석해 국회의원은 전체 국민의 대표자이며 대의제의 징표로 삼고 있기도 하다.

그러나 비교헌법사적으로 보면 순수대표제의 증좌(면책특권, 명령적 위임의 금지)들은 보통선거의 실시를 계기로 하여 완화되거나 해체되는 과정을 겪고 있으며,[6] 현행 대한민국헌법도 제45조에 면책특권 규정을 존치하고 있으나 명령적 위임 금지를 어디에서도 명확히 규정하고 있지 않다.

---

6   예를 들면 근대입헌주의 헌법 전형의 하나라고 할 수 있는 1791년 프랑스 제1공화국 헌법의 경우 제3편제1장제3절제7조(대표자는 특정한 지역의 대표자가 아니라 국민 전체의 대표자이며, 대표자에게는 어떠한 위임도 해서는 아니된다)에 명령적 위임을 명시적으로 금지하고 있었다.

더군다나 우리의 헌정사를 돌이켜 보면 면책특권은 오히려 행정부
가 그에 대한 비판적 통제기관인 국회의원들에게 부당한 탄압을 가
할 경우 이를 배제하는 데 주로 활용되었다. 그리고 유권자로부터의
독립과 유리를 위한 근거조항으로 적극 활용되지도 않았다. 최근에는
면책특권의 행사가 선거민의 의사와 유리되어 남용되는 점(예, 아니
면 말고 식의 폭로전 등)을 들어 오히려 면책특권을 제한해야 한다는
논의가 공감대를 넓혀 가고 있는 헌법현상에도 유의해야 한다.

5. 정부형태와의 관련

　　현행 헌법의 정부형태는 대통령제다. 선진국이 의원내각제 정부
형태를 취하고 있고 대통령제 정부형태를 취하는 나라의 경우 국민
소환제법을 두고 있지 않다는 분석 또는 양원제 의회형태를 취하고
있는 나라에서 국민소환제를 도입하고 있다는 분석이 없는 것은 아
니다.

　　비교헌법적으로 보면 현재 소환제 입법을 한 나라는 최소 27개국
이다. 수평적 권력분산의 축 즉 정부형태(대통령제-의회제)로 보면,
중앙(연방) 정부 수준의 공직자를 대상으로 국민주도의 소환제를
도입한 국가의 정부형태는 대통령제 9개국, 의원내각제 7개국이다.
지역(지방) 수준의 공직자를 대상으로 주민주도의 소환제를 도입하
고 있는 국가의 정부형태는 대통령제 8개국, 의원내각제 4개국이
다. 국가기관(행정부 수반이나 국왕, 또는 의회)이 주도적으로 제안
하고 국민의 승인을 받는 소환제를 도입한 국가의 경우, 대통령제 4
개국, 의원내각제 4개국이고, 유권자가 주도적으로 제안하고 국가
기관이 승인하는 소환제를 도입한 국가는 우간다로 대통령제 국가

다. 전체적으로 보면, 소환제를 도입한 국가의 정부형태는 대통령제 22개국, 의원내각제 15개국으로, 대통령제를 채택하고 있는 국가가 의원내각제 국가보다 1.5배 많다. 이상을 보면 대통령제 정부형태 국가에서 소환제입법을 하는 경우가 오히려 더 많다.

마지막으로, 의회형태(단원제-양원제)의 측면에서 보면, 중앙(연방) 정부 수준의 공직자를 대상으로 국민주도의 소환제를 도입한 국가의 의회형태는 단원제 8개국, 양원제 8개국이다. 지역(지방) 수준의 공직자를 대상으로 주민주도의 소환제를 도입하고 있는 국가의 의회형태는 단원제 3개국, 양원제 9개국이다. 국가기관(행정부 수반-국왕, 또는 의회)이 주도적으로 제안하고 국민의 승인을 받는 소환제를 도입한 국가의 경우, 단원제 3개국, 양원제 5개국이고, 시민이 주도적으로 제안하고 국가기관이 승인하는 소환제를 도입한 국가는 우간다로 단원제 의회를 가지고 있다. 전체적으로 보면, 소환제를 도입한 국가의 정부형태는 단원제 15개국, 양원제 22개국으로, 양원제 의회를 가지고 있는 국가가 단원제 의회를 가진 국가의 1.5배로 전자가 후자보다 많다(〈표1-2〉).

소환제를 도입한 정부형태를 보면 보면 수적으로는 대통령제 정부형태가 의원내각제 정부형태보다 많고, 양원제 의회를 가진 국가가 다소 많은 것이 사실이다. 하지만, 의회형태와의 상관성보다는 각국이 처한 헌정사적 과제가 소환제입법을 둘러싼 정치지형에 미치는 영향이 중요하다는 것을 알 수 있다. 어떤 정부형태에 고유한 제도는 아니라고 할 수 있다.

다만, 이른바 선진국의 경우 대체로 의원내각제 정부형태를 취하고 있는데, 이러한 정부형태가 대통령제에 비해 운영 여하에 따라서는 민의에 훨씬 더 민감하게 반응할 수 있다. 즉 국회해산과 조기총선을 통해 유권자의 의사와 유리되지 않으려 한다는 측면에도 새롭게 주의를 기울일 필요가 있다는 점이다. 그것은 대통령제 정부형태를 취하고 있는 국가에서는 '민의 민감성' 측면에서 오히려 소환제 도입이 필요하다는 논리로도 귀결될 수 있는 비판이기도 하다.

그렇다면 국민소환제는 대통령제 정부형태와 배타적인 관계가 아니다. 뿐만 아니라 앞서 살펴 본 것처럼 수적으로는 대통령제 정부형태 하의 국민소환제 입법국가가 더 많다. 한편 미국의 경우 하원의원의 임기가 2년으로 되어 있어 소환제가 큰 의미가 없기 때문이기도 할 것이다. 반면에 한국 사회 그리고 현행 헌법은 의원내각제저 요소(장관 겸직, 국회 출석답변)가 가미된 대통령제이기는 하지만, 유권자의 의사와의 괴리를 획기적으로 좁힐 수 있는 요소가 많지 않다.

결국 정부형태나 의회형태와의 상관관계, 선진·후진국의 여부보다는 각국의 의회제도와 민의에 대한 '민감대응성'이 관건이라 할 것이다.

제2부

법률적 쟁점과 사례

국가권력이 존재하는 한 그 존재방식이나 운용방식에 대한 문제를 회피할 수 없다. 인권보장문제도 국가권력 그 자체의 존재방식이나 운용방식에 의해 영향을 받지 않을 수 없다. 인권이 헌법에 아무리 신중하게 규정되고 정치하게 해석되더라도 국가권력이 민주화되지 않으면 사회의 다수자의 인권은 보장되지 않는다. 주권자와 대표(그 일환으로서의 소환제)에 대한 논의가 활성화되어야 하는 이유이다.

— 스기하라 야스오

법률적 쟁점

1. 소환사유와 시기

1) 소환사유

소환사유를 무엇으로 할 것인가는 국회의원소환제 입법에서 매우 중요한 쟁점 중 하나다. 비교헌법사적으로 보면 소환제 입법을 취하고 있는 나라의 소환 요건은 각양 각색이다. 하지만 크게 분류하면 소환제를 정치적 책임추궁절차로 볼 것인가 사법적 책임추궁절차로 볼 것인가에 따라 소환의 사유가 양분된다. 사법적 책임추궁절차로 보는 경우에는 위법을 중심으로 소환사유를 명기하고 있다. 즉 (〈표 3-6〉)에서 보는 바와 같이 특별한 이유(specific grounds)가 있으며, 정치적 책임추궁절차로 보는 경우에는 대체로 소환사유를 명기하지 않고 있다.

정치적 책임추궁절차로 소환제를 바라보는 경우 일반적으로 관련법에서 소환사유를 특별히 언급하지 않거나 선거공약을 불이행하거나 아예 어떠한 불만(정치적 무능, 유권자 신뢰배신행위 등)을 이유로 소환할 수 있게 하고 있다. 이러한 국가에는 대만, 베네수엘라, 볼리비아 등이 포함되고, 미국과 독일의 적지 않은 주와 캐나다의 브리티시 컬럼비아가 포함된다.

사법적 책임추궁절차로 소환제를 바라보는 경우에는 특별한 사유가 있을 경우에만 소환할 수 있도록 하고 있다. 이 경우 관련법에서 소환할 수 있는 사유를 구체적으로 열거하고 그 이외의 사유로는 소환할 수 없게 되어 있다. 여기에 속하는 대표적인 나라가 영국으로, 「2015 의원소환법」(Recall of MPs Act 2015)에서 하원의원을 소환할 수 있다. 그 사유로, 위법행위에 따른 징역형을 선고받은 경우, 의원윤리규정을 위반해 일정 수준 이상의 징계를 받은 경우, 의회활동수당을 부당하게 사용하고 회계부정을 행한 경우 등과 같이 구체적으로 열거하고 있다. 이런 경우는 정치적 사유로 대표를 소환할 수 없다.

주 차원의 소환법이지만 소환발의 요건과 관련된 헌법적 논의가 활발한 미국을 보면, 정치적 책임추궁절차로서의 소환제법과 사법적 책임추궁절차로서의 소환제법을 제정한 주로 양분할 수 있다. 이 중에서 특별한 사유가 있을 경우에만 소환을 허용하는 주는 알라스카(Alaska), 조지아(Georgia), 캔자스(Kansas), 미네소타(Minnesota), 로드 아일랜드(Rhode Island), 버지니아(Virginia), 워싱톤(Washington) 등 7개 주이고, 정치적 이유 또는 그 어떤 사유로도 소환을 할 수 있게 허용하는 주는 애리조나(Arizona), 콜로라도(Colorado), 아이다호(Idaho), 루이지애나(Louisiana), 미시간(Michigan), 네바다(Nevada), 뉴저지(New Jersey), 노스다코타(North Dakota), 오리건(Oregon), 위스콘신(Wisconsin) 등 12개 주이다(〈표3-11〉).

우리나라의 경우, 주민소환법은 소환사유를 명시하고 있지 않으며, 이와 관련한 헌법재판소의 결정에서도 정치적 책임추궁절차로서 소환법을 설정하는 것이 합헌이라 한 바 있다.

① 주민소환은 지방자치에 관해 주민의 직접적인 참여를 확대하고 지방행정의 민주성과 책임성을 제고하기 위한 제도이다(주민소환법 제1조). 그리고 주민소환법이 주민소환의 청구사유에 제한을 두지 않은 것은 주민소환제를 기본적으로 정치적인 절차로 설계함으로써 **위법행위를 한 공직자뿐만 아니라 정책적으로 실패하거나 무능하고 부패한 공직자까지도 그 대상으로 삼아 공직에서의 해임이 가능하도록** 해 책임정치 혹은 책임행정의 실현을 기하려는 데 그 목적이 있고, 이러한 입법목적은 결과적으로 주민자치를 실현하기 위해 주민소환제가 잘 기능할 수 있도록 한다는 점에서 그 정당성을 인정할 수 있다. 또 이로써 지방자치단체장은 행정의 민주성과 투명성을 높이려고 노력하는 효과를 가져 올 것이 분명해 앞서 본 입법목적의 증진에 기여할 수 있는 유용한 수단이 될 것이다.

② 입법자는 기본적으로 주민소환제의 형성에 있어 광범위한 입법재량을 가지고, 따라서 주민소환제의 핵심을 이루는 청구사유의 존재 여부에 대해도 우리의 정치적 현실을 고려해 자유롭게 정할 수 있는 것이다. 주민소환제는 역사적인 기원을 따져볼 때 기본적으로 정치적인 행위로 이해하는 것이 타당하고, 주민소환제를 두고 있는 대부분의 국가에서도 이러한 취지에서 청구사유에 제한을 두고 있지 않은 것은 앞서 본 바와 같다.

그리고 대의민주주의 아래에서 대표자에 대한 선출과 신임은 선거의 형태로 이루어지는 것이 바람직하고, 주민소환은 대표자에 대한 신임을 묻는 것으로서 그 속성은 재선거와 다를 바 없으므로, **선거와 마찬가지로 그 사유를 묻지 않는 것이 제도의 취지에도 부합한다** 할 것이다.

주민소환제는 역사적으로도 위법·탈법행위를 한 공직자를 규제한다기보다 지역주민의 의사에 반해 비민주적·독선적으로 정책을 추진하고 예산을 낭비하는 것을 광범위하게 통제해야 한다는 이유에서 그 필요성이 강조되어 왔으므로, 이를 반영하기 위해는 주민소환의 청구사유에 제한을 둘 필요가 없고, 또 업무의 광범위성이나 입법기술적인 측면에서 보아도 지방자치단체장의 소환사유를 구체적으로 적시하는 것 또한 쉽지 않다.

한편 이와 같이 청구사유를 제한하지 아니했다는 점만으로 공직자가 바로 공직에서 퇴출되거나 이러한 구체적인 위험에 처하게 되는 것이 아니고, 단지 주민소환투표가 청구될 추상적인 위험이 있을 뿐, 이후 그 투표결과가 확정될 때에 이르러서야 비로소 위험이 구체화되는 것이므로, 이 조항에 의한 제한의 정도가 과도한 것이라 할 수는 없을 것이다.

주민소환에 관한 법률 제1조(목적) 등 위헌확인(헌재 2009.3.26. 2007헌마843-합헌)

우리나라의 경우, 국민소환에 관한 법률은 제20대 국회(2016년 5월 30일~2020년 5월 29일, 지역구 253석 비례대표 47석=300석)에 6개의 법안(정동영 의원 등 15인 안, 황주홍 의원 등 10인 안, 박주민 의원 등 18인 안, 황영철 의원 등 33인 안, 김병욱 의원 등 11인 안, 김병욱 의원 등 10인 안: 이하 대표발의한 의원 이름으로 약칭하기로 함), 제21대국회(2020년 5월 4일 현재)에 6개의 법안(민형배 의원 등 11인 안, 박주민 의원 등 27인 안, 김병욱 의원 등 10인 안, 박영순 의원 등 12인 안, 최강욱 의원 등 11인 안, 이정문 의원 등 10인 안: 이하 대표발의한 의원 이름으로 약칭하기로 함)이 제출되어 있다.

제21대에 제출된 법안(〈표2-2〉 참조)은 모두 공통적으로 위법·부당한 행위와 청렴의무위반(헌법 제46조)을 소환사유로 정하고 있다. 박영순 의원안만이 위 두 가지 사유 이외에 네 가지 사유(국가안보 손해 행위, 사적이익이나 부정특혜, 재직 중 취득정보에 의한 사익추구, 차별비방행위)를 추가하고 있다.

소환사유와 관련해서는 일정한 사유를 규정한 경우와 그렇지 않은 경우로 유형화할 수 있다. 제21대 국회에 제출된 국민소환 관련 법률안의 경우 일정한 사유를 정하고 있기는 하지만, 그 사유의 내용을 들여다보면 위법행위 뿐만 아니라 '부당한 행위'까지도 소환사유를 삼고 있다는 점에서는 사법적 책임추궁절차로서의 소환제와 정치적 책임추궁절차로서의 소환제의 중간형태 또는 정치적 책임추궁절차로서의 소환제에 경사된 형태를 취하고 있는 것으로 보인다.

2) 소환시기

소환의 시기도 중요한 법률적 쟁점 중 하나다. 개시 시점의 경우 특히 정치적 책임추궁절차로 소환제도를 설계하는 경우 유권자의 대표가 능력을 발휘할 수 있는 시간을 확보해야 한다는 점에서 어느 시점을 개시 시점으로 할 것인가가 문제다. 소환청구 종료시점의 경우도 쟁점이 될 수 있는데, 다음 선거라는 정치적 심판의 계기가 있는 만큼 정치적 남용을 견제하면서도 임기 마지막까지 국민의 정치적 또는 사법적 책임추궁의 감시망을 유지할 수 있을까 하는 관점에서 논란의 여지가 있다.

제20대 국회에 제출된 법안의 경우, 소환의 시기와 관련해서도 임기 개시 후 6개월이 경과하지 않은 경우나 남은 임기가 6개월 미만인 경우를 제외하는 안(김병욱 의원 안, 박주민 의원 안), 임기 개시 6개월~잔여임기 1년 미만을 제외하는 안(황영철 의원 안), 임기 개시 6개월~잔여임기 1년 미만 또는 해당 국회의원에 대한 국민소환투표 실시 후 1년 이내로 하는 안(황주홍 의원 안, 정동영 의원 안) 등이 있는 바 이를 토대로 검토가 필요하다. (〈표2-1〉참조)

제21대 국회에 제출된 법안(〈표2-2〉참조)의 경우도 몇 가지 유형적 고찰이 가능하다. 소환청구개시 및 종료시점과 관련해서는 임기 개시 1년 이후에 소환투표를 청구할 수 있다는 안이 세 개(민형배 의원 안, 박주민 의원 안, 박영순 의원 안), 임기 개시 이후 6개월 이후에 소환투표를 청구할 수 있다는 안이 세 개(김병욱 의원 안, 최강욱 의원 안, 이정문 의원 안)이 있다.

소환청구 종료시점과 관련해서는 네 개의 안(민형배 의원 안, 김병욱 의원 안, 최강욱 의원 안, 이정문 의원 안)이 임기만료 6개월 전까지 소환청구를 할 수 있다고 하고 있고 두 개의 안(박주민 의원 안, 박영순 의원 안)이 임기만료 1년 전까지로 하고 국민의 책임추궁은 다음 선거에서 하는 방안을 규정하고 있다.

〈표2-1〉20대 국회 - 국민소환에 관한 법률 발의(안) 분석

의안번호	의안명	발의의원	소환대상	사유	소환 시기
2021152 (2019.6.26.) 임기만료폐기	국회의원의 국민소환에 관한 법률안	정동영 의원 등 15인	지역구 국회의원 비례대표 국회의원	정해진 기준 없음	임기 시작 1년 이후 만료 1년 전 사이
2021071 (2019.6.20.) 임기만료폐기	국회의원의 국민소환에 관한 법률안	황주홍 의원 등 10인	지역구 국회의원 비례대표 국회의원	정해진 기준* (헌법 제46조)	임기 개시 6개월 이후 만료 1년 전 사이
2005606 (2017.2.3.) 임기만료폐기	국민소환에 관한 법률안	박주민 의원 등 18인	지역구 국회의원 비례대표 국회의원	정해진 기준 상동 (헌법 제46조)	임기 개시 6개월 이후 만료 6개원 전 사이
2005431 (2017.2.3.) 임기만료폐기	국회의원의 국민소환에 관한 법률안	황영철 의원 등 33인	지역구 국회의원 비례대표 국회의원	정해진 기준 상동 품위없는 언행으로 사 회적 물의를 일으킨 경 우 추가	임기 개시 6개월 이후 만료 1년 전 사이
2004324 (2016.12.12.) 임기만료폐기	국회의원의 국민소환에 관한 법률안	김병욱 의원 등 11인	지역구 국회의원 비례대표 국회의원	정해진 기준 상동 (헌법 제46조)	임기 개시 6개월 이후 만료 6개원 전 사이
2004230 (2016.12.8.) 법안 철회	국회의원의 국민소환에 관한 법률안	김병욱 의원 등 10인	지역구 국회의원 비례대표 국회의원	정해진 기준 상동 (헌법 제46조)	임기 개시 6개월 이후 만료 6개원 전 사이

* 「대한민국헌법」 제46조에 따른 국회의원의 의무를 위반한 경우, 그 밖에 직권을 남용하거나
   직무를 유기하는 등 위법·부당한 행위를 한 경우.

소환투표성립 요건	서명 기간	소환 이후
· 지역구 국회의원은 해당 지역구의 국민소환투표청구권자 총수의 100분의 10 이상 · 비례대표 국회의원은 전체 국민소환투표청구권자수를 지역구국회의원정수로 나눈 수의 100분의 5 이상 청구권자의 서명	120일	소환성립 후 공직선거법에 따른 보궐선거 실시
선거구 획정 상한인구(당시 31만406명)의 100분의 30에 해당하는 국민소환투표권자 서명	대통령령으로 정함	소환성립 후 공직선거법에 따른 보궐선거 실시
· 해당지역 국회의원은 직전 국회의원 총선거의 전국평균 투표율의 100분의 15 이상에 해당하는 지역구 서명 · 다른 지역 국회의원 및 비례대표 국회의원은 국민소환투표청구권자 총수를 지역구국회의원 정수로 나눈 수에서, 직전 국회의원 총선거의 전국평균 투표율의 100분의 15 이상에 해당하는 국민소환투표청구권자의 서명	120일	소환성립 후 공직선거법에 따른 보궐선거 실시
· 지역구 국회의원은 지역국민소환투표청구인 총수의 100분의 15 이상의 서명 · 비례대표 국회의원은 비례대표 국민소환투표청구인 총수의 100분의 15 이상의 서명	120일	소환성립 후 공직선거법에 따른 보궐선거 실시
· 지역구국회의원은 지역구국민소환투표인 총수의 100분의 15 이상의 서명 · 비례대표 국회의원은 비례대표 국민소환투표인 총수의 100분의 15 이상의 서명	120일	소환성립 후 공직선거법에 따른 보궐선거 실시
· 지역구국회의원은 지역구 국민소환투표인 총수의 100분의 10 이상의 서명 · 비례대표 국회의원은 비례대표 국민소환투표인 총수의 100분의 10 이상의 서명	120일	소환성립 후 공직선거법에 따른 보궐선거 실시

〈표2-2〉 21대 국회 - 국민소환에 관한 법률 발의(안) 분석

의안번호	의안명	발의의원	소환대상	사유	소환 시기
2103105 (2020.8.20.) 접수	국회의원의 국민소환에 관한 법률안	민형배 의원 등 11인	지역구 국회의원 비례대표 국회의원	정해진 기준* (헌법 제46조)	임기 시작 1년 이후 만료 6개월 전 사이
2101965 (2020.7.15.) 소관위 접수	국민소환에 관한 법률안	박주민 의원 등 27인	지역구 국회의원 비례대표 국회의원	정해진 기준 (헌법 제46조)	임기 개시 1년 이후 만료 1년 전 사이
2101957 (2017.7.15.) 소관위 접수	국회의원의 국민소환에 관한 법률안	김병욱 의원 등 10인	지역구 국회의원 비례대표 국회의원	정해진 기준 상동 (헌법 제46조)	임기 개시 6개월 이후 만료 6개원 전 사이
2101263 (2020.7.1.) 소관위접수	국회의원의 국민소환에 관한 법률안	박영순 의원 등 12인	지역구 국회의원	· 정해진 기준 상동 (헌법 제46조) · 기타추가**	임기 개시 1년 이후 만료 1년 전 사이
2100263 (2020.6.8.) 소관위 접수	국민소환에 관한 법률안	최강욱 의원 등 11인	지역구 국회의원 비례대표 국회의원	· 정해진 기준 상동 (헌법 제46조) · 기타추가***	임기 개시 6개월 이후 만료 6개원 전 사이
2100035 (2020.6.1.) 소관위 접수	국회의원의 국민소환에 관한 법률안	이정문 의원 등 10인	지역구 국회의원 비례대표 국회의원	정해진 기준 상동 (헌법 제46조)	임기 개시 6개월 이후 만료 6개원 전 사이

* 「대한민국헌법」 제46조에 따른 국회의원의 의무를 위반한 경우, 그 밖에 직권을 남용하거나 직무를 유기하는 등 위법·부당한 행위를 한 경우.

** 직권남용이나 직무유기, 성범죄, 음주운전 등 위법·부당한 행위를 한 경우, 국가안보와 국익에 중대한 위험과 막대한 손해를 끼친 경우, 국회의원의 직위를 이용해 사적 이익을 추구하거나 자신과 특수한 관계에 있는 개인이나 기관, 단체 등에 부정한 특혜를 준 경우, 국회의원 재직 중 취득한 정보를 그 자신이 부동산·유가증권 거래 등 사적 이익을 추구하기 위해 이용하거나 타인으로 하여금 부당하게 사용하게 한 경우, 성별이나 연령, 장애, 종교, 지역, 직업 등을 차별하거나 이에 대한 편견을 조장 또는 비방하고, 역사적 사실을 부정하는 등의 언행으로 사회적 물의를 일으킨 경우.

소환투표성립 요건	서명 기간	소환 이후
· 지역구국회의원은 직전 총선거의 전국평균 투표율의 100분의 10을 곱한 수 이상 국민소환투표청구권자의 서명 · 비례대표 국회의원은 모든 투표청구권자 총수를 지역구 국회의원 정수로 나눈 수에 직전 국회의원선거의 전국평균 투표율의 100분의 10을 곱한 수 이상 · 다만, 비례대표 국회의원의 경우 특정한 특별시·광역시·특별자치시·도 또는 특별자치도에서 받은 서명의 수가 소환에 필요한 서명 총수의 5분의 1 이상을 초과하는 경우 그 초과되는 부분은 계산에 미산입함	120일	소환성립 후 공직선거법에 따른 보궐선거 실시
· 해당지역 국회의원은 직전 국회의원 총선거의 전국평균 투표율의 100분의 15 이상에 해당하는 지역구 서명 · 다른지역 국회의원 및 비례대표 국회의원은 국민소환투표청구권자 총수를 지역구 국회의원 정수로 나눈 수에서, 직전 국회의원 총선거의 전국평균 투표율의 100분의 15 이상에 해당하는 국민소환투표청구권자의 서명	120일	소환성립 후 공직선거법에 따른 보궐선거 실시
· 지역구 국회의원은 지역구국민소환투표인 총수의 100분의 15 이상의 서명 · 비례대표 국회의원은 비례대표국민소환투표인 총수의 100분의 15 이상의 서명	120일	소환성립 후 공직선거법에 따른 보궐선거 실시
· 지역구 국회의원은 지역국민소환투표청구인 총수의 100분의 15 이상의 서명	중앙선관위 규칙으로 정함	소환성립 후 공직선거법에 따른 보궐선거 실시
· 지역구 국회의원은 직전 국회의원 총선거의 전국평균 투표율의 100분의 15 이상 지역구 국민소환투표청구권자의 서명 · 비례대표 국회의원은 국민소환투표청구권자 총수를 지역구국회의원 정수로 나눈 수에 직전 국회의원 총선거의 전국평균 투표율의 100분의 15 이상에 해당하는 국민소환투표청구권자의 서명	120일	소환성립 후 공직선거법에 따른 보궐선거 실시
국민소환투표청구권자는 국회의원에 대해 청구일 현재 국회의원 선거구 획정 상한인구의 100분의 30에 해당하는 국민소환투표권자의 서명	대통령령으로 정함	소환성립 후 공직선거법에 따른 보궐선거 실시

*** 대한민국임시정부의 법통과 불의에 항거한 4·19민주이념 및 「민주화운동 관련자 명예회복 및 보상 등에 관한 법률」에 따른 민주화운동 등 민주적 기본질서를 부정하는 경우.

임기 중 소환청구 가능한 시간을 기준으로 하면 2년 동안 가능하게 한 유형(예, 임기 개시 후 1년~임기 종료 1년 전 사이)의 법률안(박주민 의원 안, 김영순 의원 안), 3년 동안 가능하게 한 유형(예, 임기 개시 6개월 후~임기 종료 6개월 전 사이)의 법률안(최강욱 의원 안, 이정문 의원 안) 그리고 2년 6개월 동안 가능하게 한 유형(예, 임기 개시 1년 후~임기종료 6개월 전)의 법률안(민형배 의원 안)이 있다.

소환의 시기와 관련해 비교헌법적으로는 사법적 책임추궁절차로서 소환제를 입법화한 나라는 소환시기를 한정하고 있지 않으며, 정치적 책임추궁절차로서 소환제를 입법화한 나라들은 대체로 소환청구기간을 제한하고 있다. 공약불이행과 같은 정치적 사유에 의한 소환은 소환대상이 되는 선출직 공직자에게 공약을 이행 및 실적 생산에 시간적 여유(예, 임기시작 1년 또는 1년 6개월 후 등)가 필요하기 때문으로 보인다. 또한 소환발의에서 투표까지 최소한의 시간이 필요하므로 이러한 시간보다 임기가 짧게 남은 경우는 소환투표를 제한하고 있음도 알 수 있다.

소환제 입법을 하는 경우, 정당정치의 한계를 극복하고 폐쇄적 국회권력의 개방이라는 적극적인 의미도 있다. 그러나 중우정치, 이전투구(맞불놓기) 장으로 전락시킬 우려가 있다는 점을 고려하면, 폐해를 최소화하면서 제도도입을 통한 긍정적인 측면을 최대화할 수 있는 선에서의 요건설정이 필요하다.

2. 소환투표의 대상과 청구권자

우리나라의 국회의원 선거제도는 소선구제와 비례대표의 병립제를 취하다가 최근 들어 소선거구제를 기본으로 하되 연동형 비례대표제(소선거구 비례대표 제한적 병용제)를 제한적으로 도입하는 선거제도(이른바 준연동형 비례대표제)로 개편되었다. 다만, 제21대 국회의원 선거에서 비례 위성정당이 등장해 선거제 개편의 의미가 반감되었던 바, 선거제도 개편이 다시 이루어질 것으로 전망된다. 그렇지만 소선거구제와 비례대표제를 혼용하는 혼합선거구제의 큰 틀은 당분간 유지할 것으로 보인다.

그렇다면 지역구 국회의원, 비례대표 국회의원 누구를 소환대상으로 할 것인가에 대한 논의가 필요하며, 지역구 유권자만이 국회의원을 소환의 대상으로 할 것인지 타 지역구 국회의원까지를 포함할 것인지는 쟁점이 아닐 수 없다.

1) 소환대상과 소환청구인

제20대 국회(2016년 5월 30일~2020년 5월 29일, 지역구 253 비례대표47석=300석)에 제출된 법안의 경우 몇 가지 유형적 고찰이 가능하다. 우선 20대에 발의된 국민소환 법률안은 모두 지역구 국회의원과 비례대표 국회의원을 소환대상으로 삼고 있다.

소환청구인과 관련해서는 지역구 국회의원에 대한 국민소환투표를 해당지역구의 지역구국회의원소환청구인이 하도록 하고 비례대표의원에 대한 국민소환투표는 전국을 대상으로 하는 안(김병욱 의원 안, 황영철 의원 안), 다른 지역 국회의원에 대한 국민소환투표도 전국을 대상으로 하는 안(박주민 의원 안), 지역구 국회의원에 대한 국민소환투표는 해당 국회의원 지역선거구에 있는 국민소환투표인이 하고, 비례대표 국회의원에 대한 국민소환투표는 전체 국민소환투표권자 중 지역별로 인구비례에 따라 균등하게 선정된 국민소환 투표인이 하되, 국민소환 투표인의 수는 국민소환 투표권자 총수를 지역구 국회의원정수로 나누는 안(정동영 의원 안), 모든 국회의원에 대해 선정된 국민투표권자가 소환을 할 수 있도록 하는 안(황주홍 의원 안) 이 있다. (〈표2-1〉 참조)

제21대에 제출된 국회에 제출된 국민소환에 관한 법률도 소환 청구대상과 소환청구인과 관련해 몇 가지 유형적 고찰이 가능하다 (〈표2-2〉 참조).

우선, 소환대상과 관련하여 지역구 국회의원만을 소환대상으로 한 박영순 의원 안을 제외한 5개의 법안(민형배 의원 안, 박주민 의원 안, 김병욱 의원 안, 이정문 의원 안, 최강욱 의원 안)은 모두 지역구국회의원과 비례대표의원 모두를 소환할 수 있도록 했다.

소환청구인과 관련하여 소환대상을 지역구국회의원으로 한정하고 있는 박영순 의원 안의 경우 지역구 국회의원소환청구인으로 하고 있고, 15% 이상의 서명으로 소환투표가 성립된다. 비례대표를 소환할 수 있도록 한 5개의 법안은 국민소환투표청구권자 총수를 지역구국회의원정수로 나눈 비례대표소환청구인으로 하고 있다.

소환투표성립을 위한 청구인 수와 관련해서는 세 가지 유형이 있다. ① 비례대표소환청구인 총수의 일정 비율로 하는 안 ② 직전 선거의 투표율과 연동시키는 유형, 그리고 ③ 두 유형을 혼합하는 유형으로 다시 나눌 수 있다. ①에 해당하는 것으로는 이정문 의원 안과 김병욱 의원 안이 있는데, 이정문 의원 안의 경우 비례대표소환청구인의 30%의 서명으로 소환투표가 성립하고, 김병욱 의원 안의 경우 15%로 하고 있다. ②에 해당하는 최강욱 의원 안과 박주민 의원 안은 직전 국회의원 총선거의 전국평균투표율의 15%이상의 서명을 필요로 하고 있다. ③에 해당하는 민형배 의원 안은 국민소환투표청구권자 총수를 지역구국회의원정수로 나눈 비례대표소환청구인수에 직전 국회의원선거의 전국평균 투표율의 10%를 곱한 수 이상에 해당하는 청구권자의 서명으로 국민소환투표의 실시를 청구할 수 있도록 하고 있다.

헌법재판소는 당적변경에 따른 국회의원직 상실 문제와 관련해 자유위임 하의 국회의원의 지위는 전국구로 얻었는가, 지역구로 얻었는가 즉 의원직을 얻는 방법과 상관관계가 없으며 자유위임의 원칙을 취하더라도 전국구 의원은 별도의 법률규정이 있는 경우 국회의원직을 상실할 수 있다고 판시한 바 있다. (전국구국회의원 의석계승 미결정 위헌확인 헌재1994.4.28./92헌마153) 이를 좇아 1994년 3월 16일에 개정된 선거법(공직선거 및 선거부정방지법)에서 비례대표의원의 경우 소속정당의 합당 해산 또는 제명 외의 사유로 당적을 이탈 변경하거나 2개 이상의 당적을 가지고 있을 때에는 퇴직한다고 규정한 바 있다.

유권자와 대표와의 관계를 기속적인 것으로 보든 무기속적인 것으로 보든 법률 즉 국민소환제법률의 규정에 의거해 지역구 국회의원이든 비례대표 국회의원이든 소환청구대상이 될 수 있는 것이다.

타 지역구 국회의원을 소환대상으로 하는 유형(박주민 의원 안)의 경우 국회의원 활동의 전국적 영향력 때문인 것으로 보이며, 법리적으로는 지역구 국회의원이 지역구에서 선출되지만 전국민의 대표라는 논리에 근거한 것인지는 명확하지 않다. 전국민의 대표라는 논리에 근거한 것이라면 타지역구 국회의원 소환의 실리는 얻을 수 있어도 국민소환제를 배척하는 논리인 전국민의 대표라는 법리를 용인하는 단점을 내포하고 있다.

다만, 의정활동의 영향력이 전국적이며 이에 대한 유권자의 심판을 제도화한다는 점에서는 소환제의 취지와 일맥상통하는 점이 없는 것은 아니다.

2) 재외국민의 소환청구권

2009년 공직선거법의 개정으로 재외국민도 제한적으로 국회의원선거에 참여할 수 있게 되었는데, 재외국민도 소환청구인이 될 수 있는가도 쟁점이 아닐 수 없다.

또한 재외국민의 국민투표권행사를 제한한 국민투표법 제14조① 이 위헌이라는 헌법재판소결정(2014.7.24. 2009헌마256)에서도 볼 수 있듯이 재외선거인의 국정선거 등 참여가 경향적으로 확대되고 있음에도, 국회에 제출된 국민소환제 법안은 공통적으로 공직선거법 제15조 제1항의 국회의원 선거권자를 국민소환투표권자로 하고 있을뿐(이정문 의원 안 제4조②, 최강욱 의원 안 제5조①, 박영순 의원 안 제7조①, 김병욱 의원 안 제6조①, 박주민 의원 안 제3조①, 민형배 의원 안 제5조①) 재외국민의 소환청구참여에 대해 상세한 언급은 하고 있지 않다. 따라서 우선 재외국민 선거권의 인정과 관련한 쟁점들을 살펴볼 필요가 있다.

잘 알려져 있듯이, 재외국민의 선거권을 인정하지 않던 구 공직선거법에 대해 헌법불합치결정이 내려짐에 따라, 국회에서도 공직선거법 개정 움직임이 있었다. 그러나 여야 간의 의견불일치로 2008년 12월 31일까지 개정안이 마련되지 못했다.

그러나 우여곡절 끝에 지난 2009년 2월 12일 이를 허용하는 내용의 공직선거법 개정안이 국회를 통과하였고, 영주권자는 '재외선거인' 자격으로, 선거 기간 중 국외 체류 예정자 또는 일시 체류자들은 '국외부재자'자격으로 선거권을 행사할 수 있게 되었다.

이에 따라 국민소환제 입법이 실현될 경우 재외국민(재외선거인과 국외부재자)의 소환청구인 적격에 대한 논의가 필요하다. 이를 위한 기초작업으로 재외국민의 선거권 인정여부와 관련한 현황을 살펴보면 다음과 같다(이경주, 2019: 399~400).

2009년 2월 12일의 개정 공직선거법에 따르면, 영주권자와 같이, "주민등록이 되어 있지 아니하고 재외선거인명부에 올라 있지 아니한 사람으로서 외국에서 투표하려는 선거권자"('재외선거인')는 대통령선거와 임기만료에 따른 비례대표 국회의원선거에 참여할 수 있으며(제218조의5 제1항), 공관을 직접 방문해 중앙선거관리위원회에 '재외선거인' 등록신청을 해야 한다. 또한 "주민등록이 되어 있거나 국내거소신고를 한 사람으로서 '사전투표기간 개시일 전 출국해 선거일 후에 귀국이 예정된 경우' 또는, '외국에 머물거나 기주해 선거일까지 귀국하지 아니할 경우' 외국에서 투표하려는 선거권자"('국외부재자')는 대통령선거와 임기만료에 따른 국회의원선거에 참여할 수 있으며(제218조의4 제1항), 신고 기간에 국내에 있으면 해당 시장·군수·구청장에게 '국외부재자' 신고를 해야 하고, 외국에 있는 경우에는 해당 재외공관에 거처 신고서를 제출해야 한다.

이러한 선거인등록 신청 및 국외부재자 신고의 기간은 선거일 전 150일부터 선거일 전 60일까지이며, 재외 선거권자를 대상으로 한 선거운동은 인터넷, 전자우편, 전화 또는 말로 하는 방법, 위성방송을 이용한 방송광고·방송연설, 인터넷 광고만 허용되며, 단체는 그 명의나 대표의 명의로 선거운동을 할 수 없다. 투표는 선거일 전 14일부터 선거일 전 9일까지 6일 동안 해당 재외공관에 설치·운영되는 투표소에서 이루어지고, 투표방식은 재외투표소에 가서 재외선거관리위원회위원과 투표참관인 앞에서 구·시·군 선거관리위원회로부터 받은 투표용지, 발송용 봉투, 회송용 봉투와 신분증명서를 제시해 본인임을 확인받은 다음 기표소에 들어가 후보자의 성명이나 정당의 명칭 또는 기호를 적은 다음 이를 회송용 봉투에 넣어 봉함하고 투표참관인 앞에서 투표함에 넣어야 한다.

공정한 선거가 이루어지도록 각 공관에 재외선거관리위원회가 설치되어 '재외투표소 설치장소와 운영기간 등의 결정·공고', '재외투표소의 투표관리', '재외투표소 투표사무원 위촉 및 투표참관인 선정', '재외투표관리관이 행하는 선거관리사무 감독', '선거범죄 예방 및 단속에 관한 사무' 등의 업무를 담당하도록 개정된 바 있다.

〈표2-3〉 공직선거권과 연동할 경우의 재외국민 소환투표

		대통령 선거		국회의원 선거			지방선거			국민 투표
				지역구		비례	지방 의회			
		임기 만료	재보궐	임기 만료	재보궐	임기 만료	지역구	비례	자치 단체장	
일반 국민 (주민등록)		○	○	○	○	○	○	○	○	○
재외국민	국외부재자 (주민등록○, 부재 150-60전까지 (91일간 공관경우)	○	○	○	X	○	○	○	○	○
	재외선거인 (주민등록X, 국내거소X) 60일전까지, 공관방문, 순회직원-서면신청 제218조의19 제1, 2항 직접방문투표	○	○	X*	X*	○ (등록 신청 - 제218조 의5 제1항)	X*	X*	X*	○** 제14조 제1항 (국민 투표법)

* 2015년 8월 13일 공직선거법 개정에 의하여 3개월 이상 주민등록이 되어 있는 재외선거인에 한하여 임기만료 국회의원선거, 임기만료 지역구 지방의원 선거 및 자치단체장 선거 참여(지방선거는 재외투표와 선상투표를 실시하지 않아 국내에서만) 가능(「공직선거법」 제15조 제2항 제2호, 제3호)

** 위헌결정(2014.7.24. 2009헌마256)하였으나 법 개정 지연 중(2019.2.1. 현재)

그러나 이러한 진전에도 불구하고 여전히 재외국민의 경우에는 선거권 행사에 일정한 제한이 있다. 주민등록과 국내거소가 없는 재외선거인은 여전히 임기만료지역구 국회의원 선거와 재보궐선거

에서 선거권이 제한된다.

이에 대한 헌법소원사건에서 공직선거법(2014.1.17. 법률 제 12267호) 제15조 제1항(주민등록 또는 국내거소신고 없는 재외국민의 임기만료 국회의원 선거권 제한) 위헌여부에 관해 헌재는 다음과 같이 기각한 바 있다(헌재 2014.7.24. 2009헌마256).

> 지역구국회의원은 국민의 대표임과 동시에 소속지역구의 이해관계를 대변하는 역할을 하고 있다. 전국을 단위로 선거를 실시하는 대통령선거와 비례대표 국회의원선거에 투표하기 위해서는 국민이라는 자격만으로 충분한 데 반해, 특정한 지역구의 국회의원선거에 투표하기 위해서는 '**해당 지역과의 관련성**'이 인정되어야 한다. 주민등록과 국내거소신고를 기준으로 지역구국회의원선거권을 인정하는 것은 해당 국민의 지역적 관련성을 확인하는 합리적인 방법이다. 따라서 선거권조항과 재외선거인 등록신청조항이 재외선거인의 임기만료지역구국회의원선거권을 인정하지 않은 것이 재외선거인의 선거권을 침해하거나 보통선거원칙에 위배된다고 볼 수 없다.

하지만 2015년 8월 13일 공식선거법 개성에서 재외국민의 국내거소제도가 폐지되고 재외국민을 위한 주민등록증 발급이 가능(「주민등록법」제6조 제1항 제3호)해지면서 "주민등록표에 3개월 이상 계속 올라와 있고 해당 국회의원 지역선거구 또는 해당 지방자치단체의 관할구역에 주민등록이 되어 있는 사람"에 대해 지역구 국회의원 선거, 지방자치단체 의원 및 장의 선거권을 부여하고 있다(「공직선거법」제15조 제2항 제2호, 제2항 제3호).

그러나 재외국민의 지역구 국회의원 선거 및 지방자치단체 의원 및 장의 선거에 참여할 수 있는 길이 이상과 같이 열렸으나 여전히 주민등록을 기준으로 하고 있다는 점, 재외국민이나 외항선원의 경우 재외투표와 선상투표를 실시하지 않아 지방선거에는 사실상 참여할 수 없다는 점 등에서 논란의 여지가 여전히 남아 있다 하겠다.

또한 재외국민의 재보궐선거 참여 제한에 대해서는 투표율과 선거비용 등을 이유로 다음과 같이 기각했다(헌재 2014.7.24. 2009헌마256).

> 입법자는 재외선거제도를 형성하면서, 잦은 재·보궐선거는 재외국민으로 하여금 상시적인 선거체제에 직면하게 하는 점, 재외 재·보궐선거의 투표율이 높지 않을 것으로 예상되는 점, 재·보궐선거 사유가 확정될 때마다 전 세계 해외 공관을 가동해야 하는 등 많은 비용과 시간이 소요된다는 점을 종합적으로 고려해 재외선거인에게 국회의원의 재·보궐선거권을 부여하지 않았다고 할 것이고, 이와 같은 선거제도의 형성이 현저히 불합리하거나 불공정하다고 볼 수 없다. 따라서 재외선거인 등록신청조항은 재외선거인의 선거권을 침해하거나 보통선거원칙에 위배된다고 볼 수 없다.

그러나 재외선거인의 국민투표권을 제한한 「국민투표법」 제14조 제1항에 대해서는 다음과 같이 위헌결정(헌재 2014.7.24. 2009헌마256)을 하여 국민투표권 행사가 가능하게 되었다. 다만, 당해 조항에 대한 개정이 지연되고 있다.

> 헌법 제72조의 중요정책 국민투표와 헌법 제130조의 헌법개정안 국민투표는 대의기관인 국회와 대통령의 의사결정에 대한 국민의 승인절차에 해당한다. 대의기관의 선출주체가 곧 대의기관의 의사결정에 대한 승인주체가 되는 것은 당연한 논리적 귀결이다. **재외선거인은 대의기관을 선출할 권리가 있는 국민으로서 대의기관의 의사결정에 대해 승인할 권리가 있으므로, 국민투표권자에는 재외선거인이 포함된다고 보아야 한다.** 또한, 국민투표는 선거와 달리 국민이 직접 국가의 정치에 참여하는 절차이므로, 국민투표권은 대한민국 국민의 자격이 있는 사람에게 반드시 인정되어야 하는 권리이다. 이처럼 국민의 본질적 지위에서 도출되는 국민투표권을 추상적 위험 내지 선거기술상의 사유로 배제하는 것은 헌법이 부여한 참정권을 사실상 박탈한 것과 다름없다. 따라서 국민투표법조항은 재외선거인의 국민투표권을 침해한다.

3. 소환투표의 절차

1) 청구정족수

소환청구의 정족수를 어떻게 할 것인가는 매우 중요한 문제이다. 정족수가 너무 높게 책정되면 소환제도 자체가 유명무실화될 수 있으며, 너무 낮게 책정되면 정치적 이전투구를 조장해 오히려 대의제 민주주의를 혼란에 빠트릴 수 있기 때문이다.

이에 대해서는 역대 선거(예를 들면 1987년 헌법 이후)에서의 투표율, 주민소환투표에서의 투표율(〈표2-4〉 참조), 외국에서의 청구정족수, 현재 국회에 제출된 법안들의 청구정족수 등을 종합적으로 참조할 필요가 있다. 다만, 현재 국회에 발의된 법안들의 청구정족수에 대해서는 몇 가지로 유형화할 수 있다.

(1) 엄격 여부
가. 청구정족수를 가급적 완화시키려는 유형

정동영 의원 안(제20대)의 경우, 지역구 국회의원은 해당 지역구 국민소환투표청구권자 총수의 10% 이상, 비례대표 국회의원의 경우 전체 국민소환투표청구권자수를 지역구 국회의원 정수로 나눈 비례대표소환청구인 정수의 5% 이상으로 하고 있다.

제21대 국회에서는 직전 국회의원선거에서의 투표율과 연동시키는 형태로 요건을 완화시키려는 시도들이 나타나는데, 민형배 의원 안이 그렇다. 민형배 의원 안(제21대)의 경우, 지역구 국회의원소환청구 정족수는 국민소환투표권자 총수에 직전 임기만료 국회의원선거 전국 평균투표율의 10% 이상으로 하고 있고, 비례대표국민소환청구인 정수는 비례대표국민소환청구권자 총수에 직전 임기만료 국회의원선거의 전국 평균투표율의 10% 이상을 규정하고 있다.

나. 청구정족수를 가급적 엄격히 하려는 유형

황주홍 의원 안(제20대)의 경우, 국회의원 선거구 획정 상한인구의 30%의 서명으로 중앙선거관리위원회에 청구할 것을 규정하고 있다. 이정문 의원 안(제21대)의 경우도 마찬가지이다.

다. 청구정족수를 중간정도(위 가와 나 유형의)로 하려는 유형

김병욱 의원 안(제20대), 황영철 의원 안(제20대), 박주민 의원 안(제20대)은 국민소환투표인 총수의 15%를 청구정족수로 하고 있다. 다만, 김병욱·황영철 의원 안의 경우 지역구 국회의원의 경우 국민소환투표인 총수의 15%, 비례대표의원의 경우 비례대표국민소환투표인 정수의 15%로 하고 있다.

김병욱 의원 안(제21대)의 경우 지역구 국회의원은 지역구국민소환투표인 총수의 15%로 하고 비례대표 국회의원은 비례대표소환청구인(국민소환투표인 수를 지역구 국회의원 정수로 나눈 수) 정수의 15%이상의 서명을 규정하고 있다.

제21대 국회에 제출된 법안 중 박주민 의원 안과 최강욱 의원 안은 직전 국회의원 선거에서의 투표율과 연계하여 소환청구인 정족수를 제안하고 있다.

박주민 의원 안(제21대)의 경우 지역구 국회의원 소환의 경우 전국평균투표율의 15%로 소환을 청구하고, 다른 지역구 국회의원과 비례대표 국회의원의 경우 비례대표소환청구인(국민소환투표청구권자의 총수를 지역구국회의원 정수로 나눈 수) 정수에서 국민소환투표가 발의되기 직전 국회의원 총선거의 전국평균 투표율의 15%이상으로 하고 있다.

최강욱 의원 안(제21대)의 경우, 지역구의 경우 직전 국회의원 총선거의 전국평균 투표율의 15%, 비례대표 국회의원의 경우 비례대표소환청구인의 수에 직전 임기만료 국회의원선거의 전국평균 투표율의 15%를 곱한 수 이상으로 하고 있다.

참고로 주민소환에 관한 법률(2007년)에서는 소환대상에 따라 차등을 두되, 시도지사의 경우 주민소환투표청구권자의 10% 이상, 시장·군수·구청장의 경우 주민소환투표청구권자의 15%, 시도의회의원의 경우 20% 이상으로 하고 있다.

소환이 가능하게 하는 데 필요한 서명의 수는 소환절차의 정당성과 밀접한 관련이 있기 때문에 누구나 동의할 수 있을 만큼의 수(비율)가 서명에 참가해야 하지만, 지나치게 많을 경우 소환제가 무용지물이 될 수 있기 때문에 적정 수를 설정하는 것은 매우 중요하다.

(2) 직전선거와의 연동여부 등

적정 국민소환투표 청구정족수를 산출하는 데 외국의 사례도 일응의 참조 필요성이 있다. 비교헌법적으로 보면 소환청구에 필요한 서명자의 수를 직전 선거와 연동하여 직전선거 투표자의 몇 %로 할 것인가를 따질 필요가 있다. 물론 헌정사적 배경의 차이 때문에 소환청원서에 서명을 해야 하는 유권자의 수(비율)는 적게는 직전선거 투표자의 10%(예, 대만, 영국)에서 많게는 30%(예, 콜롬비아, 독일의 작센 주)까지 천차만별이다.[1]

직전선거와의 연동여부에 관해서는 두 가지 유형이 있다. ① 직전

---

1   베네수엘라 선거관리위원회는 2007년 한해 동안 400건이 넘는 소환청원을 처리하는 과정에서 합당치 않은 사유로 소환청원을 남용하는 경향을 발견하고 이를 막기 위해 청원절차를 개시하기 위한 조건으로 소환청원요청서에 해당 선거구 유권자 1% 이상의 서명을 받고 정치조직(정당)을 조정자(mediator)로서 내세워야 한다는 규정을 만들었다(Sato, 2016).

선거와 연동하지 않고 지역구 국민소환투표청구인과 비례대표소환청구인 정수의 일정 비율로 하는 안이 있고, ② 직전 선거의 투표율과 연동시키는 유형으로 나눌 수 있다.

제21대 국회에 제출된 법안의 경우, ①에 해당하는 것으로는 이정문 의원 안과 김병욱 의원 안이 있는데, 이정문 의원 안의 경우 선거구획정 상한 인구의 30%이상의 서명으로 소환투표가 성립하고, 김병욱 의원안의 경우 지역구 국민소환투표인 총수와 비례대표국민소환청구인 정수의 15% 이상으로 하고 있다. ②에 해당하는 최강욱 의원 안과 박주민 의원 안은 직전 국회의원 총선거의 전국평균투표율의 15% 이상의 서명을 필요로 하고 있다.

(3) 소환청구인수와 정족수 설정의 재량범위

소환청구인수와 관련해서는 소환대상을 지역구국회의원으로 한정하고 있는 박영순 의원 안의 경우 지역구 국회의원소환청구인이 소환을 청구할 수 있도록 하고 있고, 15% 이상의 서명으로 소환투표가 성립된다. 비례대표를 소환할 수 있도록 하고 있는 5개의 법안은 국민소환투표청구권자 총수를 지역구국회의원정수로 나눈 비례대표소환청구인으로 하고 있다.

소환투표성립을 위한 청구인 수와 관련해서도 두 가지 유형이 있다. ① 비례대표소환청구인 총수의 일정 비율로 하는 안이 있고, ② 직전선거의 투표율과 연동시키는 유형으로 나눌 수 있다. ①에 해당하는 것으로는 이정문 의원 안(제21대)과 김병욱 의원 안(제21대)이 있는데, 이정문 의원 안의 경우 비례대표소환청구인의 30%의 서명으로 소환투표가 성립하고, 김병욱 의원 안의 경우15%로 하고 있다.

②에 해당하는 유형 안에는 15%로 연계하는 안과 10%로 연계하

는 안이 있다. 최강욱 의원 안(제21대)과 박주민 의원 안(제21대)은 직전 국회의원 총선거의 전국평균투표율의 15% 이상의 서명을 필요로 하고 있다. 민형배 의원 안(제21대)은 직전 국회의원선거의 전국평균 투표율의 10%를 곱한 수 이상에 해당하는 청구권자의 서명으로 국민소환투표의 실시를 청구할 수 있도록 하고 있다.

이상을 보면 제21대 국회에 제출된 법안은 직전선거 연동여부를 떠나 대체로 소환청구 정족수를 소환청구권자의 15%로 하고 있는데, 이것이 지나치게 가벼운 요건이 아닌가 또한 지나치게 무거운 요건이 아닌가 하는 논란이 있을 수 있다.

주민소환법에도 이러한 소환청구권자 요건이 있는데, 이러한 주민소환법 제7조 제1항 제2호 중 시장 부분(발의요건)이 지나치게 가벼운 요건이 아닌가 하는 논란과 관련해 헌법재판소는 입법재량의 영역이며, 발의 요건이 15%라 하더라도 과잉된 것은 아니라며 다음과 같이 판시한 바 있다.

> ① 청구인은, 이 조항이 시장에 대한 주민소환투표 청구에 유권자의 100분의 15 이상의 서명을 요구하여 그 요건을 지나치게 가볍게 함으로써 청구인의 공무담임권을 침해한다고 주장한다.
> ② 그러나 주민소환투표의 구체적인 요건을 설정하는 데 있어 입법자의 재량이 매우 크다 할 수 있고, 이 청구요건이 너무 낮아 남용될 위험이 크다는 의미에서 현저하게 자의적이라고 볼 수 없으며, 외국의 입법례에 비해 낮은 수준이라고 단정하기도 어렵다.
> ③ 결국 이러한 사정을 종합적으로 고려할 때 이 조항이 과잉금지원칙에 위반하여 청구인의 공무담임권을 침해한다고 볼 수 없다.
> 주민소환에 관한 법률 제1조(목적) 등 위헌확인(헌재 2009.3.26. 2007헌마843-합헌)

한편, 지나치게 무거운 요건이 아닌가 하는 논란도 있다. 주민소환법에 의거해 2007년부터 2019년까지 99차례의 각종 소환시도가 있었는데, 실제 주민소환투표가 실시된 것은 10건에 불과하며, 89건이 소환투표도 실시해보지 못하고 종결된 데서 비롯한 논란이기도 하다. (〈표2-4〉)에서는 서명미달로 각하된 사례를 시장·군수·자치구의 구청장(당해 지방자치단체의 주민소환투표청구권자 총수의 100분의 15이상) 소환투표 중 도시선거구를 샘플로 분석하고, 지역구시·도의원 및 지역구자치구·시·군의원(당해 지방의회의원의 선거구 안의 주민소환투표청구권자 총수의 100분의 20이상) 소환투표 중 농어촌 유형을 샘플로 해, 유형별로 각 각 4건과 5건을 분석하였다. 표에서 확인할 수 있듯이 서명 미달로 소환투표가 실시되지 않고 각하되는 경우가 많다. 제도 활성화를 위해서는 15%(농어촌선거구의 경우 20%)도 무거운 요건이 될 수 있는 바, 직전선거 투표율과 연계시키는 것도 하나의 정책선택 수단이 될 수 있을 것이다.

과거 국회헌법개정특위 자문위원회의 개헌안에서도 국회의원 선거권자 100분의 1이상이 소환청구를 할 수 있고 국회의원 소환은 국회의원 선거권자 4분의 1 이상의 투표와 투표자 과반수의 찬성을 규정한 바 있다.

소환제의 남용을 경계하여 소환제가 존재한다는 상징적 의미를 중시하고 지나친 활성화를 경계하는 경우, 소환의 대상을 지역구에 한정하고 국민소환청구인의 수도 국민소환청구인수의 몇 %로 청구인 수를 설정할 수 있을 것이다. 한편 제도활성화에 중점을 두는 경우 소환의 대상을 지역구에 한정하지 않고 비례대표까지 확대하되 직전선거 투표율과 연계시켜 소환 청원에 그치는 것이 아니라 투표로까지 확대시키는 방향이 있을 수 있을 것이다.

<표2-4> 한국의 주민소환투표가 실시되지 않고 종결된 사례

구분	지역/선거구	소환대상	서명부제출일 등	주민 소환 투표율	투표결과 미실시 사유
			직전지방선거 투표일	직전 지방선거 투표율	-
			직전 지방선거 투표현황		
			직전 지방선거 개표현황		
도시선거구 (4건)	경기 고양시 / 타 선거구 (일산시구 주엽1동, 주엽2동)	이윤승 시의원	19.9.23.[1]	투표 미실시	서명미달 등으로 각하[2]
			18.6.13.	63.06%	
			신기인수 49,133 투표수 30,984 기권수 18,149		
			더불어민주당 이윤승 18,866(62.89%), 자유한국당 박현경 8,010(26.70%) 바른미래당 구자현 3,121(10.40%)		
	경기 시흥시	이연수 시장	08.9.23.[3]	투표 미실시	서명미달로 각하[4]
			06.5.31.	40.35%	-
			선거인수 271,413 투표수 109,527		
			열린우리당 김윤식 28,579(26.39%) 한나라당 이연수 53,786(49.67%) 민주당 이명운 13,697(12.65%) 무소속 정종흔 12,209(11.27%)		
	대구광역시 /달서 5 선거구	김원구 시의원	13.2.15.[5]	투표 미실시	서명미달로 각하[6]
			10.6.2.	43.12%	
			선거인수 67,067 투표수 28,920		
			한나라당 김원구 14,586(51.92%) 친박연합 박정숙 9,037(32.17%) 무소속 정수득 4,466(15.89%)		
	경기 의왕시	김성제 시장	15.9.16.[7]	투표 미실시	서명미달로 각하[8]
			14.6.4.	59.76%	
			선거인수 127,246 투표수 76,052		
			새누리당 권오규 31,290(41.61%) 새정치민주연합 김성제 43,898(58.38%)		
농산어촌선거구 (5건)	충남 금산군 /나 선거구	김송학 군의원	19.6.14.[9]	투표 미실시	대표자 결격 사유로 미접수 (반려)[10]
			18.6.13.	64.88%	
			선거인수 20,097 투표수 13,039		
			더불어민주당 신민주 3,311(26.62%) 더불어민주당 김종학 3,827(30.77%) 자유한국당 전연석 2,451(19.70%) 자유한국당 최명수 1,594(12.81%) 무소속 김범구 1,253(10.07%)		
	경북 군위군	김영만 군수	17.6.16.[11]	투표 미실시	각하[12]
			14.6.4.	81.03%	
			선거인 22,266 투표수 18,043		
			새누리당 장욱 8,379(47.42%) 무소속 김영만 9,290(52.57%)		
	충남 예산군	황선봉 군수	16.8.16.[13]	투표 미실시	서명부 미제출
			14.6.4.	61.17%	
			선거인수 72,147 투표수 44,137		
			새누리당 황선봉 27,140(63.26%) 무소속 고남종 15,757(36.73%)		
	충북 보은군	정상혁 군수	13.1.2.[14]	투표 미실시	주민소환투표 철회(13.2.6.)
			10.6.2.	74.15%	
			선거인수 29,345 투표수 21,761		
			한나라당 김수백 9,574(45.39%) 자유선진당 정상혁 10,513(49.85%) 미래연합 구연홍 1,002(4.75%)		
	경남 함양군	천사령 군수	07.9.18.[15]	투표 미실시	서명부 미제출
			06.5.31.	80.93%	
			선거인수 34,178 투표수 27,661		
			열린우리당 천사령 14,315(53.17%) 한나라당 이철우 11,844(43.99%) 민주당 최은아 763(2.83%)		

시 도 지 사 선 거 구	경남	홍준표 도지사	16.2.12.[16]	투표 미실시	서명미달로 각하[17]
			14.6.4	59.8%	
		선거인수 2,658,347 총투표자수 1,589,673			
		새누리당 홍준표 913,162 (58.85%) 새정치민주연합 김경수 559,367(36.05%) 통합진보당 강병기 79,015(5.09%)			

1) 서명부 제출일

2) 서명 미달과 보정기간 내 미보정으로 2019. 11. 18. 주민소환투표청구 각하됨.

3) 서명부 제출일

4) 유효서명인수는 35,163명으로 주민소환청구권자 총수인 273,613의 15%인 41,042명에 미치지 못하고 5,879명이 부족해 서명 미달로 주민소환투표청구가 각하됨(중부일보 2018. 10. 13.자 기사http://www.joongboo.com/news/articleView.html?idxno=287421).

5) 대표 시민사회단체의 주민소환서명운동 종료일

6) 주민소환청구권자 총수인 68,445명의 20%인 13,689명에 미치지 못하고 시민들 서명이 1,000명에도 이르지 못해 서명 미달로 주민소환투표청구가 각하됨(경북일보 2013. 2. 15.자 기사 https://www.kyongbuk.co.kr/news/articleView.html?idxno=613104).

7) 서명부 제출일

8) 제출한 20,908명의 서명부 심사 결과 무효 서명이 7,796건으로 보정대상 서명을 모두 보완하더라도 주민소환투표 청구 조건에 이르지 못한다며 서명 미달로 주민소환투표청구가 각하됨(KBS 2015. 10. 2.자 기사 http://news.kbs.co.kr/news/view.do?ncd=3157740).

9) 주민소환투표청구일 (ATN news 기사 2019. 7. 3.자 http://www.atnnews.co.kr/news/articleView.html?idxno=31621)

10) 대표자가 나선거구가 아닌 가선거구 주민이어서 대표자 결격사유로 미접수(반려)됨(아시아뉴스통신 2019. 7. 8.자 기사 https://www.anewsa.com/detail.php?number=1867382).

11) 서명부 제출일

12) 제출된 4,023명 서명 중 유효 3,290 무효 733으로 청구요건 3,312명에 22명이 미달되어 각하됨(경북일보 2017. 9. 12.자 기사 https://www.kyongbuk.co.kr/news/articleView.html?idxno=1003936).

13) 주민소환투표청구일(예산뉴스 2016. 10. 31.자 기사 http://m.yesm.kr/news/articleView.html?idxno=33607)

14) 주민소환투표청구일(중앙일보 2013. 1. 2.자 기사 https://news.joins.com/article/10320715)

15) 주민소환투표청구일(중앙일보 2007. 9. 19.자 기사 https://news.joins.com/article/2889181)

16) 서명부 제출일

17) 경남도선거관리위원회는 2016. 9. 26. '주민소환법 제7조 제1항 제1호에 따라 시도지사의 경우 당해 지방자치단체의 주민소환투표청구권자 총수의 100분의 10 이상의 서명으로 주민소환투표청구가 가능하나, 필요한 271,302명의 서명에 8,395명 부족(0.31% 부족)한 262,637명의 서명만이 유효한 서명인 것으로 확인되어 서명 미달로 각하'한다고 밝힘(한겨레 2016. 9.26.자기사http://www.hani.co.kr/arti/area/area_general/762738.html#csidx313933ddbe9be33a3dfda2d5fdb6522).

2) 소환시기와 청구기간의 제한

(1) 소환시기

제20대 국회에 제출된 법안의 경우, 소환의 시기와 관련하여 임기 개시후 6개월이 경과하지 않은 경우나 남은 임기가 6개월 미만인 경우는 제외하는 안(김병욱 의원 안, 박주민 의원 안), 임기 개시 6개월~잔여임기 1년 미만을 제외하는 안(황영철 의원 안), 임기개시 6개월~잔여임기 1년 미만 또는 해당 국회의원에 대한 국민소환투표 실시후 1년 이내로 하는 안(황주홍 의원 안, 정동영 의원 안) 등이 있는 바 입법과정에서도 이를 토대로 검토가 필요하다. (〈표2-1〉 참조)

제21대 국회에 제출된 법안(〈표2-2〉 참조)의 경우도 몇 가지 유형적 고찰이 가능하다. 소환청구개시 및 종료시점과 관련해서는 임기 개시 1년 이후에 소환투표를 청구할 수 있다는 안이 세 개(민형배 의원 안, 박주민 의원 안, 박영순 의원 안), 임기 개시 이후 6개월 이후에 소환투표를 청구할 수 있다는 안이 세 개(김병욱 의원 안, 최강욱 의원 안, 이정문 의원 안) 있다. 소환청구 종료시점과 관련해서는 네 개의 안(민형배 의원 안, 김병욱 의원 안, 최강욱 의원 안, 이정문 의원 안)이 임기 만료 6개월 전까지 소환청구를 할 수 있다고 하고 있고 두 개의 안(박주민 의원 안, 박영순 의원 안)이 임기만료 1년 전까지로 하고 있다.

정치적 책임추궁절차로 국민소환제를 설계하는 경우, 선출된 국회의원이 정치적 성과를 보일 수 있는 시간을 일정정도 확보한다는 점에서 개시 시점을 1년 후로 하되, 사법적 책임추궁절차로 설계하는 경우 6개월 정도로 설정하는 것도 제도 취지를 살릴 수 있는 선택지의 하나가 될 수 있을 것이다.

(2) 청구 기간/제한기간

정치적 남용을 막기 위해서는 청구기간을 설정하고 일정하게 제한할 수 있을 것이다. 청구기간을 제한한 것은, 선출직 공직자의 임기 초에는 일정 기간 소신에 따라 정책을 추진할 수 있는 기회를 주어야 하고, 임기 초 단기간 내에는 과오 등을 입증하기 어려울 뿐 아니라, 임기 종료가 임박한 때에는 소환의 실익이 없기 때문이다. 한편, 주민소환투표를 실시하여 부결되었음에도 반복적으로 소환투표를 청구하는 폐해를 방지하려는 데도 그 입법목적이 있다 할 것이다.

주민소환법에도 청구기간의 제한이 있는데, 이와 관련하여 다음과 같이 헌법재판소도 목적의 정당성을 인정한 바 있다.

> 이 조항에서 주민소환투표의 청구기간을 제한한 것은, 선출직 공직자의 임기 초에는 일정 기간 소신에 따라 정책을 추진할 수 있는 기회를 주어야 하고, 임기 초 단기간 내에는 과오 등을 입증하기 어려울 뿐만 아니라, 임기 종료가 임박한 때에는 소환의 실익이 없는 점을 고려하고, 주민소환투표를 실시하여 부결되었음에도 불구하고 반복적으로 주민소환투표를 청구하는 폐해를 방지하려는 데 그 입법목적이 있고, 그러한 입법목적은 정당한 것으로 판단된다.
>
> 따라서 동일한 사유로 한 번 주민소환투표에 회부되어 부결되었음에도 불구하고 소정의 기간 내에 반복적으로 소환투표를 청구하는 경우가 아닌 한, 다른 청구사유 또는 일정 기간이 경과한 후 같은 사유로도 제2, 제3의 청구를 할 수 있을 것이고 그것을 제한하여야 할 이유도 없으며, 더욱이 주민소환법은 예산낭비 등에 대비하여 투표를 병합하여 실시할 수 있도록 규정하고 있다(주민소환법 제13조 제2항).
>
> 주민소환에 관한 법률 제1조(목적) 등 위헌확인(헌재 2009.3.26. 2007헌마843-합헌)

임기 중 소환청구 가능한 시간을 기준으로 하면 2년 동안 가능하게 한 유형(예, 임기 개시 후 1년~임기 종료 1년 전 사이)의 법률안(박주민 의원 안, 김영순 의원 안), 3년 동안 가능하게 한 유형(예, 임기 개시 6개월 후~임기 종료 6개월 전 사이)의 법률안(최강욱 의원 안, 이정문 의원 안) 그리고 2년 6개월 동안 가능하게 한 유형(예, 임기 개시 1년 후~임기종료 6개월 전)의 법률안(민형배 의원 안)이 있다. 박주민 의원안의 경우 제20대 국회 발의법안과 제21대 국회 발의 법안 모두 거듭 소환을 금지하면서도, 제20대 국회에 제출된 안은 임기 개시 후 6개월, 임기종료 전 6개월로 제한한 법안을 제출하였고 제21대 국회에서는 임기개시 후 1년, 임기 종료 전 1년으로 제한하는 법안을 제출하였다.

나아가 정치적 남용이나 정치적 불안정성을 억제하기 위해 소환제 남용을 견제하는 장치로 2년 정도의 기간을 설정하거나, 경우에 따라서는 1회 소환청구에 실패한 경우에 소환을 제한하는 방안도 고려할 수 있다. 그러나 소환제의 활성화에 입법목적을 두는 경우는 3년 동안 가능하게 하는 정책선택을 할 수도 있다. 여야의 합의 과정에서 절충할 경우에는 2년 6개월 동안 소환청구가 가능케 하는 방안도 강구할 수 있을 것이다.

3) 서명요청활동과 소환투표운동

소환투표 청구가 이루어진 후 적법요건을 확인하면 대상자에게 소명할 기회를 제공하고, 소환투표가 발의된 이후에는 주민소환투표 청구인 측의 찬성 활동에 대해 소환대상자의 반대운동이 가능하도록 해야 할 것이다. 이때의 활동이 소환대상자에게 더욱 중요하고 긴요한 것이며, 전체적으로 공정한 반대활동 기회가 보장되어야 하기 때문이다.

제21대 국회에 발의된 법안들은 대체적으로 소환대상자의 서명 반대운동을 제한하는 경우 소명기회를 보장하고 있다. (박주민 의원 안 제19조, 이정문 의원 안 제16조, 최강욱 의원 안 제17조, 박

영순 의원 안 제15조, 김병욱 의원 안 제17조, 민형배 의원 안 제19조)

국민소환제를 정치적 책임추궁절차로 보든 사법적 책임추궁절차로 보든 유권자의 입장에서는 서명요청활동과 국민소환투표운동이 갖는 의미가 과정상 매우 중요하다. 국회에 제출된 법안들은 일수를 특정하지는 않고 대체로 국민소환투표공고일의 다음날부터 투표일 전일까지로 하는 안을 제시하고 있다. 그러나 지나치게 장기화될 경우 정쟁의 격화, 권한과 직무의 과잉된 마비가 있을 수 있으므로 일정한 기간으로 한정할 필요가 있다. 국회의원선거운동기간의 경우 투표일전 14일부터 투표전일까지 13일간으로 하고 있는데 이를 참고할 필요가 있겠다.

그리고 이 과정 즉 국민소환투표운동과 관련된 각종 제한과 관련해서는 공직선거법에서 제한하는 행위들을 참고하거나 일응의 준거로 삼을 필요가 있어 보인다.

나아가 소환절차 진행과정에서 소환요건만큼의 수를 채우려면 유권자들의 지리적 범위(예, 선거구의 물리적 규모)와 조건(농어촌-도시 등 교통사정)에 따라 시간적 여유를 충분히 두는 것도 고려되어야 한다. 소환에 필요한 수(비율)의 서명을 수집하는 데 주어지는 기간은 (2013년까지의) 페루처럼 소환대상의 임기 내내인 경우가 있는가 하면, 베네수엘라처럼 불과 3일인 경우도 있지만,[2] 일반적으로는 1개월에서 6개월 사이다.

---

[2] 베네수엘라 지방정부의 선출직 공직자(예, 시장)에 대한 소환에 필요한 서명은 해당 지역의 선거관리위원회가 일정한 장소에 소환에 찬성하는 정당과 반대하는 정당의 대표를 입회시킨 뒤 진행한다(Welp, 2018).

4) 소환투표의 실시와 재보궐 선거

입법과정에서는 소환투표의 실시기간에 대한 면밀한 결정이 필요하다. 공고일로부터 실시까지의 기간이 너무 짧은 경우 소환제도의 의미가 반감될 수 있다. 너무 긴 경우도 정치적 혼란이 장기화 될 수 있으므로 적정한 시기를 설정할 필요가 있다. 현재 국회에 제출되어 있는 국민소환법안은 대체로 공고로부터 20일 이상 30일 이내로 규정하고 있다. 박주민 의원 안(제21대)의 경우 공고로부터 20일 이후 첫 번째 수요일로 특정하고 있다.

소환에 필요한 인원수(비율)의 유권자로부터 서명을 받아 소환 절차를 책임지는 기관에 제출해 이상이 없음을 확인받으면, 대부분의 국가에서는 소환대상 선출직 공직자의 소환여부에 대해 해당 선거구의 유권자로부터 최종적인 판단을 받기 위해 별도의 투표를 한다.

그러나 캐나다의 브리티시 컬럼비아 주에서는 소환청원서에 충분한 수(즉, 선거인 명부에 등재되어 있는 유권자의 40%) 이상의 유권자로부터 정상적으로 서명을 받은 것이 확인되는 순간, 소환대상의 소환이 확정되고, 그 이후에 그를 대체할 공직자를 선출하는 선거(즉, 보궐선거)가 진행된다(Neufeld, 2003).

콜롬비아, 볼리비아, 미국의 미네소타와 노스다코타 등 일부 주 등에서는 서명과는 별도의 소환여부를 묻는 투표를 진행한 뒤 소환이 이루어지면 일정 기간 내 보궐선거를 하는 방식을 택하고 있다.[3]

그러나 서명과는 별도의 투표를 하는 경우 대만, 영국, 미국의 캘리포니아 등 일부 주에서는 소환 투표와 대체 인물을 결정하는 투

---

3   이 경우 소환된 공직자가 다시 출마할 수도 있고 출마하지 못할 수도 있다.

표(즉 보궐선거)를 동시에 진행하는 국가도 있다.[4] 미국의 알래스카 등 일부 주에서는 소환투표를 하여 소환이 결정되면 소속정당이나 (추천을 받아) 주지사나 시장 등 행정부 수반이 소환된 공직자(주로 의원이나 장·차관)를 교체하는 경우도 적지 않다. 베네수엘라나 페루처럼 소환시점이나 소환인원에 따라 동시 투표를 하거나 소속 정당이 교체할 인물을 지명하는 경우도 있다(〈표3-3〉).

우리나라의 경우, 지나친 정쟁과 잦은 선거로 인한 혼란과 피로감을 최소화한다는 측면에서 영국 모델을 따라 소환투표와 보궐선거를 동시 실시하는 것도 생각해 볼 수 있을 것이다.

4. 직무정지와 권한대행

1) 직무정지

국민소환투표가 청구되었을 때 소환대상자의 권한을 정지시킬 것인가의 여부가 쟁점이 될 수 있다. 주민소환에 관한 법률에서는 주민소환투표를 공고한 때부터 주민소환투표결과를 공표할 때까지 권한행사를 정지(제21조)하고, 주민소환이 확정된 때에는 그 결

---

4 소환대상 공직자의 소환여부를 묻는 투표와 그를 대체할 후보에 대한 찬성을 묻는 투표를 동시에 진행하는 경우, 소환에 대한 찬성이 대체 후보에 대한 지지보다 많으면 소환이 성사되어 대체후보가 궐위된 자리를 채우게 된다. 이 경우 투표용지에는 소환 찬성여부를 묻는 질문에 답을 표시한 후, 대체인물(소환대상 공직자 포함) 중에서 한 명을 선택하도록 되어 있다. 소환에 찬성하면 소환대상을 제외한 나머지 중에서 선택하도록 되어 있다. 소환찬성이 과반을 넘으면 소환이 결정되고 다른 후보자 중에서 대체인물을 결정한다. 소환찬성이 과반에 미달하면 소환대상자를 포함한 후보자 중에서 선택하고 최다득표자가 당선된다.

과가 공표된 시점부터 그 직을 상실(제23조)한다고 규정하고 있는 바, 국회의원 국민소환의 경우에도 이를 적용시킬 것인가의 여부를 결정할 필요가 있다. 한편 제20대 국회에 제출된 법안 가운데 정동영 의원 안의 경우 선관위에서 국민소환투표를 공고한 때부터 결과 공표 시까지 권한행사를 정지하고 그 기간 동안 의정활동보고를 할 수 없도록 하고 있다.

국회의원 국민소환청구 전에 반대활동을 허용할 경우, 청구인 측은 소환에 찬성해 달라는 적극적인 선거운동을 할 수 있음에 반해 소환대상자 측은 소환에 반대하거나 투표에 참여하지 말 것을 독려하는 소극적인 내용의 선거운동을 하게 되어, 그 속성상 서로 자신을 선출해 달라는 내용의 적극적 선거운동을 하는 통상의 선거에 비해 선거운동 과정에 마찰을 빚거나 충돌할 가능성이 더욱 커져, 이로 인한 혼란과 부작용도 적지 않을 것으로 예상된다.

이러한 이유로 주민소환법에서는 소환투표안이 공고된 때부터 주민소환투표 결과 공표 시까지 그 권한행사를 정지(주민소환법 제21조 제1항)하고 있다. 헌법재판소는 다음과 같은 권한행사의 정리가 정당하다고 판단하고 있다.

> ① 관할 선거관리위원회는 주민소환투표 청구가 이루어진 후 적법 요건을 확인하면 대상자에게 소명할 기회를 제공하고(주민소환법 제14조), 주민소환투표가 발의된 이후에는 주민소환투표 청구인 측의 찬성 활동에 대하여 소환대상자의 반대운동이 가능하며(주민소환법 제17조, 제18조) 이때의 활동이 소환대상자에게 더욱 중요하고 긴요한 것이므로, 전체적으로 공정한 반대활동 기회가 보장되었다고 볼 수 있다.
> ② 다만, 주민소환투표 대상자는 주민소환투표안이 공고된 때부터 주민소환투표 결과 공표 시까지 그 권한행사가 정지되므로(주민소환법 제21조 제1항), 그 전에 반대활동을 보장하여야 할 필요성이 있다

고 볼 여지가 있으나, 위 공고로 인한 불이익은 완전한 직무박탈이 아니라 약 20~30일 정도 권한행사가 정지되는 것에 불과하여 그 정도가 매우 크다고 할 수 없고, 또한 주민소환청구 전에 반대활동을 허용할 경우, 청구인 측은 소환에 찬성해 달라는 적극적인 선거운동을 함에 반하여 소환대상자 측은 소환에 반대하거나 투표에 참여하지 말 것을 독려하는 소극적인 내용의 선거운동을 하게 되어, 그 속성상 서로 자신을 선출하여 달라는 내용의 적극적 선거운동을 하는 통상의 선거에 비하여 선거운동 과정에 마찰을 빚거나 충돌할 가능성이 더욱 커져, 이로 인한 혼란과 부작용도 적지 않을 것으로 예상된다.

③ 이러한 사정들을 종합적으로 고려하면, 위 조항이 과잉금지원칙에 반하여 청구인의 공무담임권을 침해한다고 볼 수 없다.

주민소환에 관한 법률 제1조(목적) 등 위헌확인(헌재 2009.3.26. 2007헌마843-합헌)

2) 권한 대행

정치적 의혹과 불신 또는 위법한 사항이 있다고 하여 소환을 청구하고 일정한 정족수만 되면 권한을 정지시키는 것이 합당한가에 대한 논란이 있을 수 있다. 다른 한편으로는 소환투표가 발의된 경우 공직자로서 신뢰성을 의심받고 있는 상황에서 업무의 원활한 수행이 어렵다는 관점에서 권한정지가 타당하다는 주장이 있다. 특히 후자의 관점을 고려하면 권한의 행사를 정지할 필요가 있다. 나아가, 소환대상 공직자가 공직의 행사를 통해 주민소환투표에 영향을 미치는 것을 방지함으로써, 행정의 정상적인 운영과 공정한 선거관리라는 공익을 달성할 필요가 있다.

헌법재판소는 주민소환법상의 직무정지 및 권한대행에 대해 다음과 같이 판시한 바 있다.

① 이 조항은 주민소환투표가 공고된 날부터 주민소환투표의 결과가 공표될 때까지 주민소환투표 대상자의 권한행사를 정지하고, 그 기간 동안 권한대행자로 하여금 권한을 행사하도록 규정하여, 주민소환투표 운동기간 및 투표일까지 주민소환대상자의 공무담임권을 제한하고 있다.

② 그러나 이 조항의 입법목적은, 주민소환투표가 발의된 경우 공직자로서 신뢰성을 의심받고 있는 상황에서 업무의 원활한 수행이 어렵다는 점을 고려하고, 소환대상 공직자가 공직의 행사를 통하여 주민소환투표에 영향을 미치는 것을 방지함으로써, 행정의 정상적인 운영과 공정한 선거관리라는 공익을 달성하려는데 있고, 이러한 입법목적은 정당하다 할 것이다. 그리고 주민소환투표가 공고된 날로부터 그 결과가 공표될 때까지 주민소환투표 대상자의 권한행사를 정지하는 것은 위와 같은 입법목적을 달성하기 위한 상당한 수단이 된다 할 것이다.

주민소환에 관한 법률 제1조(목적) 등 위헌확인(헌재 2009.3.26. 2007헌마843-합헌)

소환투표가 발의된 경우 공직자로서 신뢰성을 의심받고 있는 상황에서는 업무의 원활한 수행이 어렵다는 관점에서 권한을 정지시키는 것이 타당하다는 입장에 헌법재판소도 서 있는 것으로 보인다.

5. 결과의 확정

1) 개표정족수

제20대 국회에 제출된 국민소환 관련 법률은 소환투표 후 개표를 할 수 있는 정족수를 대체로 국민소환투표권자의 3분의 1 이상의 투표와 유효투표 총수 과반수의 찬성으로 한다고 하고 있다. 제21대 국회에 제출된 법률안의 경우도 마찬가지다. 다만, 박주민 의원안만 개표정족수를 두지 않고 있으며 결과의 확정도 상대다수결에 따르도록 하고 있다.

주민소환 투표의 경우 주민소환투표인 총수의 3분의 1이상의 투표와 유효투표 총수의 과반수 이상의 찬성으로 소환이 결정된다. 국회의원 국민소환제의 경우도 이와 유사하게 할 것인지 차등을 둘 것인지, 주민소환투표의 실태분석 및 해외의 소환제 입법과의 비교법적 고찰을 참조(제3부 소환제도 해외 입법례)하면서 이를 정할 필요가 있다.

우리나라의 경우 주민소환법이 실시된지 14년의 시간이 흘렀지만, 소환이 무산된 경우가 대부분이다. 물론 소환투표의 투표율과 연관해 논의할 것이지만, 결과를 확정하기 위한 개표 정족수를 엄격하게 할 필요는 없을 것이다. 헌법재판소도 지방선거의 투표율이 저조한 점을 고려해, 투표율과 연관해 논의할 필요가 있다고 판시한 바 있다.

> 주민소환의 확정요건이 지나치게 엄격한지 여부는 주민소환투표의 투표율과 연관하여 논의할 것으로서, 요즈음 지방선거의 투표율이 30 내지 40%대에 불과하고, 주민소환투표가 공휴일이 아닌 평일에 실시되며, 전국적인 선거나 다른 지방의 선거 등과도 연계되지 아니한 채 독자적으로 실시될 가능성이 많은 점 등을 감안해 볼 때 위 요건은 오히려 너무 엄격한 것으로 볼 여지도 있다 할 것이다.
> 또한 근본적으로 이는 입법자가 현실을 고려하여 결정할 수 있는 입법재량 사항인 점을 함께 고려하면, 이 조항이 과잉금지원칙을 위반하여 청구인의 공무담임권을 침해한다고 볼 수 없다.
> 주민소환에 관한 법률 제1조(목적) 등 위헌확인(헌재 2009.3.26. 2007헌마843−합헌)

실제, 투표가 실시되더라도 개표정족수에 미치지 못해 개표조차 하지 못하고 무산된 경우가 많다. 2007년부터 지방의회 의원, 지방자치단체장 등에 대한 소환제가 이미 실시된 바 있는데, 2019년까지 99건의 주민소환 투표 청구건 중 10건만이 소환투표가 실시되었다. 이 중 8건의 투표는 (〈표2-7〉)에서 보는 바와 같이 투표율이 저조하여 모두 개표도 하지 못하고 소환이 무산된 바 있다.

<표2-5> 한국의 주민소환투표가 실시된 사례

구분	지역/선거구	소환대상	주민소환 투표일	주민 소환 투표율	투표결과 및 실시 사유
			직전지방선거 투표일	직전 지방선거 투표율	-
			직전 지방선거 투표현황		
			직전 지방선거 개표현황		
투표 실시 (10건)	경북 포항 시/차선거구	박정호, 이나겸 각 시의원	19.12.18.	21.7%	소환 무산
			18.6.13.	60.1%	
			선거인수 43,865 투표수 23,956 기권수 19,912		
			더불어민주당 박철용 8,056(34.60%), 자유한국당 박정호 4,238(18.20%), 자유한국당 김성호 2,910(12.49%), 사유한국낭 이나겸 3,229(13.86%), 민숭당 허명태 1,092(4.69%), 무소속 천병호 2,419(10.39%), 무소속 한세일 1,337(5.74%)		
	전남 구례군	서기동 군수	13.12.4.	8.3%	소환 무산
			10.6.2.	79.6%	
			선거인수(부재자) 22,984(936) 총투표자수(부재자) 18,290(841) 투표율 79.6%		
			민주당 서기동 8,995(50.38%), 무소속 이의달 609(3.41%), 무소속 전경태 8,249(46.20%)		
	강원 삼척시	김대수 시장	12.10.31.	25.9%	소환 무산
			10.6.2.	68.9%	
			선거인수(부재자) 58,602(936) 총투표자수(부재자) 40,390(2,232) 투표율 68.9%		
			한나라당 안호성 17,842(45.35%) 무소속 김대수 21,500(54.64%)		
	경기 과천시	여인국 시장	11.11.16.	17.8%	소환 무산
			10.6.2.	65.7%	-
			선거인수(부재자) 54,323(1,248) 총투표자수(부재자) 35,675(1,116) 투표율 65.7%		
			한나라당 여인국 14,292(40.35%) 민주당 홍순권 6,760(19.08%) 민주노동당 류강용 880(2.48%) 진보신당 김형탁 4,702(13.27%) 평화민주당 홍재식 182(0.51%) 무소속 임기원 8,600(24.28%)		
	제주도	김태환 도지사	09.8.26.	11%	소환 무산
			06.5.31.	67.3%	-
			선거인수(부재자) 411,862(11,220) 총투표자수(부재자) 277,003(10,179) 투표율 67.3%		
			열린우리당 진철훈 44,334(16.15%), 한나라당 현명관 112,774(41.10%), 무소속 김태환 117,244(42.73%)		
	경기 하남시	김황식 시장	07.12.12.	31.1%	소환 무산
			06.5.31.	50.5%	-
			하남시 선거인수(부재자) 103,677(2,486) 총투표자수(부재자) 52,387(2,300) 투표율 50.5%		
			열린우리당 유병직 5,601(10.80%) 한나라당 김황식 21,140(40.78%) 민주당 김시화 3,913(7.54%) 무소속 박우량 9,655(18.62%) 무소속 이교범 11,529(22.24%)		
		김병대 시의원 (나 선거구)	07.12.12.	23.8%	소환 무산
			06.5.31.	47.4%	-
			선거인수 48,560 투표수 23,040 기권수 25,520		
			열린우리당 문영일 3,267(14.59%), 한나라당 김병대 5,768(25.76%), 한나라당 신대식 2,777(12.40%) 한나라당 이의길 1,673(7.47%) 민주당 박상열 1,455(6.49%), 민주노동당 이현심 2,837(12.67%), 국민중심당 명영철 485(2.16%), 무소속 김기돈 1,242(5.54%), 무소속 이상호 466(2.08%), 무소속 전종록 344(1.53%), 무소속 최창규 853(3.81%), 무소속 한길수 1,219(5.44%)		
		유신목, 임문택 각 시의원 (가 선거구)	07.12.12.	37.6%	각 소환
			06.5.31.	53.2%	
			선거인수 55,117 투표수 29,373 기권수 25,744		
			열린우리당 유병기 3,504(12.25%), 한나라당 유신목 7,545(26.37%), 한나라당 임문택 4,313(15.07%), 민주당 석원호 1,910(6.67%), 민주노동당 홍미라 5,190(18.14%), 무소속 강수철 579(2.02%), 무소속 강종천 428(1.49%), 무소속 권순관 450(1.57%), 무소속 김학경 1,703(5.95%), 무소속 맹완호 587(2.05%), 무소속 이원영 639(2.23%), 무소속 조경환 1,755(6.13%)		

2) 결과의 확정

캐나다의 브리티시 컬럼비아 주에서는 소환청원서에 충분한 수 (즉, 선거인 명부에 등재되어 있는 유권자의 40%) 이상의 유권자로부터 정상적인 서명을 받은 것이 확인되는 순간, 소환대상의 소환은 확정되고, 그 이후에 그를 대체할 공직자를 선출하는 선거(즉, 보궐선거)가 진행된다(Neufeld, 2003). 콜롬비아, 볼리비아, 미국의 미네소타나와 노스다코타 등 일부 주 등에서는 서명과는 별도의 소환여부를 묻는 투표를 진행한 뒤 소환이 이루어지면 일정 기간 내 보궐선거를 하는 방식을 택하고 있다.[5]

그러나 서명과는 별도의 투표를 하는 경우 대만, 영국, 미국의 캘리포니아 등 일부 주에서는 소환 투표와 대체 인물을 결정하는 투표(즉 보궐선거)를 동시에 진행하는 국가도 있고,[6] 미국의 알래스카 등 일부 주에서는 소환투표를 하여 소환이 결정되면 소속정당이나 (추천을 받아) 주지사 혹은 시장 등 행정부 수반이 소환된 공직자 (주로 의원이나 장차관)를 교체하는 경우도 적지 않다. 베네수엘라나 페루처럼 소환시점이나 소환인원에 따라 동시 투표를 하거나 소속정당이 교체할 인물을 지명하는 경우도 있다.

3) 결과의 효력

국민소환 투표 결과 대상자의 직을 언제부터 상실하게 할 것인지도 법안에서 정해야 할 것이다. 결과 공표시점부터 할 것인지 등을

---

5   경우 소환된 공직자가 다시 출마할 수도 있고 출마하지 못할 수도 있다.

6   소환대상 공직자의 소환여부를 묻는 투표와 그를 대체할 후보에 대한 찬성을 묻는 투표를 동시에 진행하는 경우, 소환에 대한 찬성이 대체 후보에 대한 지지보다 많으면 소환이 성사되어 대체후보가 궐위된 자리를 채우게 된다.

확정해야 하고, 더불어 국회의원 결원으로 인한 보궐선거에 후보자 등록을 할 수 있도록 할 것인지도 특정해야 할 것으로 보인다. 대통령 탄핵 등 탄핵심판에서는 파면결정의 선고와 동시에 직을 상실한다고 규정하고 있다.

그 밖에 근무기간까지의 연금수령문제, 그 밖의 공무담임권 제한 여부도 따져 볼 수 있다. 이와 관련해서는 어떤 정답이 있는 것이 아니므로 입법과정에서 여야 간의 합의로 결정을 해야 할 것이다. 지방교육자치에 관한 법률 제24조2(교육감의 소환) 등도 검토의 대상이 될 수 있겠다.

소환이 확정된 의원이 보궐선거에 출마할 수 있는가도 입법과정에서 합의할 필요가 있다. 영국의 경우 2019년 8월말까지 확인된 소환투표는 2018년에 한 차례, 2019년에 두 차례, 모두 세 차례 진행되었다. 이 중에서 한번은 실패하고, 두 번은 성공해 소환으로 생긴 공석을 채우기 위한 보궐선거가 진행되었다.

보궐선거(선출)와 국민소환투표(파면)의 성격이 다르므로 양자를 분리해야 한다는 주장이 있을 수 있다. 반면, 정치적 불안정성을 최소화한다는 의미, 선거비용 절감의 의미를 고려해 입법정책적으로 동시선거를 입법할 수도 있을 것이다.

4) 절차의 종료

소환투표가 청구된 후 국회의원이 도중에 사직하거나 다른 법률에 의한 의원직을 상실한 경우 절차를 종료할 것인가에 대해서는 명문의 규정을 둔 유형과 그렇지 않은 유형이 있다. 이정문 의원 안(제21대), 박영순 의원 안(제21대), 김병욱 의원 안(제21대), 민형배 의원 안(제21대)의 경우 이렇다할 규정을 두고 있지 않다. 박주민 의원 안(제20대, 제21대)은 명문의 규정을 제6조에 두고 있으며, 최강욱 의원 안(제21대)의 경우 사직과 의원직 상실 이외에 사망과 퇴직의 경우를 덧붙이고 있다.(제18조)

실제 외국의 사례를 보더라도 소환청구 이후 사직하거나 의원직을 상실하는 경우가 있다. 정치적 책임추궁절차로서 소환제를 입법할 경우 사직 등에 의한 절차의 종료도 고려할 필요가 있다고 본다.

6. 소환투표에 대한 소송

적법절차의 원칙에 따라 국민소환투표에 대한 불복절차로서의 소송에 대해서도 규정할 필요가 있다.

현재 국회에 제출되어 있는 국민소환법안에 따르면 소환투표인 총수의 5% 이상의 서명(황영철 의원 안, 정동영 의원 안)으로 공표일로부터 30일 이내에 관할 선거관리위원장을 피고로 하여 대법원에 제소하는 방안, 소환투표 총수의 3%로 제소하는 방안(김병욱 의원 안), 1%로 하는 방안(박주민 의원 안), 10%로 하는 방안(황주홍 의원 안)이 제출되어 있는 상태다.

소환투표 소송 정족수를 과소하게 책정하는 경우 정치적 불안정성이 지속될 수 있는 단점이 있다. 반면에 선거소송관련 재판을 받을 권리를 유연하게 보장한다는 측면이 있는 바, 입법과정에서 이를 비교형량해 여야 간의 합의를 통해 입법정책적으로 선택할 수 있을 것이다.

7. 비용부담

이정문 의원 안(제21대), 최강욱 의원 안(제21대), 박영순 의원 안(제21대), 김병욱 의원 안(제21대), 민형배 의원 안(제21대)은 소환투표 사무관리를 위한 비용은 국가가, 소환투표운동을 위해 지출한 비용은 각자가 부담하도록 하고 있다. 박주민 의원 안(제21대)의 경우도 소환투표 사무관리를 위한 비용은 국가가 부담하되, 소환투표운동을 위한 지출은 국가부담에서 제외한다는 표현을 사용하고 있을 뿐 내용적으로는 동일해 보인다.

8. 기타

국회의원 선거에 준해 국민소환투표공보의 발행 및 홍보와 계도 활동 등이 필요하다고 본다. 박주민 의원 안의 경우 국민소환투표공보의 발행(제21조), 최강욱 의원 안(제7조), 김병욱 의원 안(제8조), 민형배 의원 안(제8조)의 경우 문서 도화 등의 방법으로 홍보 및 계도를 실시할 것을 규정하고 있다.

헌법의식 및 사례조사

1. 유권자의 국민소환제에 대한 의식

국민소환제 도입과 관련하여 유권자들의 국회 및 국회의원 그리고 소환제 도입에 대한 헌법의식과 헌법의식의 변화를 살펴볼 필요가 있다.

예를 들어 여론조사기관 칸타코리아가 서울신문 창간기념으로 조사한 결과(2019.7.18.)에 따르면 국민 10명 가운데 대략 8명꼴로 '국회의원 국민소환제' 도입에 찬성하고 있는 것으로 나타났다. 연령과 지역, 지지하는 정당이나 정치적 성향에 따라 정도의 차이는 있지만 대부분의 응답자가 자질이 떨어지는 국회의원은 4년 임기 도중에도 퇴출시키는 데 찬성하는 것으로 나타났다.

<그림1> 국회의원 국민소환제도 도입여부

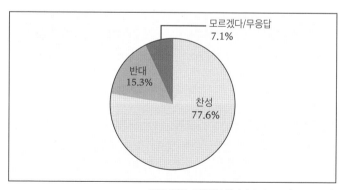

칸타코리아, 서울신문 창간기념 여론조사(2019.7.18.)

3050세대의 경우 국민소환제에 대한 찬성이 80%를 넘었고, 특히 30대 여성의 경우 무려 90%가 찬성하는 것으로 나타났다. 지역적으로는 광주 지역의 유권자가 국민소환제에 적극적이었는데, 96%가 찬성하였는가 하면, 강원·제주는 국민소환제 도입에 반대하는 목소리가 29%를 차지했다. 전문·자유직·고소득층일수록 찬성률이 높았다.

2019년 리얼미터라는 여론조사 기관에서는 국가사회기관에 대한 신뢰도를 조사한 바 있는데, 국회를 신뢰한다는 비율은 2.4%(2018년 1.8%)에 불과했다. 그 원인이 무엇인지 살펴볼 필요가 있다. 또한 법률안 처리비율을 보면 20대국회의 경우 30%(1만2천789건 발의, 6천817건 처리)에 불과했다. 이는 19대국회 46.6%의 비율과도 대비된다.

〈그림2〉 국회의원 국민소환제에 대한 국민여론

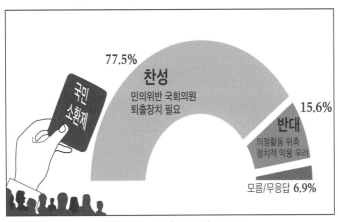

리얼미터 국회의원 국민소환제에 대한 국민여론(2019.6.3.)

나아가 리얼미터는 2019년 5월 31일 국회의원 '국민소환제에 대한 여론조사'도 실시한 바 있는데, 민의위반 국회의원의 퇴출장치가 필요하다 – 찬성 77.5%, 의정활동의 위축, 정치적 악용우려 – 반대 15.6%의 결과가 나온 바 있다.

2018년 여론조사기관 에스티아이가 2018년 3월 23일부터 24일까지 전국의 만 19세 이상 성인 1000명을 대상으로 실시하고 미디어오늘이 보도(2018. 3. 26) 한 조사에 따르면, 여론조사에 응한 77%가 찬성했고, 13.8%가 반대했다.

〈표2-6〉 2018년 STI 국민소환제 도입 여부에 대한 여론조사

Q. 국회의원 국민소환제 도입

국민이 국회의원을 임기 중에 투표로 파면할 수 있도록 하는 국민소환제 도입에 대해 귀하께서는 어떻게 생각하십니까?

		사례수	찬성한다	반대한다	잘 모르겠다
전체		(1000)	77.0	13.8	9.2
성별	남 성	(497)	81.5	13.1	5.4
	여 성	(503)	72.5	14.5	12.9
연령	19 ~ 29세	(175)	77.9	16.0	6.0
	30대	(170)	85.8	11.2	3.0
	40대	(204)	86.8	8.7	4.5
	50대	(200)	80.2	13.5	6.3
	60대 이상	(251)	60.0	18.4	21.7
지역	서울	(194)	74.4	16.0	9.6
	인천 / 경기	(302)	80.3	11.6	8.1
	대전/충남/충북/세종	(105)	81.7	9.5	8.8
	광주 / 전남 / 전북	(101)	76.3	11.2	12.6
	대구 / 경북	(100)	66.8	18.3	14.9
	부산 / 울산 / 경남	(155)	76.7	18.5	4.8
	강원 / 제주	(43)	80.8	8.8	10.5
정당 지지도	더불어민주당	(544)	90.0	4.4	5.7
	자유한국당	(193)	41.2	41.5	17.4
	바른미래당	(65)	75.9	15.4	8.7
	민주평화당	(12)	94.9	5.1	0.0
	정의당	(33)	100	0.0	0.0
	기타정당	(21)	79.9	13.4	6.7
	지지정당 없음	(105)	69.3	17.2	13.5
	잘 모름	(27)	66.5	10.2	23.3

그 밖의 각종 여론조사 기관의 조사결과 및 2004년 대통령 탄핵 사건 이후 소환제 입법논의 당시의 여론조사 결과 등도 분석할 필요가 있다고 본다.

2. 소환사례조사

우리나라의 경우 2007년부터 지방의회 의원, 지방자치단체장 등에 대한 소환제가 이미 실시된 바 있다. 2019년까지 99건의 주민소환투표 중 2건이 소환된 바 있다. 2007년 12월 12일 경기도 하남시 주민소환투표에서 김황식 하남시장, 나 선거구의 김병대 시의회 의장건은 투표율이 미달(김황식 시장건은 31.1%, 김병대 의장거은 23.8%)되어 개표되지 않고 소환이 무산되었다.[7] 그러나 가 선거구의 유신목, 임문택 시의원은 각각 투표율이 37.6%를 기록하여 개표가 이루어졌다. 유신목 시의원의 경우 소환찬성 19,241표, 소환반대 1,315표, 임문택 시의원의 경우 소환찬성 17,400표, 소환반대 2,883표를 얻어 소환가결되어 파면당했다.[8] 2016년 홍준표 경남도지사 주민소환 투표는 부결(1/3미달)되었다.

---

[7] 주민소환은 주민소환투표권자 총수의 3분의 1 이상의 투표와 유효투표 과반수의 찬성으로 확정되고(주민소환법 제22조 제1항), 전체 주민소환투표자의 수가 주민투표권자 총수의 3분의 1에 미달한 때에는 개표를 하지 않는다(주민소환법 제22조 제2항). 따라서 위 김황식, 김병대에 대해서는 개표가 이루어지지 않았다.

[8] 이태재, "주민소환투표제도의 이론과 실제 : 하남시장 주민소환투표사례를 중심으로", 연세대학교 행정대학원 석사학위논문, 2008. 41면.

주민소환 전체사례 현황 자료(총 99건, 2019. 12. 31. 기준)[9]

(주민소환투표실시 사례 10건, 미투표종결 사례 89건)

〈표2-7〉 주민소환운영 현황(행정안전부, 2019년 12월 31일)

투표 실시 (10건)					
지역	소환대상	투표일	추진사유	투표율 (%)	투표결과 미실시 사유
경북 포항	시의원	'19.12.18.	생활폐기물 에너지화시설 (SRF) 운영에 따른 주민피해 직무유기	21.7	소환 무산
	시의원			21.7	소환 무산
전남 구례	군 수	'13.12.4.	법정구속으로 인한 군정공백 유발	8.3	소환 무산
강원 삼척	시 장	'12.10.31.	원자력발전소 건립 강행 등	25.9	소환 무산
경기 과천	시 장	'11.11.16.	보금자리지구 지정 수용 등	17.8	소환 무산
제주	도지사	'09.8.26.	제주해군기지 건설관련 주민 의견 수렴 부족 등	11	소환 무산
경기 하남	시 장	'07.12.12.	화장장 건립 추진 관련 갈등	31.1	소환 무산
	시의원			23.8	소환 무산
	시의원			37.6	소환
	시의원			37.6	소환

미 투표 종결 (89건)					
지역	소환대상	투표일	추진사유	투표율 (%)	투표결과 미실시 사유
충북 단양	군의원	-	아로니아가공센터 보조금 지급 갈등	-	포기(대화로 갈등해소)
경기 고양	시의원	-	3기 신도시 찬성 등	-	서명미달
충남 금산	군의장	-	장외발매소 개설 관련 등	-	미접수(반려) 청구인대표자 자격요건미충족
부산 동래구	구청장	-	온천2구역 재개발 관리 부실	-	서명부 미제출

9   출처: 행정안전부 홈페이지의 통계자료 게시물(2020. 1. 14.) "[통계]주민투표, 주민소환, 주민소송 운영현황"(https://www.mois.go.kr/frt/bbs/type001/commonSelectBoardArticle.do?bbsId=BBSMSTR_000000000050&nttId=75274)

지역	소환대상	투표일	추진사유	투표율 (%)	투표결과 미실시 사유
경북 군위	군수	-	k2통합공항유치선언으로 재산권 침해 등	-	서명인수 미충족으로 각하 ('17.9.11.)
경기 포천	시의원	-	포천시민의 생명권 및 환경권 외면	-	서명부 미제출
경기 김포	시장	-	장례식장 허가관련	-	서명부 미제출
울산 동구	구의원		의장단 선출 파행에 따른 추경예산 등 미처리		자진철회('16.9.8.)

지역	소환대상	투표일	추진사유	투표율 (%)	투표결과 미실시 사유
충남 예산	군수	-	도로개설에 따른 토지수용	-	서명부 미제출
경북 상주	시장	-	상주인구 감소와 소상공인 경제파탄 유발	-	서명부 미제출
경기 오산	시장		선심성 예산사용으로 재정자립도 하락 등		자진철회('16.2.3.)
	시의원				
	시의원				자진철회('16.1.28.)
	시의원				
전남 영광	군의원	-	지역구민간 갈등과 분열 조장	-	서명부 미제출
경기 포천	시장	-	성추행후 금전무마 시도로 재판진행 등	-	당선무효형 확정 ('16.7.29.)으로 중단
전북 군산	시장	-	공무원 출장비 수당 횡령 등 관리감독 소홀 및 직권남용	-	서명부 미제출
전북 전주	시의원	-	전주시의회복지환경위원회에서 주민 9명을 무단 선정, 개인정보 유출	-	서명부 미제출
경남	교육감	-	전교조 교육감 소환	-	서명부 미제출
경남 하동	군수	-	무상급식 지원중단, 독단적 행정 등	-	서명부 미제출
경남	도지사	-	무상급식 지원중단 등	-	서명인수 미충족으로 각하 ('16.9.26.)
경기 의왕	시장	-	주민의사에 반한 법무타운 (교도소) 설치추진	-	서명인수 미충족으로 각하
서울	시장	-	동성애 문제 해결에 미온적 대처	-	서명부 미제출
서울 마포	구청장	-	당인리 발전소 지하화 관련 건설인가 등	-	대표자증명신청 취하 ('13.5.31.)
충남 서천	군수	-	장항산업단지를 습지로 지정하여 서천군 발전 저해	-	서명부 미제출
	군의원				
전북 전주	시장	-	공동주택 관리 소홀 등 직무유기와 무능	-	서명부 미제출
부산 연제	구의원	-	공용시설보호지구(공원) 지정 추진	-	대표자증명신청 취하 ('13.5.2.))
	구의원				
충북 보은	군수	-	LNG복합화력발전소 유치 관련 주민의견 무시	-	주민소환투표 철회 ('13.2.6.)
	군의원				
	군의원				
	군의원				
대전	교육감	-	초등학교 학군 조정 갈등		소환사유 해소되어 종결('13.2.25.)

지역	소환대상	투표일	추진사유	투표율(%)	투표결과 미실시 사유
서울 종로	구청장	-	조건부 재건축 관련 인허가 불이행 등	-	서명부 미제출
대구	시의원	-	친환경 의무급식 지원 조례안 수정 및 날치기 통과	-	서명인수 미충족으로 각하 ('13.2.15.)
강원 태백	시 장	-	오투리조트 문제 대책 미흡	-	대표자증명신청 취하 ('12.12.28.)
부산	시의원	-	에코델타시티 사업부지 주민 보상요구 묵살	-	대표자증명신청 취하 ('13.1.17.)
경기 동두천	시 장	-	LNG화력발전소 건립 중지 등	-	서명부 미제출
경북 청송	군 수	-	민간자본 유치 공약 미이행 등	-	대표자증명신청 취하 ('12.4.18.)
서울 노원	시의원	-	방사능 페어스콘 반대 투쟁에 비협조적	-	서명부 미제출
경기 남양주	시 장	-	민자도로 통행료 검증 미비로 재정부담 가중 등	-	대표자증명신청 취하 ('11.9.28.)
경기 시흥	시의원	-	대야,신천 뉴타운사업 취소과정에서 주민의견 무시	-	서명부 미제출
부산 영도	구청장	-	고가도로 건설 찬성 및 절영산책로 유실로 인한 주민피해	-	대표자증명신청 취하 ('11.8.31.)
	구청장	-		-	서명부 미제출
서울	시 장	-	세금 낭비 및 시의회 출석거부, 주민투표 강행 등	-	소환대상자 사퇴('11.8.29.)로 종료

지역	소환대상	투표일	추진사유	투표율(%)	투표결과 미실시 사유
경기 과천	시의원	-	보금자리 주택사업 반대로 사업지연		서명부 미제출
	시의원				
강원 춘천	시의원	-	동료의원 폭행 등	-	청구제한기간 도래로 종료
경북 경주	시 장	-	경주읍성 복원계획에 따른 재산권 침해 등	-	청구제한기간 도래로 종료
전북 전주	시 장	-	시의원 비서채용의 부적절성 등	-	청구제한기간 도래로 종료
충북 충주	시의원	-	관광성 해외연수 등	-	청구제한기간 도래로 종료
인천 연수	구청장	-	수인선 연수역사 위치 조정 문제 해결 기피 등	-	서명부 미제출
전북 전주	시 장	-	자질부족, 오만과 무지 등	-	서명부 미제출
강원 인제	군 수	-	공약 미이행, 방만한 군정 운영 등	-	서명부 미제출
충북 충주	시의원	-	관광성 해외연수	-	서명부 미제출
경남 밀양	시 장	-	다죽리 '백호동'산지 전용허가 반대 등	-	서명부 미제출
서울 광진	시의원	-	뇌물 수수로 구속 수감	-	소환대상자 사퇴('08.11.10.)로 종료
경기 시흥	시 장	-	장기간 직무정지에 따른 시정공백	-	서명인수 미충족으로 각하 ('08.9.23.)
전북 임실	군 수	-	군부대 이전 반대	-	서명부 미제출
전남 곡성	군의원	-	의정비 과다인상, 복지예산 삭감 등	-	서명부 미제출
서울 동대문	구의원	-	지역 재개발사업 이권개입 등	-	서명부 미제출
	시의원	-	명문고 설립반대 및 지역발전 저해	-	대표자증명신청 취하 ('08.1.23.)

전남 장성	군의원	-	농업·복지예산 부당한 삭감 등	-	서명부 미제출
	군의원				
	군의원				
	군의원				
서울 구로	구의원	-	의정비 과다 인상 등	-	대표자증명신청 취하 ('08.1.11.)
서울 구로	구의원	-	의정비 과다 인상 등	-	대표자증명신청 취하 ('08.1.11.)
서울	시 장	-	공무원의 무분별 퇴출 등	-	대표자증명신청 취하 ('08.1.22.)
전북 전주	시 장	-	공동주택관리 감독 소홀	-	서명부 미제출
경남 함양	군 수	-	골프장 등 유치 관련 갈등	-	서명부 미제출
서울 노원	시의원	-	납골당 설치 관련 갈등 (공약사항 불이행, 지역현안 무관심 등)	-	대 표 자 사 퇴 , 서 명 부 등 반 환 ('07.9.10.)
	구의원				
	구의원				
	구의원				
충남 부여	군의원	-	부당한 예산심의 및 국유지 무단점용, 업무추진비 남용 등	-	서명부 미제출
	군의원				
	군의원				
대전 서구	구의원	-	부당한 압력행사 등	-	대표자증명신청 취하 ('07.7.30.)
	구의원				
서울 강북	구청장	-	재개발 관리감독 소홀	-	서명부 미제출
광주 광산	구청장	-	노점상 단속 부당	-	대표자증명신청 취하 ('07.7.11.)

제3부
소환제도 해외 입법례

민주주의에 있어서의 주권은 우선 권력의 소재나 정당성을 둘러싼 담론이 아니라 권력에의 참가 개념으로 재정립될 필요가 있다. 정치적 기본권은 선거권은 물론 정치적 의사표현의 자유까지를 의미하며 이를 통하여 정치적 공론형성에 참여하기 위한 권리이다. 국민발안권, 국민소환권, 국민표결권을 포함하는 인민(people)주권의 실질적 내용은 국가영역과 비국가적 공공영역에서의 공론형성을 위한 인권으로 이해되어 강화되어야 할 것이다.
ㅡ 이경주

제1장

총론

1. 개괄

1) 제2차 세계대전 이전

2차대전 이후 특히 1980년대와 1990년대 사이 군부 권위주의체제와 구사회주의체제가 붕괴하고 체제를 전환한 이후, 민주주의는 국가를 포함한 공동체의 의사결정을 위한 제도로서 대중들로부터 정당성을 널리 인정받고 있다. 하지만 민주주의 이념을 현실로 구현한 구체적인 제도 특히 간접민주주의의 핵심 제도인 정당과 국회에 대한 불신은 높아지고 있다. 이는 단지 권위주의체제에서 민주주의체제로 이행한지 얼마 되지 않은 신흥(후발) 민주주의국가 뿐만 아니라 오랜 역사와 전통을 자랑하는 서유럽과 미국의 선발 민주주의 국가에게도 해당된다.

후발 민주주의국가의 경우 아직도 권위주의적 관행과 세력이 잔존하고 국민들의 민주주의에 대한 기대가 높아서 그런 측면이 있다. 민주주의제도가 도입됨에 따라 개인의 자유와 권리 침해로 인한 고통과 희생은 줄어들었으나 국민들이 필요로 하는 사회복지를 제대로 제공하지 못하는 데 대한 불만이 민주주의 제도에 대한 불만으로 분출되는 측면도 있다. 선발민주주의 국가의 경우 사회복지제도가 비교적 잘 구비되어 있었으나 최근 들어 세계화와 세계적인 불황으로 점차 많은 사람이 빈곤해지고 사회경제적으로 불안전하게 됨에 따라 국민들의 정치에 대한 불만이 커지는 측면이 있다. 즉 사회경제적 문제에 대한 해결책은 제대로 제시하지 못하면서 권력획득을 위한 선거정치에 매몰되는 듯한 인상을 주는 정당과 국회에 대한 불신이 높아지고 있는 것이다(Morlino, 2017).

이처럼 후발민주주의국가는 물론 선발민주주의국가에서도 대의제 민주주의 또는 간접민주주의 제도와 정치주체 특히 정당(정치인)과 국회에 대한 불신이 높아짐에 따라 이를 보완하기 위해 직접민주주의의 이념과 제도에 대한 관심이 높아지고 있으며 다양한 형태의 직접민주주의제도를 도입하는 국가들이 늘어나고 있다(Dalton et al. 2001).[1]

실제로, 국민투표(referendum)와 같은 직접민주주의제도는 현대정치에서 아주 미미한 역할을 한다는 일부 학자들의 주장과는 달리(LeDuc 2003; Qvortrup 2002), 20세기 초반부터 최근까지 중앙정부 수준(national level)에서 직접민주주의 제도를 도입·시행한 사례만 1,700개가 넘는다. 미국의 주정부 수준(state-level)에서 1904년과 2008년 사이 직접민주주의제도에 의한 투표 사례도 5,342건에 달한다. 여기에 지방정부 수준(county-level)에서의 직접민주주의 제도를 포함하면 수만 건이 넘을 것이다. 1970년과 2003년 사이 스위스 칸톤(Canton)에서는 총 3,709건의 주민투

---

[1] 직접민주주의 제도에는 국민입법제(citizens' initiatives), 국민투표제(national referendums), 국민소환제(recalls)의 세 가지가 포함된다. 밀러(Miller 2005)에 의하면, 의회나 집행부 수반의 법안발의권을 무력화(대체)시킬 수 있는 국민입법제가 가장 순수한 형태의 직접민주주의제도에 해당한다. 나머지 두 개 국민투표제와 국민소환제는 대의제 민주주의 제도 자체를 피해 가는 것이 아니라 견제기능을 할 뿐이다. 국민투표제는 의회의 입법기능을 견제하고, 국민소환제는 국민의 대표에 대해 임기 전에 책임을 물을 수 있을 뿐이기 때문이다.

표가 있었고, 1995년에 직접민주주의 제도를 도입한 독일 바이에른(Bavaria) 주에서만 1천여 건의 주민투표가 실시되었다(Altman, 2011: 6). 국민소환제(recall)는 국민발안제(Initiative)나 국민투표제에 비하면, 도입한 나라도 적고, 활용 빈도도 적지만(Serdült and Welp, 2017: 138), 제2차 세계대전 이후 자유민주주의권과 사회주의권으로 급속하게 확산되어 갔다.

소환제의 역사적 기원은 호민관(tribunes)을 소환한 로마시대로 거슬러 올라갈 수 있지만, 근대에 들어서는 1631년 메사추세츠 주 법원의 기록에 처음 등장한다. 미국독립 후 헌법을 둘러싸고 논쟁이 벌어진 1787년의 헌법회의(Convention of 1787)에 소환제를 포함시키자는 제안이 있었다. 그러나 해밀턴을 포함한 연방주의자들이 '연방의원들을 이기적이고 변덕스러운 대중들의 노예로 만든다'는 이유로 반대함에 따라, 연방헌법에는 포함되지 못했다(Spivak, 2004). 이후 거의 한 세기 농안 미국에서는 논의조차 이루어지지 않았다.

권력이 지역으로 분산되어 있고 직접민주주의제도가 잘 발달되어 있다는 스위스에서는 19세기 중후반 민주화운동(democratic movement)의 기세에 힘입어 연방정부 수준을 제외한 일부 칸톤(canton)에서 소환제가 도입, 시행되었다. 베른(Bern, 1846), 샤프하우젠(Schaffhausen, 1876), 소로투른(Solothurn, 1869), 티치노(Ticino, 1892), 투르가우(Thurgau, 1869), 우리(Uri, 1915) 등이 이 시기에 소환제를 도입한 지역들이다(Serdült, 2015).

18세기 헌법 제정 이후 지난 한 세기 동안 공론화되지 않았던 미국에서는 1892년에 이르러서야 사회노동당(Socialist Labor Party)과 대중주의 정당(Populist Party)이 소환제의 도입을 주장하게 된다. 주로 주정부(state-level)와 지방정부 수준(city/

county-level)에서의 도입에 대한 논의가 활발하게 이루어졌다.[2] 그러던 중 1903년 로스엔젤레스(City of Los Angeles) 시가 새롭게 제정한 시조례(Charter)에 소환제를 포함시킴으로써 미국 최초로 소환제를 도입하였고, 이를 계기로 다른 시-카운티로 확산되었다. 2020년말 현재 28개 주에서 주정부나 시-카운티 정부의 선출직 공직자에 대한 소환제를 도입하고 있다(NCLS, 2016).[3]

선출직 공직자에 대한 소환제는 주로 자유민주주의 국가에서 찾아볼 수 있다고 알려져 있으나, 소환제를 도입하거나 두둔한 사회주의 국가나 사상가도 적지 않다. 마르크스는 파리코뮌(Paris Commune)에 참석한 노동자 대표들은 명령적 위임을 받은 자로서 그 역할을 충실히 해야 한다고 보았고, 그람시나 레닌 같은 사회주의 이론가들도 인민의 대표는 명령적 위임(imperative mandate)을 받은 자이기 때문에 민의를 제대로 전달하지 못하면 소환할 수 있다고 주장했다(European Commission for Democracy through Law, 2008; Welp, 2018), 실제로 쿠바(1976년), 중국

---

2 19세기 말 20세기 초부터 미국 서부지역으로 확산된 소환제는 19세기 산업화가 본격화되면서 사회경제적 불평등이 심화되고 정치경제엘리트의 권력 독점과 부패문제가 심각해지면서 대중의 통치 능력과 권리를 당연시하고 부패 척결과 평등 그리고 정치 참여를 목표로 각종 개혁을 주도한 대중주의운동(populist movement)과 진보주의 운동(Progressive movement)이 만들어낸 산물로 평가되고 있다(Cronin, 1989). 소환제 도입을 위한 노력은 비슷한 시기 호주, 캐나다 등 다른 영어권 국가에서도 나타났지만, 캐나다는 1990년대에 도입에 성공하였으나 호주에서는 아직까지 도입하지 못하고 있다(Ruff, 1993~1994; Jackson et al. 2011; Twomey, 2011a, 2011b).

3 Paxon 연방하원의원이 연방 상원의원과 하원의원을 소환할 수 있도록 하는 헌법개정안을 1992년과 1993년, 두 차례 제출하였으나 실패했다. 또한 모든 선출직 공직자에 대해서 소환할 수 있다는 주헌법 조항에 근거하여 연방의원을 소환하려는 시도를 연방헌법을 개정하지 않고 임기에 관한 연방헌법 조항(10차 개정)으로 정당화려는 시도도 있었다(Murse, 2019).

(1954년, 1982년), 베트남, 북한 등의 사회주의국가들은 주민의 선출직 공직자에 대한 소환권을 헌법에 명시해 놓고 있다(European Commission for Democracy through Law, 2008).[4]

2) 제2차 세계대전 이후

프랑스 코뮨, 미국 신보운동, 스위스 민주화 운동 등에 뿌리를 두고 있는 소환제는 제2차 세계대전 이전까지는 스위스, 미국, 아르헨티나 등 일부 국가만 채택했고, 그것도 중앙정부나 연방정부 수준이 아니라 주로 그 하위단위에서 도입하였다. 도입한 경우에도 미국의 일부 지방정부에서 비교적 빈번하게 활용하였으나 다른 국가들은 거의 활용하지 않았다. 그러던 것이 제2차 대전 이후 미국의 영향이 강했던 일본[5]

---

4   쿠바의 경우 헌법(1976년) 제68조, 중국의 경우 (1954년) 헌법 제38조, (1982년) 헌법 제77조, 베트남의 경우 (1946년) 헌법 제20조, (2013년) 헌법 제7조 2항, 북한의 경우 (1948년) 헌법 제4조, (1972년) 사회주의헌법 제7조에서 소환제를 규정하고 있다.

5   일본에서의 직접민주주의에 대한 논의는 메이지헌법을 제정하기 전으로 거슬러 올라간다. 이미 1902년에는 고토쿠 슈스이(幸徳秋水)가 한 논문에서 국민투표제와 국민입법제의 중요성을 다루었고, 다른 기사들은 스위스 사례를 분석하였다. 일본사회민주당은 가장 강력한 직접민주주의 지지세력으로서 1901년에 직접민주주의제도를 선거공약에 포함시켰다. 그러나 일본 사회민주당은 정부에 의해 강제로 해산됨에 따라 소환제에 대한 논의도 중단되었다. 직접민주주의에 대한 논의가 재개된 것은 2차 대전 후 미점령군 하에서였다(Whitehead, 2018; Okamoto et al., 2014). 천황제와 같이 중앙집권화된 체제를 선호하는 일본 지배층의 의사에 반해, 미군정은 모든 권력이 중앙에 집중되는 것을 막기 위해 가능한 한 많은 권력을 지역으로 분산하려 했다. 이를 위해 미군정은 일본이 주나 지방 정부의 권한이 강한 미국식 제도를 도입하는 것을 선호했다. 이러한 분위기에 힘입어 1947년 일본에서 가장 강한 정당으로 등장한 사회민주당은 개별 의원과 시장 등 개별정치인을 소환하는 제도를 염두에 두었던 미국의 구상보다 훨씬 더 나아가 스위스처럼 지방정부 수준에서 국민투표에 의한 의회 해산을 포함시키게 되었다. 이것이 현재 일본 소환제의 역사적 기원이다(Twomey, 2011; Okamoto and Serdült, 2020).

이나 중국(대만)[6], 그리고 사회주의의 영향이 컸던 중국, 북한, 베트남 등에서 소환제를 도입하기 시작하였다. 사회주의권의 붕괴와 제3의 민주화 물결이 일어난 1980년대말 이후에는 폴란드와 콜롬비아(1991년), 페루(1993년), 베네수엘라(1999년) 등 동유럽이나 중남미 국가들로 확산되었다.

제2차 대전 이후 소환제를 도입한 국가들이 미국이나 사회주의와 밀접한 관계가 있다 보니, 소환제는 인민주권사상(popular sovereignty) 또는 명령적 위임의 대표 원칙(imperative mandate)을 기반으로 하는 사회주의(socialism)나 대중주의(populism) 또는 진보주의(progressivism)와 같은 좌파적 성향이 강한 국가 또는 지역에 특유한 것으로 인식되는 경향이 없지 않다. 그러나 인민주권사상이나 명령적 위임 원칙을 수용하지 않는 영국, 캐나다, 독일, 미국의 일부 주, 아이슬란드, 리히텐스타인 등과 같은 서유럽국가나 남미의 보수정당 또는 자유주의정당들도 소환제를 수용하고 있는 것을 보면 소환제가 반드시 좌파의 전유물은 아니다(Whitehead, 2018; Welp, 2018).[7]

---

6   대만(Republic of China)의 헌법은 1946년 12월 25일 국민당 정부의 국회에서 채택되었고 1947년 1월 1일부터 효력을 발했다. 이 헌법을 초안한 이는 미국 미시간 법학전문대학원(University of Michigan Law School)에서 박사학위를 받은 우 존 진숑(John Jingxiong Wu 吳經熊)으로 1933년에 이전의 헌법(안)을 기초로 자신의 초안을 작성하였고, 정부는 이를 바탕으로 1937년에 최종적인 헌법안을 만들었으며, 2차 대전 직후인 1946년 12월 말에 공식헌법으로 채택되었다. 공식헌법이 기초로 삼은 우(Wu)의 초안에 국민의 기본권으로 선거권, 소환권, 국민입법권, 국민투표권 등과 같은 직접민주주의적 요소가 포함되었으며, 공식헌법에도 포함되었다(Harvard Law Review, 2018). Constitution of the Republic of China (1947) 제17조 참조할 것.

7   독일은 베를린장벽의 붕괴 즉 사회주의권의 몰락 이후 소환제를 적극적으로 도입했다. 다만 권력이 지역으로 분산되어 있는 독일에서는 연방정부 수준의 공직자나 국가

요약하면, (〈표3-1〉)과 같이, 2020년말 현재 최소 28개국이 중앙 정부 또는 하위정부의 선출직 공직자(또는 대의기구)에 대한 소환제(해산 및 선거)를 헌법(중앙/연방/주 정부)이나 조례(지방자치단체, Home rule)에 규정해 놓고 있다.

시기별로 보면, 2차 대전 이전에 도입한 국가는 스위스(6개 칸톤), 미국(12개 주), 리히텐스타인, 아이슬란드, 아르헨티나(1개 주), 멕시코(1개 주) 등 6개국이다. 2차 대전 이후 1990년 이전까지는 일본(지방자치단체), 미국(6개 주), 아르헨티나(9개 Province), 중국·베트남·북한·쿠바 등 4개 사회주의국가, 팔라우, 파나마, 키리바티 등 10개국(앞의 시기와 중복된 미국과 아르헨티나 제외하면 8개국)이다. 마지막으로, 사회주의권 붕괴와 제3의 민주화 물결로 시작된 1990년 이후 지금까지는 스위스(1개 칸톤), 멕시코(8개 주), 독일(5개 주), 아르헨티나(3개 Province), 볼리비아, 에콰도르, 베네수엘라, 대만, 콜롬비아, 폴란드, 페루, 우간다, 나이지리나, 에티오피아, 케냐, 영국 등 17개국(중복되는 스위스 아르헨티나, 멕시코 제외하면 14개국)이다.

기관에 대한 소환제는 도입되지 않았으나 주(Land)나 지방정부 수준에서는 국민(주민)입법(initiative)이나 국민(주민)투표제와 같은 직접민주주의적 제도가 도입되었다. 소환제를 도입한 주 중의 11개 주는 간접적인 소환제, 즉 시의회의 발의에 의한 시장 소환제를 택하고 있으며, 5개 주(<표 1>)에서는 주민투표에 의한 소환제(직접소환제)를 도입하였다(Whitehead, 2018; Geißel & Jung, 2020).

〈표 3-1〉 소환제 도입시기별 국가 분포

시기	국가/주정부/지방정부(도입연도)
2차 대전 이전 (6개국)	**스위스**: 베른(Bern 1846), 소로투른(Solothurn 1869), 샤프하우젠(Schaffhausen 1876), 투루가우(Thurgau 1869), 티치노(Ticino 1892), 우리(Uri 1915) **리히텐스타인**(1921) **아이슬란드**(1944) **미국**: 애리조나(1912), 캘리포니아(1911), 콜로라도(1912), 아이다호(1933), 일리노이(1914), 캔자스(1914), 루이지애나(1914), 미시간(1913), 네바다(1912), 노스다코타(1920), 오리건(1908), 워싱턴(1912), 위스콘신(1926) **아르헨티나**: 리오 앙트레(Entre Ríos 1933) **멕시코**: 유카탄(Yucatan 1938)*
2차 대전 이후 1990년 까지 (8개국, 미국과 아르헨티나 중복, 누계 14개국)	**일본**(1947) **미국**: 알래스카(1959), 조지아(1975), 미네소타(1996), 몬태나(1976), 뉴저지(1995), 로드아일랜드(1992) **아르헨티나**: 차코(Chaco 1957), 코르도바(Córdova 1923, 1987), 코리엔테스(Corrientes 1960), 라리오자(La Rioja 1986), 리오 네그로(Rio Negro 1988), 뉴켄(Neuquén 1957), 미시오네스(Misiones 1958), 산주앙(San Juan 1986), 산루이스(San Luis 1987) **중국**(1954):※, **베트남**(1946):※, **북한**(1948):※, **쿠바**(1976):※, **팔라우**(1981, 1992)**, **파나마**(1972, 2004)**, **키리바티**(Kiribati, 1979, 1995)**
1990년 이후 (14개국, 스위스 등 3개국 중복, 누계 28개국)	**스위스**: 티치노(Ticino 지방정부의 시장, 2011) **아르헨티나**: 추부(Chubut 1994), 산티에고 델 에스테로(Santiego del Estero), 티에라 델 푸에고(Tierra del Fuego 1991), 시우다드 드 부에노스 아리레스(Ciudad de Buenos Aires 1996) **멕시코**: 치추아후아(Chichuahua 1997)*, 자카테카스(Zacatecas 1998), 오악사카(Oaxaca 2011), 모렐로스(Morelos 2013), 게레로(Guerrero 2014), 아구아스칼리엔테스(Aguascalientes 2014), 누에보 레온(Nuevo León 2016), 멕시코 시티(Mexico City 2018)*** **독일**: 브란덴부르크(Brandenburg 1993), 작센(Saxony 1994), 쉴레스비크-홀스타인(Schlewig-Holstein 1995), 노스-라인 베스트팔리아(North-Rhine Westphalia 2011), 투링겐(Thuringa 2016) **한국**(2006), **볼리비아**(2009), **에콰도르**(1998), **베네수엘라**(1999), **대만**(2003), **콜롬비아**(1991), **폴란드**(1991), **페루**(1994), **우간다**(1995)**, **나이지리아**(1999)**, **에티오피아**(1994)**, **케냐**(2010)**, **영국**(2015)***

* 1990년대 후반 연방법원(National Court)이 위헌으로 결정함.

출처: Welp(2018), Table 1을 연대별로 재구성함. **팔라우, 파나마, 키리바티, 우간다, 나이지리아, 에티오피아, 케냐, 중국, 베트남, 북한의 경우, 연구자가 헌법 조항을 확인하여 파악한 것임.

*** Whitehead (2018), p. 1348. ※ European Commission for Democracy through Law(2008)

2. 정치체제와 소환제

《〈표3-2〉》는 정부형태별 소환제 빈도를 정리한 것이다. 먼저, 수직적 권력분배의 축(연방제-단일제)으로 보면, 중앙(연방) 정부 수준의 공직자를 대상으로 국민주도의 소환제를 도입한 국가는 단일제 정부 11개국, 연방제 정부 5개국이다. 지역(지방) 수준의 공직자를 대상으로 주민주도의 소환제를 도입하고 있는 국가의 정부형태는 단일제 6개국, 연방제 6개국이다. 국가기관(행정부 수반-국왕, 또는 의회)이 주도적으로 제안하고 국민의 승인을 받는 소환제를 도입한 국가의 경우, 단일제 6개국, 연방제 2개국이고, 시민이 주도적으로 제안하고 국가기관이 승인하는 소환제를 도입한 국가는 우간다(단일제) 1개 국이다. 전체적으로 보면, 소환제를 도입한 국가의 정부형태는 단일제 24개국, 연방제 13개국으로, 단일제 국가가 연방제 국가의 2배 정도다.

다음, 수평적 권력분산의 축(대통령제-의원내각제)으로 보면, 중앙(연방) 정부 수준의 공직자를 대상으로 국민주도의 소환제를 도입한 국가의 정부형태는 대통령제 9개국, 의원내각제 7개국이다. 지역(지방) 수준의 공직자를 대상으로 주민주도의 소환제를 도입하고 있는 국가의 정부형태는 대통령제 8개국, 의원내각제 4개국이다. 국가기관(행정부 수반-국왕, 또는 의회)이 주도적으로 제안하고 국민의 승인을 받는 소환제를 도입한 국가의 경우, 대통령제 4개국, 의원내각제 4개국이다. 시민이 주도적으로 제안하고 국가기관이 승인하는 소환제를 도입한 국가는 우간다(대통령제)이다. 전체적으로 보면, 소환제를 도입한 국가의 정부형태는 대통령제 22개국, 의원내각제 15개국으로, 대통령제를 채택하고 있는 국가가 의원내각제 국가의 1.5배로 전자가 후자보다 많다.

<표 3-2> 소환제와 정치체제

구분	국가	인구 (2019, 천명)	단일제/ 연방제	대통령제/의원내각제	단원제/ 양원제
중앙(연방) 정부 수준의 시민주도 소환제	벨라루스	9,408	단일제	대통령제	양원제
	에콰도르	17,084(2018)	단일제	대통령제	단원제
	에티오피아	109,224	연방제	의원내각제	양원제
	라이베리아*	5,073	단일제	대통령제	양원제
	키리바티	122	단일제	의원내각제	단원제
	키르기스스탄	6,534	단일제	의원내각제	단원제
	리히텐슈타인	39	단일제	의원내각제 (준입헌군주국; 직접민주주의)	단원제
	마이크로네시아연방 (Federated States of Micronesia-Chuuk, Pohnpei, Yap)	104	연방제	의원내각제(정부통령-의회간선)	단원제 (공식 정당없음)
	마이크로네시아연방 (Federated States of Micronesia-Kosrae)	104	연방제	의원내각제	단원제
	나이지리아	208,630	연방제	대통령제	양원제
	팔라우	18	단일제	대통령제	양원제 (공식 정당없음)
	베네수엘라	28,887	연방제	대통령제	단원제(지배정당)
	쿠바*	11,193	단일제	대통령제(의회간선)	단원제
	타이완	23,780	단일제	(준)대통령제	단원제
	볼리비아	11,428	단일제	대통령제	양원제
	영국	67,886	단일제	의원내각제(입헌군주제)	양원제
지역/지방 수준의 시민주도 소환제	아르헨티나 (14개 주)	44,939	연방제	대통령제	양원제
	콜롬비아	50,372	단일제	대통령제(참여민주주의)	양원제
	쿠바	11,193	단일제	대통령제(의회간선)	단원제
	폴란드*	38,383	단일제	대통령제	양원제
	페루	32,824	단일제	대통령제(18~70세, 의무투표)	단원제
	스위스 (5개 칸톤)*	8,570	연방제	의원내각제(직접민주주의; 대통령 7명의 Federal Council members 순환)	양원제
	독일 (6개 주)	83,167	연방제	의원내각제(대통령-하원의 원과 주대표에 의한 간선)	양원제
	타이완	23,780	단일제	(준)대통령제	단원제
	미국 (19개 주)	328,240	연방제	대통령제	양원제
	캐나다 (브리티시 컬럼비아)*	37,971	연방제	의원내각제(입헌군주제)	양원제
	멕시코 (6개 주)*	128,650	연방제	대통령제	양원제
	일본*	125,930	단일제	의원내각제(입헌군주제)	양원제

	오스트리아	8,903	연방제	의원내각제	양원제
국가기관 제안- 시민 승인	독일	83,167	연방제	의원내각제(대통령-하원의 원과 주대표에 의한 간선)	양원제
	아이슬란드	364	단일제	의원내각제	단원제
	팔라우	18	단일제	대통령제	양원제 (공식 정당없음)
	루마니아	19,405	단일제	준대통령제	양원제
	세르비아	6,964	단일제	의원내각제	단원제 (지배정당)
	타이완	23,780	단일제	(준)대통령제	단원제
	투르크메니스탄	6,031	단일제	대통령제	양원제
시민제안 -국가기관 승인	우간다	42,729	단일제	대통령제	단원제(지배정당)

출처: International IDEA (2008). Direct Democracy: The International IDEA Handbook.
* Yanina Welp (2018). Recall referendum around the world: Origins,institutional designs and current debates. In The Routledge Handbook to Referendums and Direct Democracy. Edited by Laurence Morel, Matt Qvortrup. Routledge.

마지막으로, 의회형태(단원제-양원제)의 측면에서 보면, 중앙(연방) 정부 수준의 공식자를 대상으로 국민주도의 소환제를 도입한 국가의 의회형태는 단원제 8개국, 양원제 8개국이다. 지역(지방) 수준의 공직자를 대상으로 주민주도의 소환제를 도입하고 있는 국가의 의회형태는 단원제 3개국, 양원제 9개국다. 국가기관(행정부 수반-국왕, 또는 의회)이 주도적으로 제안하고 국민의 승인을 받는 소환제를 도입한 국가의 경우, 단원제 3개국, 양원제 5개국이며, 시민이 주도적으로 제안하고 국가기관이 승인하는 소환제를 도입한 국가는 우간다로 단원제 의회를 가지고 있다. 전체적으로 보면, 소환제를 도입한 국가의 정부형태는 단원제 15개국, 양원제 22개국으로, 양원제 의회를 가지고 있는 국가가 단원제 의회를 가진 국가의 1.5배로 전자가 후자보다 많다(〈표3-2〉).

사례분석에서 좀 더 자세히 살펴보겠지만, 소환제는 특정 정부형태에 한정된 것이 아니라, 대통령제든 의원내각제든, 단원제든 양원제든, 아니면 단일제든 연방제든 상관없이 간접민주주의제도에 대한 불만 수준, 직접민주주의 특히 소환제와 관련된 정치이념(예, 대중주의)의 역사, 정치권의 비리사건 등이 도입의 배경요인으로 작용하였다고 볼 수 있다.

다시, 원래 주제로 돌아가서, 소환제를 도입한 국가들이 이를 실제로 얼마나 활용했는지를 살펴보기로 하자. 1990년 전까지만 하더라도 오래전에 이를 도입한 미국이나 일본 등이 많이 활용하였으나 1990년대 이후 소환제를 도입한 구사회주의권 국가나 신생민주주의국가도 점차로 많이 활용하고 있다. 예를 들면, 페루에서는 제도를 도입한 지 불과 20년도 되지 않은 2013년까지 2만 회가 넘게 시도되었고 그중에서 5,303건이 실제 투표로 이어졌다. 단순한 소환시도나 발의가 아니라 투표로 이어진 사례만 보면, 폴란드(1990~2014년 사이, 656건), 일본(1947~1999년 사이, 397건), 에콰도르(1998~2013년 사이, 78건), 콜롬비아(1991~2013년 사이, 54건)가 페루와 미국의 뒤를 따르고 있다.

소환투표 조건을 충족시키기 매우 어려운 것으로 알려진 독일의 주에서도 1993년과 2008년 사이 17건의 소환투표가 이루어졌다. 다만, 페루나 폴란드의 경우 소환투표가 실현된 지역이 인구 2만 명 이하의 소도시가 많았다. 독일의 경우 주의회가 주도하고 이를 승인하는 형식의 소환제가 많았지만, 여기에는 인구 16만 명의 포츠담(Potsdam), 10만 명의 코트부스(Cottbus), 50만 명에 가까운 인구를 가진 뒤스부르그(Duisburg)가 포함되어 있다(〈표3-3〉). 이들 도시와 더불어, 콜롬비아의 보고타(Bogotá), 몰도바의 키시노우(Chișinău), 페루의 리마(Lima), 폴란드의 바르샤바(Warsaw), 일본의 나고야(名古屋, Nagoya), 미국의 로스엔젤레스(Los Angeles) 등과 같은 대도시에서도 소환투표가 실시되었다는 것은 그만큼 소환제가 세계적으로 광범하게 퍼져 있음을 입증한다(Whitehead, 2018. Cf. Serdült and Welp, 2017).

〈표 3-3〉 소환제 실제 활용

국가	기간**	시도	소환투표	소환실현	전국/대도시	전국/대도시의 소환 투표
아르헨티나	1923~2014	10	2	-	3(2002, 2005, 2014)	-
볼리비아	2012~2013	216	--	-	-	-
캐나다	1995~2015	26	0	-	-	-
콜롬비아	1991~2013	169	54	-	2(2014)	-
에콰도르	1998~2013	786	78	21	1(2001)	-
독일	1993~2008	n/d	17	~7	1	1(2012)
일본	1947~1999	1,250	397	262	1	1(2010)
리히텐스타인	1921~2015	1	--	-	-	-
멕시코	2012~2014	1	--	-	-	-
페루	1997~2013	20,000	5,303	1,737	1	1(2013)
폴란드	1990~2014	n/d	656	79	1	1(2013)
스위스	1846~2015	12	4	1	-	-
미국	1903~1989	~6,000	~4,000	n/d	3	1(2004)
베네수엘라	1999-2013	167	10	5	-	-

* 출처: Serdült and Welp(2017), p. 143 ** 시행기간 및 자료 존재

이처럼, 최근 들어 소환제를 도입한 국가들이 늘어나고 있을 뿐만 아니라 실제로 적용하는 사례도 많아지고 있다. 간접민주주의 제도 (특히 정당과 선거)에 대한 불만이 전세계적으로 확산되고 있다는

점을 고려하면,[8] 소환제를 포함한 직접민주주의제도에 대한 관심은 점차로 커질 것이라 생각된다.

실제로 이미 도입한 국가 이외에, 최근 헌법을 개정하거나 법률을 제정하여 소환제를 도입하려는 시도들이 지구촌 곳곳에서 나타나고 있다. 예를 들면, 2017년 4월, 프랑스의 6공화국운동 (mouvement pour la 6ème république)은 1차 대통령선거에 출마한 11명의 후보자에게 '헌법회의를 소집하여 보다 많은 의회제적 요소를 도입하기 위해 헌법을 개정하는 것'에 대한 의견을 물었는데, 그중 4명이 답을 해왔다.[9] 이들은 6공화국운동의 의제를 대부

---

[8] 어느 나라를 막론하고 정치에 대한 불신은 매우 높은 것 같다. 미국, 호주, 독일, 일본 등 민주주의가 뿌리를 내린 나라만 보더라도, 국민이 직선하는 대표들의 기관인 의회, 선거와 정책결정과정에서 가장 중요한 역할을 하는 정당, 국민이 직접 선출하지 않는 국가기관(예, 군대, 경찰, 법원, 관료조직-공무원)은 물론 민간기업보다도 국민의 신뢰도는 낮다. 일본을 제외하고는 시간이 갈수록 정치에 대한 불신이 심화되고 있다. 한국도 예외가 아니다(아래 표 참조)

국가	신뢰한다 (매우 + 다소)															
	군대		경찰		법원		공무원(관료)		중앙정부		정당		의회		주요 민간기업	
	'10~ '14	'17~ '20	'10~ '14	'17~ '20	'10~ '14	'17~ '20	'10~ '14	'17~ '20	'10~ '14	'17~ '20	'10~ '14	'17~ '20	'10~ '14	'17~ '20	'10~ '14	'17~ '20
호주	86.4	81.8	82.9	80.0	58.1	58.9	43.7	48.1	30.0	30.3	13.1	10.7	28.3	27.6	35.5	35.8
독일	63.6	52.4	81.7	85.9	71.3	72.3	54.2	62.0	44.4	44.2	23.9	23.2	43.5	42.3	25.1	21.5
일본	67.1	80.5	68.2	78.6	73.7	77.9	31.8	44.6	24.3	39.9	14.8	25.6	19.8	31.1	43.4	47.4
미국	81.6	79.2	68.3	67.3	53.8	56.3	41.5	40.5	32.6	33.1	12.5	11.1	20.2	14.8	32.6	31.0
한국	63.5	53.9	58.3	56.4	66.7	61.5	48.1	56.4	49.5	51.3	26.1	24.5	25.5	20.7	55.9	43.5

World Value Survey, Waveb(2010~2014 & 22017-202)

[9] 6공화국운동은 프랑스 올란드 정부의 긴축정책과 극우정당의 약진에 실망한 유권자들의 기대에 부응하기 위해 국민소환제 등과 같은 참여민주주의적 요소를 포함한 보다 많은 개인의 권리, 환경과 사회권을 보장하기 위한 새헌법 제정을 목표로 좌파정당 전 당수(ex-president of Parti de Gauche), 2012년 대통령후보였던 장루크 멜렝숑(Jean-Luc Mélenchon) 등 50여 명의 저명인사들이 참여하여 2014년 9월에 출범한 연대조직이다. Links: International Journal of Socialist Renewal. (2014. 9. 28). http://links.org.au/node/4079#:~:text=The%20movement%20for%20

분 공유하고 있었다. 그 중에는 선출직 공직자를 임기 중에 소환하는 것도 포함되어 있었는데, 이들 4명의 후보는 이에 대해 적극적인 찬성 의견을 표했다. 대통령선거 1차 투표에서 19.62%를 득표한 좌파정당(la France insumise) 후보인 장루크 멜렝숑(Jean-Luc Mélenchon)도 그 중 하나였다. 그의 높은 득표율은 선출직 공직자의 자유위임권한의 축소나 소환제와 같은 직접민주주의 제도에 대한 국민적 관심 내지 지지가 어느 정도인지를 보여주는 간접적인 지표라 할 수 있다(Whitenead, 2018: 1348).

프랑스의 6공화국운동과 마찬가지로 기성정치권의 부패와 무능 그리고 신자유주의적 정책을 강하게 비판하면서 소환제를 포함한 직접민주주의(또는 참여민주주의) 요소를 도입할 것을 내세운 것은 스페인의 좌파 대중주의 정당 포데모스(Podemos)이다. 그들은 2014년 유럽의회 의원선거에서 스페인 투표자의 7.98%(5명)를 획득하였다. 2015년 스페인 총선에서는 21%(69/350석)를 얻을 정도로 대중적 지지가 높았다.[10]

이외에도 호주의 뉴사우스 웨일즈(New South Wales)에서는 2009년 무렵부터 최근까지 정치권에서 소환제에 대한 논의가 진행

---

the%206th%20Republic%20is%20an,the%20ballot%20box%20in%20the%202017%20presidential%20elections.

10 포데모스(Podemos)는 영어로 번역하면 '예, 우리는 할 수 있다(Yes We Can)'는 뜻으로, 2011년 사회경제적 불평등과 기성정치권의 무능과 부패를 비판하면서 등장한 사회운동단체인 '5월 15일 운동(15-M Movement)'에 그 뿌리를 두고 있으며, 2014년에 유럽의회의원선거에 참여하면서 포데모스라는 이름의 정당으로 출범하였다. 정강정책으로 공적 통제, 빈곤퇴치 등에 의한 경제회복, 자유·평등·연대 강화, 자유무역협정 폐지와 주요 헌법적 문제에 대한 국민투표 등을 통한 주권의 재정의, 생태계 회복 등을 포함하고 있다. 특히 제도권 정당을 통한 정치참여를 강하게 부정하고 국민의 직접 참여를 강조하고 있다(Lewis, 2015).

되기도 했다.[11]

이처럼, 소환제를 명시적으로 금지하고 있는 서유럽 국가인 프랑스, 스페인 등의 국가에서도 소환제를 도입하려는 시도가 나타나고 있다는 사실은 그만큼 소환제에 대한 기대와 관심이 전 세계로 확산되어 있음을 방증하는 것이라 할 수 있다.

3. 소환제의 구성요소와 특징

소환제는 대상, 사유, 요건 등 여러 가지 조건을 포함하고 있다. 첫째, 누구 또는 어느 기관을 소환투표의 대상으로 할 것인가(authorities or bodies to be recalled), 둘째, 소환사유 또는 명분은 무엇인가(reasons for recall), 셋째, 소환대상의 재임 기간 중 언제부터 소환할 수 있는가(the period to activate the device), 넷째, 소환투표를 실시하기 위해 필요한 유권자의 수는 얼마로 할 것인가(the number of signatures), 다섯째, 필요한 수의 유권자로부터 동의를 얻는데 필요한 시간을 얼마나 줄 것인가(the time given to collect signatures), 여섯째, 마지막으로, 소환 결정 후 조치는 무엇인가(the action taken after authorities are removed) 등이다(Welp, 2018). 이러한 기준을 염두에 두고, 소환제를 도입한 국가들은 각 요소별로 어떤 성격의 제도를 도입하고 있는지 살펴보고자 한다.

1) 소환대상

소환대상은 투표로 소환이 가능한 공직자의 종류에 대한 것이다.

---

11 의회의 해산과 조기선거를 위한 소환제를 추진하였으나 헌법개정으로 이어지지는 못했다(Twomey, 2011a, 2011b; Griffith and Roth, 2010).

중앙정부(또는 연방정부)의 입법부나 행정부의 선출직 공직 전체 또는 개별 공직자, 또는 하위 정부(주정부 또는 지방정부)의 입법부나 행정부의 선출직 공직 전체 또는 개별 공직자, 이 둘로 소환대상을 구분할 수 있다. 전자(중앙정부 공직자 소환제)에 속하는 나라는 쿠바, 리히텐스타인, 영국, 아이슬란드 등 21개국이고, 후자(주/지방정부 공직자 소환제)에 속하는 나라는 일본, 스위스, 캐나다, 미국, 멕시코, 독일 등 11개국이다.

먼저, 중앙정부 공직자 소환제를 보면, 대통령(부통령)과 의회 의원을 포함한 모든 선출직 공직자를 대상으로 하는 볼리비아, 쿠바, 에콰도르, 베네수엘라, 대만 등 5개국, 대통령의 소환만을 허용하는 아이슬란드, 의회 전체의 소환(국민소환에 의한 의회해산)을 규정하고 있는 리히텐스타인, 개별 의원에 대한 소환만을 허용하는 영국을 포함한 9개국 등으로 나눌 수 있다.

반면, 하위단위(주정부, 시정부 또는 카운티 정부 등)에서 소환제를 시행하고 있는 나라의 경우에는 행정부(예, 주정부)나 입법부(예, 주의회)의 모든 선출직 공직자를 소환할 수 있는 일본 등 4개국, 입법부나 행정부 전체를 소환할 수 있는 스위스의 5개 주, 개별의원의 소환만을 허용하는 캐나다의 1개 주(British Columbia), 시장 등 지방정부 수장에 대한 소환만을 인정하는 독일의 5개 주(Brandenburg, North-Rhine Westphalia, Saxony, Schlewig-Holstein, Thuringa)와 스위스의 2개 주(Ticino와 Uri), 연방제 국가 중에서 주(state)나 도(province)에 따라 소환대상이 다른 국가로 미국, 멕시코, 아르헨티나 등이 있다(이상 〈표3-4〉 참조). 전체적으로 보면, 중앙정부 수준보다는 그 하위단위, 그 중에서도 지방정부 수준에서 소환제를 더 많이 채택, 시행하고 있다(Whitehead, 2018).

<표 3-4> 소환제를 도입하고 있는 정부 수준

적용수준 (level of regulation)	적용대상 공직자	도입한 국가(도입연도)
중앙정부 수준 (National-level)	모든 선출직 공직 (All elected authorities)	쿠바(1976), 중국(1954), 베트남(1946), 북한(1948), 볼리비아(2009), 에콰도르(1998), 베네수엘라(1999), 대만(2003) 8개국
	의회 전체 (parliament as a whole)	리히텐스타인(1921) 1개국
	개별 의원 (members of parliament)	에티오피아(1994), 키리바티(Kiribati, 1979, 1995), 나이지리아(1999), 우간다(1995), 케냐(2010), 파나마(1972, 2004), 팔라우(1981, 1992), 콜롬비아(1991), 폴란드(1991), 페루(1994), 영국(2015) 11개국
	행정부 수반(대통령)[1]	아이슬란드(1944) 1개국
하위 정부 수준 (Subnational-level)	주정부 또는 지방정부의 행정부나 입법부의 선출직 공직자	콜롬비아(1994), 일본(1947), 폴란드(1991), 페루(1994), 베네수엘라(1999) 5개국
	의회나 행정부 전체	스위스: 베른(1846), 솔로투른(1869), 샤프하우젠(1876), 투루가우(1869), 티치노(1892) 1개국
	개별 (주의회) 의원	캐나다: 브리티시 콜롬비아(1995), 한국(2004) 2개국
	주(state)나 도(province)의 자체 규정	아르헨티나, 미국, 멕시코 3개국
	지방정부의 수장(시장)	독일: 브란덴부르크(1993), 작센(1994), 쉴레스비크-홀슈타인(1996), 노스-라인 베스트팔리아(2011), 투링겐(2016) 스위스: 우리(1915), 티치노(2011) 2개국

* 출처: Serdült and Welp(2017), p. 141; Welp(2018), p. 3.

** 팔라우, 파나마, 키리바티, 우간다, 나이지리아, 에티오피아, 케냐, 중국, 베트남, 북한의 경우, 연구자가 헌법조항을 확인하여 파악한 것임. International IDEA(2009) 참조할 것.
1) 중앙정부의 행정부수반(대통령)을 소환할 수 있는 제도를 가진 나라에는 아이슬란드 이외에 에콰도르, 베네수엘라, 오스트리아, 팔라우, 루마니아, 세르비아, 대만, 투르크메니스탄 등이 있다(International IDEA, 2009). 이 중에서 에콰도르와 베네수엘라는 일반시민들이 소환을 위한 서명수집으로 절차가 시작되고, 나머지 나라(오스트리아, 대만 등)는 의회의 발의로부터 절차가 시작된다. 예를 들면, 오스트리아는 하원(National Council) 의원 과반수 출석에 출석의원 2/3이상 찬성, 아이슬란드는 의회(Althing) 의원 3/4 찬성, 팔라우는 3/4 이상의 주에서 각 주 의회 의원 2/3 이상 결의, 루마니아는 상원(Senate)-하원(Chamber of Deputies) 합동회의에서 과반수 찬성과 헌법재판소과의 협의, 세르비아는 의회(National Assembly) 의원 2/3 이상 찬성, 대만은 입법원 의원 1/4 이상의 발의와 2/3 이상 찬성, 투르크메니스탄은 인민위원회(People's Council)의 불신임투표로 대통령-부통령의 소환절차가 시작된다.

2) 소환사유

(<표3-5>)는 국가별로 소환사유를 정리한 것이다. 소환사유는 크게 정치적 이유(political grounds)와 특별한 이유(specific grounds)로 구분된다. 전자는 일반적으로 관련법에서 소환사유를 특별히 언급하지 않거나 선거공약 불이행 아니면 아예 어떠한 불만도 소환사유로 인정하고 있다. 중앙정부 수준의 소환제를 채택하고 있는 국가 중에는 대만, 베네수엘라, 볼리비아 등이 포함되고, 하

위정부 수준의 소환제를 도입하고 있는 국가로 미국과 독일의 일부 주와, 캐나다의 브리티시 컬럼비아가 포함된다. 반면, 후자 즉 특별한 이유가 있을 경우에만 소환을 허용하는 국가 또는 주(state, 또는 Land, 또는 지방정부)에서는 위법행위와 같은 특별한 사유가 있을 경우에만 소환할 수 있도록 하고 있다. 이 경우 관련법에서 소환할 수 있는 사유를 구체적으로 열거하고 그 이외의 사유로는 소환할 수 없게 되어 있다. 여기에 속하는 대표적인 나라가 영국으로 「2015 의원소환법」(Recall of MPs Act 2015)에서 하원의원을 소환할 수 있는 사유로, 위법행위에 따른 징역형을 선고받은 경우, 의원윤리규정을 위반하여 일정 수준 이상의 징계를 받은 경우, 의회 활동수당을 부당하게 사용하고 회계부정을 행한 경우 등과 같이 구체적으로 열거하고 있다. 정치적 사유의 소환은 허용되지 않는다. 미국에서 주 정부 공직자를 대상으로 하는 소환제는 알래스카 등 19개 주(Alaska, Arizona, California, Colorado, Georgia, Idaho, Kansas, Louisiana, Michigan, Minnesota, Montana, Nevada, New Jersey, North Dakota, Oregon, Rhode Island, Virginia, Washington, Wisconsin)에서 도입하고 있다. 이 중에서 특별한 사유가 있을 경우에만 소환을 허용하는 주는 알래스카 등 8개 주(Alaska, Georgia, Kansas, Minnesota, Montana, Rhode Island, Virginia, Washington)에서 도입하고 있다. 정치적 이유 또는 그 어떤 사유로도 소환을 할 수 있게 허용하는 주는 애리조나 등 11개 주(Arizona, California, Colorado, Idaho, Louisiana, Michigan, Nevada, New Jersey, North Dakota, Oregon, Wisconsin)다(〈표 3-6〉과 〈표 3-11〉).

<표3-5> 국가별 소환제의 특징

국가	소환대상	사유	소환 시기	소환투표성립 요건	서명 기간	소환 이후	국민(주민) 입법 citizens' initiative
대만	대통령 포함 모든 선출직 공직자	정해진 기준 없음	임기 시작 1년 이후	대통령/부통령, 입법원 의원과 지방자치단체장, 지방의원에 따라 다름[2)	대통령/부통령, 입법원 의원과 지방자치단체장, 지방의원에 따라 다름[3)	소환투표와 보궐선거 동시 진행	√
영국	하원 의원	정해 기준[1)	임기 개시 직후부터	해당의원 지역 구 선거인 명부 등재 유권자의 10%	6주	소환투표와 보궐선거 동시 진행	×
베네수엘라	대통령 포함 모든 선출직 공직자	별도의 규정 없음	임기 중반부터 임기만료 1년 전 사이	직전 선거 투표자의 20%	4일	소환 성립 시 점에 따라 보 궐선거, 또는 (소속정당에 의한) 교체	√
콜롬비아[1)	주지사, 시장	공약 불이행, 일반적인 불만	임기시작 1년 이후 만료 1년 전 사이	직전 선 거 투표자의 30%(2015년부 터. 2014년까지 는 40%)	6개월	소환 성립 후 1개월 이내 보궐선거	√
볼리비아	--	공약 불이행, 일반적인 불만	임기시작 1년 이후 만료 1년 전 사이	직전 선거 투표자의 15/25/30%	90일	보궐선거	√
페루 (2013년까지)	시장, 지방의 원(regidores) 등 지방선출직	--	임기시작 1 년 이후 만료 1년 전 사이	직전 선거 투표자의 25%, 최대 40만명	제한 없음	1/3 이상 소 환되면, 보궐 선거; 그보다 적으면 교체	√
캘리포니아 (미국)	연방의원 제외 모든 선출직 공직자	정해진 기준 없음	제한 없음	직전 선거 투표자의 12%	160일	소환투표와 보궐선거 동시 진행	√
미네소타 (미국)	모든 선출직 공직자	정해진 기준4)	제한 없음	직전 선거 투표자의 25%	90일	보궐선거	×
노스다코타 (미국)	연방의원 포함 모든 선출직 공직자	정해진 기준 없음	제한 없음	유권자의 25%	--	보궐선거	√

브리티시 컬럼비아 (캐나다)	주의회 (Legislative Assembly) 의원	정해진 기준 없음	임기 시작 18개월 이후부터 임기 만료 6개월 이전	선거인 명부에 등재된 유권자의 40%	60일	소환 성립 후 90일 이내 보궐선거	√
브란덴부르크 (독일)2)	시장, 주의회 (Landrat)	정해진 기준 없음	법 규정 없음	직전 선거 투표자의 10%, 15-25%	1개월	새선거 (시장/주의회)	√
작센(독일)*	시장, 주의회 (Landrat)	정해진 기준 없음	법 규정 없음	직전 선거 투표자의 33.33%	12개월	새선거 (시장/주의회)	√
쉴레스비크-홀스타인 (독일)3)	시장	정해진 기준 없음	법 규정 없음	직전 선거 투표자의 20%	6개월	새(시장) 선거	√
노스트라인-베스트팔리아*	시장, 주의회 (Landrat)	정해진 기준 없음	법 규정 없음	직전 선거 투표자의 15-20%	4개월	새선거 (시장/주의회)	√
일본4)	시장, 지방의원, 지방의회 전체	정해진 기준 없음	법 규정 없음	유권자의 1/3 이상	1개월(소도시) 2개월 (50만 명 이상의 대도시, 현)	즉각적인 부권선거	√

출처: Welp(2018); 대만 – Presidential and Vice Presidential Election and Recall Act; Civil Servants Election and Recall Act; 영국 – Tonge(2019)와, House of Commons Library(2019). Recall elections. Briefing Paper, Number 5089. August; 독일 Länder와 일본 – Whitehead(2018).

국민(주민)입법 – 대만, 영국, 베네수엘라, 콜롬비아, 볼리비아

- International IDEA(2008). Direct Democracy: The International IDEA Handbook; 미네소타 국민(주민)입법 – Ballotpedia, States with initiatives or referendum. https://ballotpedia.org/States_with_initiative_or_referendum (2020. 8. 15 검색); 독일 –The Navigator to Direct Democracy. https://www.direct-democracy-navigator.org/legal_designs?query=North+Rhine-Westphalia%2C+Germany+regional (2020. 8. 15 검색);

국민(주민)입법-일본 – Okamoto, et al. (2014).

1) 위법행위로 인한 징역형, 의원윤리규정위반에 따른 징계, 의회활동수당 회계처리부정
2) 대통령/부통령-입법원 의원 1/4 이상 제안, 2/3이상 찬성, 입법원 의원/단체장-지역구 유권자 1%(소환서명개시) 10%(소환투표 성립)
3) 대통령/부통령-입법원에서 선관위 통보 후 60일 이내 투표, 서명 기간: 입법원의원과 단체장-60일, 기초의원-40일, 동대표 – 20일.
4) 불법행위, 의무불이행, 중범죄

캐나다에서 주 단위의 공직자에 대한 소환제를 도입하고 있는 주는 브리티시 컬럼비아(British Columbia)가 유일한데 정치적 소환제를 채택하고 있다. 독일의 경우 5개 주에서 소환제를 도입하고 있는데, 개별 정치인에 대한 소환은 시장에 한해서 인정하며, 의원에 대한 개별적인 소환은 인정하지 않고 의회 전체에 대한 소환만을 인정하고 있다. 주의회에 대한 소환제, 정확히 말하면 주민요구에 의한 주의회 해산과 조기선거를 허용하는 제도를 도입하고 있는 주는 11개 주이며, 정치적 사유를 포함한 어떠한 사유일지라도 의회해산과 조기선거를 요구할 수 있다. 일본의 경우 개별지방정치인(시장, 지방의원)에 대한 소환과 (지방)의회 전체에 대한 소환을 모두 인정하고 있으며, 특별한 사유가 없더라도 소환할 수 있다.[12] 일본의 지방수준에서의 소환제는 모두 정치적인 소환이다(《표3-4》).

참고로, 소환제를 도입한 나라는 영국 등 일부 국가를 제외하고는 대부분 국민(주민)입법제(citizens' initiative - direct or indirect)나 국민(주민)투표제(referendum - compulsory or optional)를 도입하고 있다. 또한 주정부의 선출직 공직자에 대한 소환제를 도입한 미국의 19개 주중에서 12개 주(Alaska, Arizona, California, Colorado, Idaho, Illinois, Michigan, Montana, Nevada, North Dakota, Oregon, Washington)가 국민(주민)입법제나 국민(주민)투표제를 도입하고 있다.[13]

---

12 이외에도 부지사, 부시장, 교육위원회 위원 같은 주요 공직자에 대한 소환도 인정한다. 다만, 이 경우에는 주민이 특정 공직자에 대한 소환(해직)을 청원하면 지사 또는 시장이 도의회나 시의회에 심의를 요청할 수 있고, 의회에서 재적의원 2/3 이상 출석한 회의에서 출석의원 3/4이 찬성할 경우 해직할 수 있게 되어 있다(Okamoto & Serdült, 2020).

13 나머지 7개 주(Georgia, Kansas, Louisiana, Minnesotan, New Jersey, Rhode Island, Wisconsin)는 소환제만을 가지고 있다. 이와 반대로, 국민(주민)입법제나 국민(주민)투표제는 도입하고 있으나 주정부의 선출직 공직자에 대한 소환제는 도입하지 않고 있는 주는 14개 주(Arkansas, Florida, Kentucky, Maine, Massachusetts, Missouri, Nebraska, New Mexico, Ohio, Oklahoma, South Dakota, Utah, Wyoming)다.

〈표3-6〉 소환사유 및 국민 발안(입법)과 국민투표 도입여부

주(state)	소환제	소환사유 (P/M)	주 법 규정❽		주 헌법❽ 규정	도입시기
			국민입법	국민투표	국민입법	
앨라배마	Y	P	✗	✗	✗	
알래스카	Y	M	I	✓	✗	1959
애리조나	Y	P	D	✓	D	1911
아칸소	Y	P	D	✓	D	1910
캘리포니아	Y	P	D	✓	D	1911
콜로라도	Y	P	D	✓	D	1910
코네티컷	Y	P	✗	✗	✗	
워싱턴 컬럼비아 특별구	Y	P	D❾	✓❾	–	1977
델라웨어	N		✗	✗	✗	
플로리다	Y	혼합 (주수준-M)	✗	✗	D	1968
조지아	Y	M	✗	✗	✗	
하와이	Y	P	✗	✗	✗	
아이다호	Y	P	D	✓	✗	1912
일리노이	Y	P (주지사-M)	✗	✗	D	1970
인디애나	N		✗	✗	✗	
아이오와	N		✗	✗	✗	
캔자스	Y	M	✗	✗	✗	
켄터키	N		✗	✓	✗	1915
루이지애나	Y	P	✗	✗	✗	
메인	Y	P	I	✓	✗	1908
메릴랜드	Y	P	✗	✓	✗	1915
매사추세추	Y	P	I	✓	I	1918
미시간	Y	P	I	✓	D	1913
미네소타	Y	M	✗	✗	✗	
미시시피	N		✗	✗	✓	
미주리	Y	P-M	D	✓	D	1908
몬태나	Y	M	D	✓	D	1906
네브래스카	Y	P	D	✓	D	1912
네바다	Y	P	I(1912)	✓(1904)	D(1912)	1904, 1912
뉴햄프셔	N	--	✗	✗	✗	
뉴저지	Y	P	✗	✗	✗	
뉴멕시코	Y	M	✗	✗	✗	1911
뉴욕	N		✗	✗	✗	
노스캐롤라이나	Y	P	✗	✗	✗	
노스다코타	Y	P	D	✓	D	1914
오하이오	Y	P	I	✓	D	1912
오클라호마	Y	P	D	✓	D	1907
오리건	Y	P	D	✓	D	1902
펜실베이니아	N		✗	✗	✗	
로드아일랜드	Y	P-M	✗	✗	✗	
사우스캐롤라이나	N		✗	✗	✗	
사우스다코타	Y	M	D	✓	D	1898
테네시	Y	P	✗	✗	✗	
텍사스	Y	P	✗	✗	✗	
유타	N		D & I	✓	✗	1900
버몬트	N		✗	✗	✗	
버지니아	Y	M				
워싱턴	Y	M	D & I	✓	✗	1912
웨스트버지니아	Y	P	✗	✗	✗	
위스콘신	Y	P	✗	✗	✗	
와이오밍	Y	P	I	✓	I	1968

* P=political, M=malfeasance or misconduct

소환제를 도입한 나라나 주는 대중주의(populism)나 진보주의(progressivism)의 전통이 강하고 이를 대변하는 정치세력의 영향력이 강한 경우가 많다. 스위스(Serdült, 2015), 미국(Cronin, 1989), 베네수엘라, 콜롬비아, 볼리비아, 페루 등 남미국가, 미국의 영향을 받은 대만과 일본 등은 대중주의 내지 진보주의의 전통에 근거하여 소환제를 도입한 것이라 할 수 있다. 반면 쿠바, 북한, 중국, 베트남 등은 맑스주의 전통에 입각한 소환제라 할 수 있다(European Commission for Democracy through Law, 2008). 대중주의, 진보주의, 맑스주의는 대체로 인민주권의 원리(popular sovereignty)를 신봉하는데, 이 관점에서 국민의 대표는 그가 대표하는 집단의 목소리나 요구를 그대로 의사결정과정에 반영하는 대리인(agent or delegate, imperative mandate)일 뿐, 자기자신의 판단에 따라 의사결정을 하는 수탁인(trustee)은 아니다. 이러한 근거에서 대중주의, 진보주의, 맑스주의 세력이 강한 지역에서는 소환제를 포함한 직접민주주의제도를 지지·도입하는 경향이 있다(European Commission for Democracy through Law, 2008; Tomba, 2018).

3) 소환발의 시점

불법행위나 의회윤리규정위반 등과 같은 위법행위에 대한 처벌로서의 소환은 언제든지 발의하거나 이의를 제기해도 (최종심만 고려하면) 큰 문제나 이견이 없지만, 공약 불이행 등과 같은 정치적 사유에 의한 소환은 선출직 공직자가 공약을 이행하거나 실적을 거두기 위해서는 일정 시간이 경과해야 한다는 점을 고려하지 않으면 큰 논란을 불러일으킬 수 있다. 마찬가지로 소환청원이 제기되어 실제 투표까지 이루어지기 위해서는 최소한의 시간을 필요로 한다.

이 기간보다 짧은 시점에 정기적인 선거나 특별선거(예, 보궐선거 등)를 실시하기로 되어 있을 경우 소환 투표만을 별로도 한다는 것은 재정적, 행정적 낭비를 초래할 수 있기 때문이다. 이런 이유에서 임기 만료 직전의 일정기간 동안에도 소환 발의를 제한하기도 한다(Twomey, 2011a: 61; Welp, 2018b).

실제로 많은 나라들은 소환을 위한 절차를 밟을 수 있는 시점 내지 기간을 정해놓고 있다. 대만은 임기 시작 1년 이후, 베네수엘라 등 남미국가들은 임기 1년 내지 임기 중반, 캐나다 브리티시 컬럼비아는 1년 6개월부터 소환이 가능한 것으로 규정해 놓고 있다(〈표 3-5〉). 주정부의 선출직 공직자에 대한 소환제를 도입하고 있는 미국의 대부분 주들도 임기 시작 최소 50일에서 최대 180일까지는 소환을 할 수 없도록 해 놓고 있다(〈표3-5〉).

또한 많은 나라들이 일정한 기간 내에 임기가 만료되거나 전국적인 (정기적인) 선거나 특별선거(예, 재보선)가 예정되어 있을 경우에도 소환을 하지 못하도록 규정하고 있다. 베네수엘라 등 남미국가들은 임기 만료 1년 전까지, 캐나다 브리티시는 임기 만료 6개월까지(〈표3-5〉), 미국의 주들도 다음 선거 180일에서 365일 이전까지만 소환이 가능하도록 해 놓았다(〈표3-6〉).

4) 소환청구인 서명수와 서명수집기간

소환절차가 시작되기 위해서는 먼저, 소환을 하고자 하는 유권자들이 그 대상과 사유, 청원인 성명과 서명 등을 기입한 소환 청원서(recall petition)를 소환 관련 행정을 책임지고 있는 기관(일반적으로 선거관리위원회, 의회에서 소환 절차를 시작할 경우에는 의회의 장)에 제출하여야 한다. 그러면 해당 기관에서는 청원서가 올바르게 작성되었는지 확인하여 이상이 없으면 소환절차를 본격적으로 시작하도록 허락한다. 소환 절차의 첫 번째 작업은 청원인들이 소환대상의 선거구에 거주하는 주민 중에서 일정한 자격을 갖춘 유권자의 일정 비율 이상의 서명을 받는 것이다.[14]

소환을 결정하는 투표를 할 수 있으려면 소환청원에 동의하는 유권자 즉 소환청원서에 서명하는 유권자가 해당 선거구 선거권자 내지 이전 선거 유권자의 일정 비율 이상이어야 한다. 서명자의 비율은 소환절차의 정당성과 밀접한 관련이 있기 때문이다. 따라서 누구나 동의할 수 있을 비율 이상의 유권자들이 서명해야 하지만, 그 비율이 지나치게 높을 경우 소환제가 무용지물이 될 수 있기 때문에 적정 비율을 설정하는 것이 중요하다. 물론 소환제의 남용을 방지하기 위해 서명자의 비율을 지나칠 정도로 높게 설정해 놓는 경우도 없지 않다. 어쨌든, 소환 투표 실시를 위해 소환청원서에 서명을 해야 하는 유권자의 수(비율)는 적게는 직전 선거 투표자의 10%(예, 대만, 영국)에서 많게는 30%(예, 콜롬비아, 독일의 작센)까지 국가나 지역에 따라 천차만별이다.[15]

---

14 일반적으로 소환청원서에 서명할 수 있는 유권자는 소환청원을 하는 그 시점에 해당 선거구의 선거인명부에 등재된 사람이면 되지만, 캐나다 브리티시 컬럼비아의 경우에는 좀 더 까다로워 소환대상이 선출된 선거 당시에도 선거인명부에 등재되어 있는 사람으로 되어 있다. 1994년 당시 법을 제정했던 특별위원회(Select Standing Committee)의 설명에 의하면, 소환투표는 소환대상을 선출한 유권자들이 이전에 지지한 것을 재검토하는 형식이 되어야 하기 때문이라고 한다(Neufeld, 2003).

15 베네수엘라 선거관리위원회는 2007년 한 해 동안 400건이 넘는 소환청원을 처리하는 과정에서 합당치 않은 사유로 소환청원을 남용하는 경향을 발견하고 이를 막기 위해 청원절차를 개시하기 위한 조건으로 소환청원요청서에 해당 선거구 유권자 1% 이상의 서명을 받고 정치조직(정당)을 조정자(mediator)로서 내세워야 한다는 규정을 만들었다(Sato, 2016).

대부분의 국가들은 소환절차 진행에 필요한 수의 유권자 서명을
확보하는 데 소요되는 시간은 지리적 범위(예, 선거구의 물리적 규
모)와 조건(농어촌-도시 등 교통사정)을 고려하여 충분히 주어져야
한다는 원칙에 따라 결정하고 있다. 소환에 필요한 수(비율)의 서명
을 수집하는 데 주어지는 기간은 (2013년까지의) 페루처럼 소환대
상의 임기 내내 기간이 주어지는 경우가 있는가 하면, 베네수엘라
처럼 불과 4일만 주어지는 경우도 있지만,[16] 일반적으로는 1개월에
서 6개월 사이의 시간이 주어진다(〈표3-5〉).

5) 소환 투표와 소환대상 교체 방식

소환에 필요한 인원수(비율)의 유권자로부터 서명을 받아 소환
절차를 책임지고 있는 기관에 제출하여 이상이 없음을 확인받으면,
대부분의 국가에서는 소환대상 선출직 공직자의 소환여부에 대해
해당 선거구의 유권자로부터 최종적인 판단을 받기 위해 별도의 투
표를 한다.

그러나 캐나다의 브리티시 컬럼비아에서는 소환청원서에 충분한
수(즉, 선거인 명부에 등재되어 있는 유권자의 40%) 이상의 유권
자로부터 정상적으로 서명을 받은 것이 확인되는 순간, 소환대상의
소환은 확정되고, 그 이후에 그를 대체할 공직자를 선출하는 선거
(즉, 보궐선거)가 진행된다(Neufeld, 2003).

콜롬비아, 볼리비아, 미국의 미네소타나 노스다코타 등 일부 주
등에서 서명과는 별도의 소환여부를 묻는 투표를 진행한 뒤 소환이

---

16 베네수엘라 지방정부의 선출직 공직자(예, 시장)에 대한 소환에 필요한 서명은 해당 지
역의 선거관리위원회가 일정한 장소에 소환에 찬성하는 정당과 반대하는 정당의 대표
를 입회시킨 뒤 진행한다(Welp, 2018).

이루어지고 일정 기간 내 보궐선거를 하는 방식을 택하고 있다.[17] 하지만 서명과는 별도의 투표를 하는 경우 대만, 영국, 미국의 캘리포니아 등 일부 주에서는 소환 투표와 대체 인물을 결정하는 투표(즉 보궐선거)를 동시에 진행하는 국가도 있고,[18] 미국의 알래스카 등 일부 주에서는 소환투표를 하여 소환이 결정되면 소속정당이 (추천을 받아) 주지사나 시장 등 행정부 수반이 소환된 공직자(주로 의원이나 장·차관)를 교체하는 경우도 적지 않다. 베네수엘라나 페루처럼 소환시점이나 소환인원에 따라 동시 투표를 하거나 소속정당이 교체할 인물을 지명하는 경우도 있다(〈표3-5〉).

---

17 이 경우 소환된 공직자가 다시 출마할 수도 있고 출마하지 못할 수도 있다.

18 소환대상 공직자의 소환여부를 묻는 투표와 그를 대체할 후보에 대한 찬성을 묻는 투표를 동시에 진행하는 경우, 소환에 대한 찬성이 대체 후보에 대한 지지보다 많으면 소환이 성사되어 대체후보가 궐위된 자리를 채우게 된다. 이 경우 투표용지에는 소환 찬성여부를 묻는 질문에 답을 표시한 후, 대체인물(소환대상 공직자 포함) 중에서 한 명을 선택하도록 되어 있다. 소환에 찬성하면 소환대상을 제외한 나머지 중에서 선택하도록 되어 있다. 소환찬성이 과반을 넘으면 소환이 결정되고 다른 후보자 중에서 대체인물을 결정한다. 소환찬성이 과반에 미달하면 소환대상자를 포함한 후보자 중에서 선택하고 최다득표자가 당선된다.

중앙정부 수준

1. 영국

1) 개요

근대 민주주의의 요람이라 불리는 영국은 2008년과 2009년 사이 발표된 의회의원들의 각종 의정활동지원금 오남용 사건을 계기로 여러 유사 사건 재발방지책의 하나로 국민소환제를 논의하였다. 2015년 3월에 「2015 의원소환법」(Recall of MPs Act 2015)이 마침내 제정되고 2016년 3월 4일부터 효력을 발휘하였다.

소환대상은 심각한 비리나 범죄혐의가 입증된 개별 하원의원에 한정되었다. 전체 의회의 소환을 요구할 수 없으며, 소환사유는 개별 의원의 위법행위나 의원윤리법 등 의회내부 규범 위반에 따른 처벌 등과 같이 특별한 사유가 있을 경우에만 허용된다. 지역구 유권자의 요구나 이익에 반하는 행동을 한 경우에는 소환을 허용하지 않는다. 의회 소환절차는 하원의장이 비리 의원을 각 선거구에 배치되어 있는 청원관(Petition Officer)에게 통보하면서 개시된다. 청원관은 의회의장으로부터 비리의원에 대한 통보를 받으면 6주간 소환청원을 위한 유권자 서명 절차를 밟아 대상의원 지역구 유권자의 10%가 찬성하면 해당 의원은 자동으로 의원직을 상실하게 된다.

특기할 점은 세 가지다. 하나는 양원제 의회의 의원내각제(또는 내각책임제)를 택하고 있는 국가로 하원의원에 한하여 소환제를 인정한다는 것이고,[19] 다른 하나는 국민의 대표에게 명령적 위임 또는 대리인의 역할을 금지하고 자유위임(free mandate, 또는 representative mandate, 또는 trustee)의 역할만을 인정하는 서유럽 국가[20] 중에서 중앙정부(또는 연방정부) 수준의 의회 의원 개인을 소환하는 것을 법제화한 유일한 국가라고 하는 점이다.[21] 마지막으로, 소환된 의원도 보궐선거에 출마할 수 있다는 점이다.

---

19 양원의 의회제를 택하면서 중앙정부 수준에서 소환제를 도입하고 있는 나라에는 영국 이외에도 에티오피아가 있다. 에티오피아는 연방제를 택하고 있어, 하원은 지역구민에 의해 직선되는 550명 이내의 의원들로 구성되어 있다. 이들에 대해서는 지역구민에 의한 소환을 인정하고 있다(헌법 제54조 7항). 반면 연방을 구성하는 에스닉 또는 민족집단(nations, nationalities and peoples)은 각 1명 이상의 대표를 국민 직선 또는 주의회의 선출(간선)로 상원인 연방의회(House of the Federation)로 보낼 수 있도록 되어있는데, 이들에 대한 소환은 인정하지 않는다(헌법 제61조 참조).

20 대부분의 자유민주주의국가는 국민의 대표가 직선으로 선출되었다고 하더라도 자기를 선출해 준 유권자의 이익만을 대변하지 않으며 지역구민의 이익을 초월하는 국가(nation) 전체의 공동선을 우선적으로 대변할 것을 대의명분으로 하는 자유위임의 원칙에 입각한 대표 개념을 택하고 있다. 반면에 지역구민의 대리인 또는 명령적 위임을 실행하는 역할을 수행해야 한다고 보는 입장은 프랑스 혁명 당시의 파리코뮌 경험에서 도출된 인민주권 사상에 뿌리를 두고 있다. 주로 사회주의 이론가와 국가들이 수용하였고, 미국의 진보주의운동이나 남미의 포퓰리즘도 이러한 사상을 받아들이고 있다(European Commission for Democracy, 2008).

21 바로 위에서 지적했듯이, 유럽 바깥 지역에서는 에티오피아가 영국과 마찬가지로 중앙(연방)정부 수준의 의원에 대한 소환제를 채택하고 있지만, 사회주의 전통에 속하는 인민주권의 원칙에 입각한 소환제를 택하고 있다. 서유럽국가 중에서 소환제를 도입하고 있는 나라는 영국, 리히텐스타인, 아이슬란드, 스위스, 독일 등이다. 이 중에서 전자의 세 국가만이 중앙정부(또는 연방정부) 수준에서 소환제를 도입하고 있고, 후자의 두 국가(스위스, 독일)는 주정부나 지방정부 등 하위단위의 정부에서 소환제를 도입하고 있다. 중앙정부 수준에서 소환제를 도입하고 있는 국가 중에서 리히텐스타인은 의회 전체에 대한 소환(즉, 의회해산권)만을 허용하고 아이슬란드는 대통령에 대한 소환제만을 허용하고 있다(앞의 <표3-4> 참조).

2019년 8월말까지 확인된 소환투표는 2018년에 한 차례, 2019년에 두 차례, 모두 세 차례 진행되었다. 이 중에서 한번은 실패하고, 두 번은 성공하여 소환으로 생긴 공석을 채우기 위한 보궐선거가 진행되었다.

2) 도입배경

영국이 2015년 하원의원의 소환을 허용하는 의원소환법을 도입한 계기로 작용한 사건은 2008년과 2010년 사이에 두 차례 터져 나온 하원의원들의 의정활동지원비 오남용사건이었다(Judge, 2912).

우선, 2008년 1월 보수당의 데릭 콘웨에(Derek Conway)가 2001년과 2007년 사이 자신의 의원실 연구보조원으로 각 2년반 정도씩 채용한 두 아들에게 규정에 어긋나게 많은 수당을 제공한 사실이 밝혀짐에 따라 하원윤리위원회로부터 10일 간의 의원 지무 정지 처분을 받게 되었다.[22] 소속정당인 보수당에서는 해당의원의 제명조치가 이루어졌으며, 해당의원은 공개사과와 함께 차기 선거 불출마를 선언하는 일이 발생했다. 이러한 하원의원 비리사건이 터지자 2005년 총선에서 원내로 진출한 보수당의 소장파의원 27명은 데일리 텔레그래프지에 보낸 공개서한을 통해 소환제 도입을 주장하였다(Daily Telegraph, 2008. 2. 29).

---

22 2009년 5월, 선데이 텔레그래프지(Sunday Telegrph)가 의원들의 '제2의 집' 구입 비용지원금(Second Home Allowance) 오남용사건을 폭로했는데, 콘웨에 의원도 포함되어 있었다. 그는 자기 지역구에서 330마일이나 떨어진 곳에 집을 장만하면서 이러한 명목의 지원금을 (부당) 청구했음이 드러나기도 했다.

- 2005년 총선에서 콘웨에(Conway)에 패배한 영국독립당(UK Independence Party - 유럽통합 반대 우익 포퓰리스트 정당) 후보였던 전 런던경시청장(Metropolitan Police Inspector) 마이클 반부룩(Michael Barnbrook)이 윤리위원회에 의혹을 제기함 → 2008년 1월, 의원 특별수당과 경비 불법 사용 (데릭 콘웨이(Derek Conway) 사건

- 연구보조원으로 2004~2007년 기간 일을 한 기록이 없는 동생 프레디 콘웨에(Freddie Conway)에게 과다한 비용지출 혐의에 대한 조사 결과가 의회윤리위에 보고됨 => 2008년 1월, 윤리위원회는 콘웨에 의원의 직무정지 10일의 징계를 결정; 소속정당인 보수당(Conservative Party)에서 제명조치(2008.1) (→ 콘웨에 의원의 공개사과 및 차기 선거 불출마 선언(2008.1)) => 2008년 2월, 2005년에 원내로 진출한 27명의 보수당 소장파 의원들의 데일리 텔레그래프(Daily Telegraph)지에 보내는 공개서한 발표 (시민주도인지 아니면 다른 방식인지는 분명히 밝히지 않은 채, 소환제 도입 제안. Daily Telegraph, 2008. 2. 29)

* 이후 → 본 사건을 조사하던 의회윤리위원(Parliamentary Commissioner for Standards) 존 리온(John Lyon)이 추가로 형인 헨리 콘웨에(Henry Conway, 2001.7.1.~2004.4.1.)도 비슷한 문제가 있음을 발견하고 이에 대한 조사를 진행한 결과가 2009년 1월에 윤리위원회에 보고됨 => 2009년 2월, 콘웨에 의원이 하원에서 공개사과하고, 자신의 '비리'를 노동당이 소속의원들의 의정활동지원수당 오남용사건을 덮기 위한 수단으로 활용하고 있다고 비난했던 자신의 언급도 철회함.

두 번째 사건은 2008년 하원의원 경비지출 내력 공개사건이다. 2005년 1월에 정보공개법(Freedom of Information Act 2000)이 효력을 발휘하자, 두 명의 기자가 일부 의원들의 경비지출에 대한 정보를 차례로 요청했다. 그러자 하원의원들은 정보공개법을 개정하여 의원들의 경비에 관한 사항은 공개할 수 없도록 하려 했으나, 법안 개정에는 실패하였다. 이에 정보를 요청한 언론인들을 중심으로 다시 언론중재위원회(Information Tribunal)에 문제를 제기하였다. 거기서 의원의 경비는 공개해야 한다는 결정이 나왔으나, 하원은 다시 고등법원(High Court)에 항소를 제기하여 정보공개를 지연하였다.

그러나 2008년 5월 고등법원은 하원이 의원의 경비지출에 관한 정보를 공개해야 한다고 판결했다. 이에 여당인 노동당 주도로 2009년 1월 법안 개정을 다시 시도하였으나 보수당 등 야당의 격렬한 반대와 여론 악화로 법안 개정은 좌절되었다. 결국 하원은 2009년 7월까지 (민감한 부분은 제외한 나머지 정보를 포함한) 모든 의원의 경비지출을 공개하겠다고 발표했다. 하지만 하원이 공식적으로 발표하기 전에 이미 2009년 5~6월 한 언론사가 미리 정보를 입수하여 기사화하기 시작했고, 이로 말미암아 이 문제는 수 주 동안 영국 언론의 전면을 장식하였고 영국사회가 발칵 뒤집혔다.

마침내 하원은 2004년과 2008년 사이 공식적으로 승인을 받은 의원의 경비와 수당에 대한 상세한 내역(승인되지 않은 경비는 일부 제외하고)을 의회 홈페이지에 공시하였으나 여전히 여론의 비판은 멈추지 않았다. 대부분의 비용청구는 런던에서 구입할 수 있는 '제2의 집' 구입비 지원과 관련된 것이었다. 이에 대한 심층조사를 위해 구성된 위원회의 조사결과가 10월에 보고서로 제출되었다. 1차로 2010년 2월 4명의 의원이 회계부정으로 기소되었고, 2차로 5월에는 2명이 추가로 기소되었으며, 10월에는 2명이 다시 추가로 기소되었고 3명이 직무정지 처벌을 받았다.[23]

이처럼 2008년에는 하원의원 한 명만 연루된 비리사건이 터졌으나, 2009년 초에 그 사건이 마무리되기가 무섭게 노동당, 보수

---

23 "United Kingdom parliamentary expenses scandal". Wikipedia. https://en.wikipedia.org/wiki/United_Kingdom_parliamentary_expenses_scandal (2020. 8. 29 검색). 언론이 본격적으로 폭로하기 전에 많은 논란을 불러일으킨 (합법적으로 청구할 수 있는 금액의 한도라고 알려진) 존 루이스 리스트(John Lewis List)나 개별의원들의 청구액도 시중에 나돌고 있었다. 이 문제는 그 당시 영국사회를 발칵 뒤집어 놓았을 정도로 심각한 문제였다.

당, 자유민주당 등 주요 3당의 의원들이 연루된 대규모 비리사건이 터져버렸다. 이에 따라 이 사건에 연루되지 않은 소수정당은 물론 소속의원이 연루된 주요 3개 정당도 의원비리 재발방지를 위한 대책 중 하나로 소환제를 제안하였다. 마침내 2010년 총선 공약에도 포함시킴으로써 주요 정당 사이에 소환제 도입의 필요성에 대한 공감대가 형성되었다.

노동당(Labour Party)은 당시 수상이었던 고든 브라운(Gordon Brown)이 2009년도 정기당대회(9. 29) 연설을 통해 소환제 도입의 필요성을 강조했고, 보수당(Conservative Party) 당수였던 데이비드 카메론(David Cameron)이 2009년 5월 행한 언론과의 인터뷰와 2010년 2월 "정치신뢰 재구축"(Rebuilding Trust in Politics)이라는 제목의 연설을 통해 소환제를 도입할 의향이 있음을 밝혔다. 자유민주당(The Liberal Democrats)은 2009년 회기 초 여왕 연설(Queen's Speech)에 대한 논쟁이 벌어졌을 때 소환제 도입의 필요성을 지적하였다.[24] 그리고 2010년 총선에 즈음해서는 3당대표 모두 TV 토론에서 소환제 도입 지지의사를 밝혔다.

2010년 총선 결과 보수당과 자유민주당의 연립정부가 구성되었고, 여기서 하원의원 소환법 초안을 작성하여 2011년 12월에

---

24 Queen's Speech는 여왕이 상하원 의원들을 대상으로 하는 연설로 일반적으로 내각(수상)이 작성을 해주고, 해당 회기에 의회에서 입법화해 주기를 바라는 안건들을 소개한다. 따라서 내각의 의회기반이 취약할 경우 논쟁이 많이 벌어진다. https://www.instituteforgovernment.org.uk/explainers/queen-speech#:~:text=Debate%20over%20the%20content%20of%20the%20Queen%E2%80%99s%20Speech,traditionally%2C%20from%20very%20different%20constituencies%20and%20parliamentary%20intakes. (2020. 8. 31. 검색)

공개하였다(HM Government, 2011).[25]

이를 바탕으로 2012년 전반기에 정치·헌법개혁위원회(Political and Constitutional Reform Committee)에서 검토, 심의한 후 2012~13년 회기 중 첫 보고서가 나왔다. 그 내용은 는데 소환제 도입에 대해서 부정적이었으나 도입을 할 경우 예상되는 보완점을 제시하는 수준이었다.[26] 그러나 정치·헌법개혁위원회의 부정적인 견해에도 불구하고 연립정부의 소환제 도입에 대한 의지가 확고하여 2014년 9월에 '2014~15 의원소환법안'(Recall of MPs Bill 2014~15)을 의회에 제출하였고, 심의와 수정 과정을 거쳐 현 「2015 의원소환법」(Recall of MPs 2015)이 2015년 3월에 제정되었다(Johnston & Kelly 2019).[27]

3) 내용

먼저, 소환 청원의 대상은 다음 세 가지 경우에 해당하는 하원의원

---

25 주요 내용은 심각한 비리가 드러난 의원에 대해 해당 의원 지역구 유권자의 10% 서명을 받아 소환하고 그 공석을 채우는 보궐선거를 개최할 것을 청원할 수 있다는 것으로 최종안과 크게 다르지 않았다. 어떤 이유로든 유권자의 주도로 의원을 소환하는 '완전소환제'(citizen-initiated recall) 또는 아래로부터의 소환제(recall bottom-up)는 애초부터 제외되었다(Judge, 2012). 소환제를 포함한 의원비리 재발방지를 위한 대안을 모색하는 과정에서 보수당의 더글라스 카스웰(Douglas Carswell) 의원과 자크 골드스미스(Zac Goldsmith) 의원, 이 두 하원의원은 하원 윤리위원회가 주도적인 역할을 하는 '위로부터의 소환제'에 대해 매우 비판적이었으며 시민주도 소환제를 적극 주장하고, 법안도 제출했으나 부결되었다(Judge, 2012).

26 이 위원회에서는 정부안의 소환제가 소기의 성과를 거둔다고 보기 어렵고, 의회 자체 윤리규정 등으로 처벌할 수 없는 비리도 없어 보이기 때문에 소환제의 필요성 자체를 인정하기 어렵다고 하면서, 동시에 정부가 굳이 소환제를 도입해야 한다면, 소환사유가 되는 비리에서 특정 유형의 범죄를 제외할 것, 구체적인 소환절차 등을 제안하였다.

27 도입배경과 과정은 Jonhston & Kelly(2019)의 내용을 정리한 것이다. 보다 간략한 소개는 김선화(2019)를 참조할 것.

에 한정된다. 첫째, 범죄행위로 기소되고 구금형을 선고받거나 기타 사유로 구금이 되었고 항소기간이 종료된 의원,[28] 둘째, 윤리위원회의 조사결과 윤리 규정을 위반한 것으로 드러나 14일 이상(회기 일수로는 10일 이상) 의원직을 수행할 수 없다고 결정하여 하원의장에게 통보된 의원, 셋째, 2009년 제정된 의회윤리법 제10조(section 10)에 열거되어 있는 비리로, 의원에게 제공되는 각종 수당의 사용처를 허위로 신고하거나 심각한 오류가 있는 방식으로 처리한 의원 등이다.

다음, 위 세 가지 조건 중 하나라도 해당하는 의원이 있을 경우 하원의장은 해당 선거구 청원관(Petition Officer)에게 통지해야 한다(제1조 내지 제4조).[29] 단, 해당 의원이 자진 사직한 경우, 이미 다른 소환청원의 대상인 경우, 고정임기 의원법(Fixed-Term Parliaments Act 2011)의 규정에 따라 6개월 이내 총선거가 있을 경우에는 하원의장은 청원관에게 통보할 의무가 없다(제5조).

그 다음, 청원관은 하원의장으로부터 해당 의원에 대한 통지를 받은 그날로 유권자들이 청원서에 서명을 할 수 있는 최대한 10개의 투표소를 설치하는 등 실행 가능한 빠른 시일 내 소환청원절차를 개시한다. 투표소 이외에도 청원관은 투표일을 결정해야 하는데, 하원의장으로부터 통보받은 날로부터 10일 이후에 해야 한다. 투표소

---

28 1년 이상의 구금형을 받고 구속되어 있는 의원은 자동으로 의원직을 상실하게 되어 있기 때문에, 소환청원의 대상이 아니다. 또한 정신과적 이상으로 구금되어 있거나 재판 중 재구류된 의원도 소환청원의 대상에서 제외된다. 법원은 첫 번째 조건에 해당하는 의원이 있는 즉시 하원의장에게 통보해야 하고, 만약 항소가 이루어지면 항소 법원이 그 사실을 통보해야 한다. 의원이 의원직을 사퇴하면 통보할 필요가 없다(Jonhston & Kelly, 2019).

29 청원관은 소환청원관련 행정을 담당하는데, 각 선거구에 배치된다(영국의원소환법 제6조 이하) 자세한 사항은 의원소환법 부칙 1호에서 정하고 있다.

와 투표일이 결정되면, 이를 선거인 명부에 등재되어 있는 유권자들에게 통보하여야 한다(제6조 및 부칙 제1호).

소환청원서 서명투표는 6주 동안 진행이 되는데, (공휴일을 제외한) 월요일부터 금요일, 매일 오전 9시부터 오후 5시까지 진행해야 하고, 필요할 경우 다른 시간대도 지정해주어야 한다. 예를 들면, 직장인들을 위해 투표기간 중 2일 동안은 오후 9시까지 투표할 수 있도록 하는 것 등이다. 선거인명부에 등록되어 있는 유권자는 미리 지정된 투표소에 가서 직접 서명을 하거나, 부재자로 미리 등록되어 있는 경우 투표 형식으로 우편이나 대리인을 통해서 투표할 수도 있다.[30] 단, 온라인 서명은 허용되지 않는다.

또한, 이런 절차와 방법으로 소환청원절차를 거쳐서 선거구 유권자의 최소 10%가 서명하면 청원관은 이를 하원의장에게 통지함으로써 해당 의원은 의원직을 잃게 된다. 그리고 해당 선거구에서는 해당의원이 소속되어 있는 정당의 원내대표가 보궐선거 여부와 시기를 제안할 수 있고, 소환투표로 의원직을 상실한 의원도 보궐선거에 출마할 수 있다.

마지막으로, 소환의 찬성이나 반대를 위한 운동과 비용에 대해 살펴보면 다음과 같다. 소환청원 선거원(petition campaigner)에

---

30 잉글랜드, 웨일즈, 스코틀랜드에서는 애초부터 부재자 투표가 가능했다. 대리투표를 할 경우 합당한 사유(예, 휴가 등으로 원거리 여행 중인 경우, 건강상태가 나빠 이동할 수 없을 경우, 직장에서 근무해야 할 경우, 교육을 받는 중인 경우, 해외 체류 중인 경우, 군인인 경우 등)를 제시하면 된다. 그러나 북아일랜드는 일반선거에서는 우편투표가 허용되지 않지만, 투표장에 가는 것 자체가 소환 찬성으로 인식되어 비밀투표를 사실상 보장하기 어렵기 때문에 소환청원 투표에서는 우편투표가 허용된다. 소환법이 제정될 당시에는 투표소 주변에서 유권자에 대한 위협이 발생할 것을 우려하여 우편투표만을 허용하기로 했다. 이러한 과정을 거쳐 소환청원투표의 경우 영국의 모든 지역에서 직접 투표, 우편투표, 대리투표가 가능하게 되었다(Jonhston & Kelly, 2019).

대해서는 서명운동 기간 동안 지출 및 기부가 제한된다(부칙 제3호 이하). 서명운동기간은 하원의장이 소환청원개시 요건을 고지한 다음날부터 시작되며, 청원관이 하원의장에게 청원서명결과를 통지한 날에 종료한다.

지출에 대해서는 등록선거원과 미등록선거원에 따라 상한이 달라지는데, 등록한 선거원은 1만 파운드까지, 미등록선거원은 5백 파운드까지 지출이 가능하다. 등록은 청원관에게 서면으로 고지함으로써 완료된다. 영국 선거구에 등록된 유권자 또는 거주자로 등록된 개인 또는 영국의 등록된 정당, 영국에 등록되어 활동하는 회사, 영국에 등록된 무역협회 등이 등록선거원의 자격이 있다. 이 등록선거원은 단체일 경우에 책임자를 청원관에게 고지하여야 한다. 책임자는 지출, 기부 및 보고에 관한 규정에 따라 활동하고 위반 시 책임을 진다. 기부에 관해서는 소환청원서명운동을 위하여 기부할 수 있는 금액은 500 파운드를 상한으로 한다(부칙 제3호제2항). 기부자는 제한되는데 영국에 등록된 정당, 영국의 유권자, 유럽과 영국에서 사업을 하는 영국 등록회사, 등록된 무역협회, 등록된 건축협회, 등록된 유한회사, 등록된 친목단체 등이다(부칙 제4호).

4) 실제 활용

2015년 의원소환법은 2016년 2월에 효력을 발휘한 이후 2020년 8월 말까지 2018년에 한 차례, 2019년에 두 차례, 모두 세 차례의 소환청원이 진행되었다. 이 중에서 한번은 소환에 실패하고, 두 번은 성공하여 소환으로 생긴 공석을 채우기 위한 보궐선거가 진행되었다(〈표3-7〉). 각각에 대해서 간략히 살펴보기로 한다.

〈표3-7〉 영국 소환법에 의한 하원의원 소환 사례

〈표3-7〉 영국 소환법에 의한 하원의원 소환 사례

선거구	소환사유	서명기간	필요한서명	실제서명	결과
노스 앤트림 (North Antrim) - 이안 패슬리 (Ian Paisley, DUP)	의원윤리규정 (Code of Conduct) 위반으로 30일 의원자격정지 처분	2018. 8. 8 ~ 9. 16	7,543	7,099	소환청원 기각
피터 바로우 (Peterborough) - 피오나 오나산야 (Fiona Onasanya, Lab)	법 정의 실현 방해 죄목으로 3개월 구금형	2019. 3. 19 ~ 5. 1	6,967	19.261	소환성립, 2019. 6. 6 보궐선거 (당사자 불출마)
브레콘-라드샤 (Brecon and Radnorshire) - 크리스 데이비스(Chris Davies, Con)	2009 의원행동윤리법 10항 (비용처리) 위반	2019. 5. 9 ~ 6. 20	5,303	10,005	소환 성립, 2019. 8. 1 보궐선거 (당사자 재출마, 자유민주당 Jane Doods에게 패배)

출처: Johnston & Kelly(2019)

2018년 8월 노스 앤트림(North Antrim) 선거구의 이안 패슬리 (Ian Paisley) 하원의원(DUP, 2010년 총선 당선) 소환

2016년 3월 영국에서 소환법이 시행된 이후 최초로 이루어진 소환청원투표는 2018년 8월 8일부터 9월 19일까지 진행된 북 아일랜드 노스 앤트림 선거구 이안 패슬리(Democratic Unionist Party) 하원의원에 대한 소환여부를 결정하는 투표였다. 이안 패슬리 하원의원은 2018년 7월 24일 의원윤리심사를 통하여 (여름 휴정 직후인 2018.9.4.~10.3) 30일 간 의원 직무정지를 당했다. 의회 윤리위원회가 보고한 바에 의하면, 그는 2013년 스리랑카 정부가 지불한 비용(50,000파운드)으로 두 번이나 가족여행을 다녀왔으면서도 신고하지 않아 의원행동윤리(Code of Conduct for MPs)를 위반했다는 것이다.[31] 또한 그는 (아마도 가족 초청에 대한) 대가로 영국이 스리랑카 정부의 인권침해에 대한 유엔결의안에 반대하

---

31 이에 대한 의혹을 최초로 제기한 것은 데일리 텔레그프지(The Daily Telegraph)였다. 2017년 9월 8일자 기사로 이안 패슬리 하원의원이 스리랑카 정부 초청으로 가족과 함께 스리랑카로 여행을 갔으나 정식으로 보고하지 않았다는 의혹을 제기했다. 의회 규범위원(Parliamentary Commissioner for Standards)이 이에 대한 조사를 마친 뒤, 그 결과를 하원규범위원회에 보고했다(Jonhston & Kelly, 2019).

도록 로비한 사실이 있었는데, 이는 대가를 받고 특정 정책을 지지하는 것(paid advocacy)을 금지하는 윤리규정을 위반한 사례다.

이에 존 버카우(John Bercow) 하원의장은 의원소환법에 따라 이러한 내용을 북아일랜드의 수석선거관(Chief Electoral Officer for Northern Ireland)에게 해당의원의 직무정지 처분을 통지하고, 이후 일정과 청원관의 역할을 서면으로 고지하였다. 청원관은 하원의장으로부터 통보를 듣고난 후 선거인명부에 등재된 유권자수를 확인하고, 소환청원 성립에 필요한 인원을 확정하였다. 청원관은 지역구 유권자들에게 8월 6~7일 양일간 청원 개시 사실을 통지하였고 소환청원에 대한 서명 작업은 3개 지역에 설치된 투표소에서 8일부터 시작하여 9월 19일까지 6주간 진행되었다. 주중 직장 근무자 등의 편의를 위해 9월 6일과 13일 양일간은 오후 9시까지 투표할 수 있도록 조치했다.

지역구 총유권자는 75,430명이어서 그것의 10%에 해당하는 7,543명이 찬성서명을 하면 해당 의원은 의원직을 상실하고 보궐선거가 치러지게 되어 있었다. 그러나 북아일랜드 전체 여론조사에서는 90.6%가 그의 의원직 상실에 찬성하였지만, 실제 서명은 7,099명밖에 하지 않아 소환투표 성립에 필요한 인원보다 444명이 모자라는 결과가 나왔다. 결국 소환은 성립되지 않았고, 해당 의원은 징계기간(30일)이 지나서 다시 의원직을 수행할 수 있게 되었다.

영국에서 처음 실시된 의원소환 청원인 만큼, 세간의 관심도 높았고 심층 분석도 많았다. 더구나 일반인을 대상으로 한 여론조사에서는 압도적인 다수가 해당 의원이 소환되어야 한다고 했기 때문에 그 원인에 대한 논란이 많았다. 가장 심각하게 제기된 문제는 투표소 숫자였다. 2015년 총선 때는 53개 투표소가 설치되었던 데 비해, 소환청원 서명을 위한 투표소는 3개소만 설치했기 때문이다. 이에 대해 선거관리위원회는 우편투표와 대리투표도 가능하고 투표일수가 총선과 달리 6주에 이르기 때문에 문제가 없다고 밝혔다. 하지만 투표소가 21마일이나 떨어져 있어 투표율에 부정적인 영향이 있을 수밖에 없었을 것이라는 심층 분석이 제출되었다. 단순한 투표소 숫자가 아니라 유권자의 접근성이 소환성립 여부에 영향을 미친 것을 부인하기 어려운 것으로 평가되고 있다(Tongue 2019).[32]

투표소 문제보다는 정치적 대립구조가 투표율에 따라 소환성립 여부에 영향을 미친 것이 아닌가 하는 문제제기도 있다. 리버풀 대학의 조나단 텅 교수에 따르면, 북아일랜드처럼 분열된 정치체제에서는 정당과 의원이 자당 의원을 지키려는 욕구가 강한 탓에 정상적인 정치체제라면 응분의 처벌을 받아야 마땅한 비행에 대해서도 반대를 표명하여 처벌을 받기 어렵게 한다는 것이다. 즉 북아일랜드는 울스터 통일주의(Ulster Unionism)와 아일랜드 민족주의(Ireland nationalism)의 대립이 심하고 각 정낭은 내부석으로 의원, 성낭에 대한 충성도가 높은 까닭에 의원 소환이 어렵다는 것이다(Tongue 2019).[33]

투표수나 지역사회의 대립구조는 차치하더라도 선거관리위원회 외 소환청원 서명과정을 모니터링할 수 있는 주체와 소환 찬성-반대 운동 허용여부, 일반선거처럼 투표소에 각 정당·독립 참관인 허용여

---

32 리버풀 대학의 조너던 텅(Jonathan Tongue) 교수는 의원 소환법이 시행된 이후 실시된 3개의 투표를 비교, 분석한 결과 투표소 위치를 포함한 접근성 문제가 소환 성립에 영향이 크다고 결론지었다.

33 북아일랜드 사례를 보면, 위법 또는 비리 등의 특별한 사유가 있을 경우에만 소환절차를 밟게 하고 있지만, 사회구성원 간 대립이나 갈등이 심한 경우는 사실상 어떠한 사유로도 소환할 수 있게 허용하는 정치적 소환제와 크게 다르지 않을 수 있다는 것을 알 수 있다. 더구나 개신교 목사이자 통합주의자로서 명성과 영향력이 큰 이안 패슬리 의원과 같이 저명한 거물급 정치인에 대한 소환은 더욱 그럴 것이다.

부, 우편투표 마감시간, 선거인 명부 열람 허용여부, 출구조사 허용여부 등의 문제가 있을 수 있다(Johnston and Kelly, 2019).

피터바로우(Peterborough) 선거구의 피오나 오나산야(Fiona Onasanya) 하원의원(노동당, 2017년 총선 당선) 소환

잉글랜드 케임브리지셔(Cambridgeshire of England)의 피터바로우 선거구 피오나 오나산야 하원의원(2017년 총선)은 2018년 9월 19일자로 경찰에게 (속도위반 혐의로 기소될 것을 우려하여) 거짓말을 했는데, 속도위반 처벌을 피하려다 오히려 법 정의 실현을 방해한 혐의(perverting the course of justice)로 기소되었다.[34] 2019년 1월 29일 3개월 구금형을 선고받았으나, 기소된 후 재판에서 선고를 받기 전에 기소 취하를 위한 항소를 한 탓에 소환청원 절차는 항소절차가 끝난 뒤에 시작될 수 있었다.

소환법 규정에 따라 2019년 1월 29일의 재판 결과는 하원의장에게 통지되었고, 2월 11일 하원의장은 이 사실을 공식 발표하고 하원 표결 및 의사 진행록(Votes and Proceedings of the House)에 기록되었다. 해당 의원의 항소는 3월 5일에 취하되어, 항소법원으로부터 그 결과를 공식 통보를 받았고, 이에 하원의장은 공식 통보사실을 공식 발표했다. 이렇게 하여 소환청원 절차를 밟을 수 있는 요건을 갖추자, 피터바로우 선거구 청원관에게 오나산야 의원의 소환절차를 정식으로 개시할 것임을 지역 유권자들에게 통지할 것을 요청했다.

이에 따라 3월 6일에 청원관은 지역 선거구민들에게 소환절차를

---

34 기소된 후 노동당에서는 그녀를 제명하여 당적을 박탈하였고, 이는 12월부터 유효한 것으로 발표했다. Lamy, Joel (3 January 2019). "Fiona Onasanya expelled by Labour as party chief tells Peterborough voters – 'you were failed'". Peterborough Telegraph; Sabbagh, Dan (4 January 2019). "Labour confirms expulsion of convicted MP Fiona Onasanya". The Guardian. London.

밟을 것을 알렸고, 지역 유권자들의 서명은 10개 투표소에서 3월 19일부터 5월 1일까지 6주간 진행되었다. 투표결과는 유효 서명이 전체 유권자 수의 27.6%에 해당하는 19,261표에 이르러 소환이 성립되었다. 소환 성립에 필요한 서명수는 선거구민 69,673명의 10%인 6,967표였다. 그리하여 5월 1일 하원의장은 소환투표 결과 해당의원은 의원직을 상실하게 되어 그 지역구는 공석이 되었음을 선언하였다. 해당의원의 소속정당인 노동당의 제안에 따라 6월 6일에 보궐선거를 치르게 되었고, 소환된 오나산야 의원은 출마하지 않았다. 그녀 대신 출마한 노동당의 리사 포르베(Lisa Forbes)가 당선되었다.[35]

브레콘-래드노르셔(Brecon and Radnorshire) 선거구의 크리스 데이비스(Chris Davies) 하원의원(보수당, 2015년 총선 당선) 소환

2015년 총선에서 브레콘-래드노르셔 선거구의 하원의원으로 선출된 크리스 데이비스는 2019년 2월 21일에 두 건의 의원활동지원비(Parliamentary Allowance) 유용 혐의로 기소되었다. 지원비를 받기 위해 허위 또는 오해할만한 사실을 제공하는 것은 2009년 의원행동윤리법(Parliamentary Standards Act 2009) 10항(section 10)에 열거된 불법행위로 소환투표의 대상이다. 이에 데이비스 의원은 웨스트민스트 법원(Westminster Magistrates' Court)에 출두하여 (하나의 계정으로 사진촬영비(700 파운드)를 처리할 수 없어 두 개로 분리하여 처리하다 발생한 문제라는 해명을 하기는 했으나) 기소된 혐의 내용은 모두 인정하였다. 담당판사는 최종적인 판결은 자신에게 권한이 없기 때문에 형사법원(Southwark Crown Court)으로 이첩하여, 거기서 4월 23일

---

35 "Ousted MP Fiona Onasanya will not fight Peterborough by-election". BBC News. (3 May 2019)

'1500파운드 벌금'과 '50시간 사회봉사형'이 선고되었다.

이에 하원의장은 2009년 의원행동윤리법 10항 위반사항에 대해서는 구금형일 필요가 없으므로 곧바로 소환절차를 밟을 것이라 발표하였다. 그리하여 4월 24일 하원의장은 해당 선거구를 관할하고 있는 포이스 카운티 의회(Powys County Council)의 청원관에게 이 사실을 통보하였고, 청원관은 다음날인 4월 25일 2019년 5월 9일부터 6월 20일까지 6주간 매일 오전 9시부터 오후 5시까지 6개 투표소에서에 소환청원에 대한 서명을 받을 것이라고 발표하였다. 투표 결과 전체 유권자 53,032명 중 10%(5,303명)가 훨씬 넘는 10,005명이 소환에 찬성하여, 소환이 성립되었다. 다음날인 6월 21일 브래콘-래드노르셔 선거구 청원관은 투표결과를 하원의장에게 통보하였다. 데이비스 의원의 소환에 따른 보궐선거는 포이스 카운티의회의 주관으로 8월 1일에 치르게 되었는데, 소환된 데이비스를 포함한 6명의 후보가 경합을 한 결과 자유민주당의 제인 도드즈(Jane Dodds)가 당선되었다.[36]

2. 대만[37]

1) 개요

대만은 1차 청일전쟁(1894~95) 이후 일본의 식민지가 되었고, 2

---

36 "Brecon and Radnorshire by-election: Lib Dems beat Conservatives". BBC News. (2 August 2019)

37 대만의 소환제에 대해서 영어나 한국어로 된 자료를 찾기가 쉽지 않았다. International IDEA 등의 영어자료는 개괄적인 것만 소개되어 있을 뿐 소환의 절차와 방법에 대한 자세한 내용은 없다. 여기서 인용한 자료는 全國法規資料庫(Laws and Regulations Database of the Republic of China)에 수록되어 있는 영어와 대만중국어로 된 법률, 그리고 대만학자의 저서나 언론보도자료다. 자료수집과 번역은 인하대학교 경영대학의 김종현 교수와 인하대학교 정치외교학과 석사 최미령의 도움을 받았음을 밝힌다. 이 두 분의 도움이 없었으면 대만에 대한 연구는 가능하지 않았을 것이다.

차 세계대전이 끝난 후에는 일본의 식민지배에서 벗어나 중국에 속하게 되었다. 1949년부터는 중국공산당과의 내전에서 패배한 중국 국민당이 1980년대 말까지 집권하였다. 1986년 반독재민주화운동이 본격화되면서 대만의 토착민을 대변하는 민진당이 성장하기 시작하여 2000년에 대만 정치사상 처음으로 평화적인 정권교체가 이루어졌다. 대만에 민주주의가 뿌리를 내리는 데는 꽤 긴 시간이 걸린 셈이다(Tien, 1992).[38]

총통·부총통에 대한 소환제는 상대적으로 이른 시기인 1947년에, 의회의원과 지방자치단체의 장 및 의원에 대한 소환제는 1980년에 도입되었다. 국민발안제나 국민투표제와 같은 직접민주주의 제도는 2003년에 법제화되었다.

대만의 소환제는 정치적 소환제를 채택하고 있으며, 선출직 공직자는 중앙과 지방 구분 없이, 그리고 지위고위를 막론하고 모두 소환대상이 될 수 있다는 점에서나 소환사유 측면에서나 적용범위가 광범

---

38 1975년 장개석 총통이 사망한 뒤 헌법 규정에 따라 부총통인 엄가금(嚴家淦 Yen Chia-Kan)이 1978년까지 총통직을 수행했다. 실권은 장개석의 아들이자 국민당 당수였던 장경국(Chiang Ching-Kuo)에게 있었다. 1978년에는 장경국이 총통으로 선출되어 1988년까지 지배했다. 장경국이 총통으로 있는 동안 점진적인 정치적 자유화가 이루어졌다. 국민당이 1949년 5월에 시작된 계엄령을 1987년 7월에 해제하자, 민진당이 결성되어 정치에 참여할 수 있게 되었다(Tien, 1992). 1988년 장경국 총통이 사망하자, 부총통이었던 대만 출신의 이등휘(李登輝 Lee Teng-Hui)가 총통직과 국민당 당수직을 물려받았다. 국민직선제가 처음 도입된 1996년 총통 선거에서 당선되어 최초의 국민직선 총통이 되었다. 2000년 선거에서는 민진당의 진수편(陳水扁 Chen Shui-Bian)이 총통에 당선됨으로써 대만정치사상 처음으로 평화적인 정권교체를 실현하였다. 진수편은 2004년 선거에서 0.2% 표차로 재선되었다. 진수편이 총통으로 있는 동안 민진당을 주축으로 하는 범녹색연대(Pan-Green Coalition)가 입법원에서 다수를 점하지 못하고 국민당을 중심으로 하는 대륙과의 통일을 지향하는 범청색연대(Pan-Blue)에게 주도권을 빼앗겨 분점정부 상태로 국정을 운영해야 했다. 민진당 주도 개혁이 어려웠던 배경이다.

위하다. 도입 초기에는 비교적 엄격한 요건을 요구하였으나 1980년
대 민주화 이후 점차 완화되어 소환이 보다 용이해졌다.

2) 도입 배경

장개석 총통과 국민당이 중국 본토에서 대만으로 옮겨올 때 이
미 헌법을 가지고 있었다.[39] 이 헌법은 35개 성(省), 12개 특별자치
구역, 1개의 특별행정구역(Hainan), 2개의 특별지역(Mongolia와
Tibet) 등 (대부분 문맹이고 헌정민주주의에 대해 아는 것이 거의
없는) 5억 인구를 염두에 두고 작성된 것이다(Lui, 1992). 또한 이
헌법은 손문의 삼민주의사상(민주주의, 민족주의, 민생주의)이 반
영되어, 대의제에 기반하고 있지만 직접민주주의를 강조하고 있다.
손문은 직접민주주의가 중앙정부 수준에서는 물론 지역수준에서도
관철, 시행되어야 한다고 주장했다. 따라서 1947년 헌법에서는 지
역에 거주하는 시민과 그에 준하는 자격을 가진 사람은 지역의 장
과 지역의회 의원을 선출하고 소환할 수 있는 권리를 가져야 하고,
입법 관련 국민발안과 국민투표에 대한 권리도 가져야 한다고 규정
하고 있다(헌법 제17조, 제52조, 제133조).[40]

---

39 대만(Republic of China)의 헌법은 1946년 12월 25일 국민당 정부의 국회에서 채택
되고 1947년 1월 1일부터 효력을 발했다. (이하 1947년 헌법)

40 1947년 대만 헌법을 초안한 사람은 미국 미시간대학 법학전문대학원(University of
Michigan Law School)에서 박사학위를 받은 존 징샤옹 우(John Jingxiong Wu 吳
經熊)로 1933년에 이전의 헌법(안)을 기초로 초안을 작성하였다. 정부는 이를 바탕으
로 1937년에 최종적인 헌법안을 만들었으며, 2차 대전 직후인 1946년에 공식절차를
밟아 1946년 12월말에 공식 헌법으로 채택되었다. 공식헌법이 바탕으로 삼은 Wu의
헌법 초안에는 국민의 기본권으로서 선거권, 소환권, 국민입법권, 국민투표권 등과 같
은 직접민주주의적 요소를 포함하고 있었고, 공식헌법에도 포함되었다(Harvard Law
Review, 2018). Constitution of the Republic of China (1947) 제17조 참조할 것.

대만의 소환제는 1947년 헌법에 규정되어 있었고, 총통과 부총통의 소환에 대한 법은 비교적 일찍 '총통·부총통선거 및 파면법(總統副總統選擧罷免法)'이라는 이름으로 1947년 3월에 제정되어 시행되었다. 이 법은 1999년에 완전히 폐지되고 대신 1995년에 이를 대체하는 새로운 법이 제정되었다. 다른 한편, 국민대회와 입법원 대표, 그리고 지방자치단체의 장과 지방의회 의원의 소환에 대한 법은 총통·부총통 관련 소환법에 비해 한참 늦은 1980년에 처음 제정되었고, 2016년에 현행 제도로 바뀌었다.

소환 요건과 관련한 제도 변화를 살펴보면, 1980년 소환법[41]에서는 첫째, 해당 선거구 전체 유권자의 5%가 서명을 받아야 소환청원 신청서를 공식 접수할 수 있다. 둘째, 소환투표를 하기 위해서는 해당 선거구 전체 유권자의 15%가 서명을 받아야 한다. 셋째, 서명자 비율산정 기준은 해당 선거구의 전체 유권자를 해당 선거구에서 선출하게 되어 있는 입법위원의 수로 나눈다. 넷째, 소환선거의 투표율이 해당 선거구 전체 유권자의 1/3(33.3%, 국민대회 대표), 1/2(50%, 입법위원)인 가운데 소환찬성표가 반대표보다 많아야 소환이 확정된다.

1980년에 제정된 소환법은 이후 몇 차례 중요한 개정을 거친다. 가장 큰 변화는 소환청원신청서 접수 요건인 공동발의인의 수와 청원서 서명자의 수이다. 1980년에 각각 5%, 15%이던 것이 1994년에는 각각 2%, 13%로 낮아졌다. 그럼에도 소환을 최종 결정하는 조건, 특히 투표율은 변함없이 50% 이상으로, 의회의원선거나 지

---

41 1991년 개정으로 이전의 "動員戡亂時期公職人員選擧罷免法"이 "公職人員選擧罷免法"으로 바뀌었다.

방선거(특히 소환투표처럼 1~2명에 대한 찬반을 묻는 하나의 특별 선거)의 투표율이 50%가 넘기 쉽지 않다는 점을 고려하면 소환 성립요건으로서의 투표율 50%는 넘어서기 어려운 요건이었다.

이러한 상황에서 2014년에 21세기 대만정치사상 매우 중요한 사건이 발생하여 소환요건을 완화하는 법개정이 2016년에 이루어지게 된다. 2014년 초 당시 의회다수당과 정부를 차지하고 있던 국민당은 중국인민공화국과의 자유무역(서비스산업을 우선적으로)을 허용하는 협약(海峽兩岸服務貿易協議)을 무리하게 추진하였다. 이 과정에서 대학생, 시민단체 등이 이 협약이 대만의 경제를 해치고 중국의 정치적 영향력을 확대할 수 있다고 강하게 반발했다. 이들은 3월 18일부터 약 한달 동안 행정원, 법원, 입법원 등 주요 정부기관을 포위하고 협약 철회를 요구하는 시위를 벌였다. 이러한 반대운동으로 말미암아 중국대륙과의 자유무역협약은 보류되었고, 자유무역반대운동을 주도한 학생과 시민단체는 2014년 하반기에 자유무역협정을 추진한 입법원 내 국민당 소속 7명 의원을 대상으로 소환운동을 전개하였다. 그러나 소환운동은 모두 실패로 끝났다. 이를 계기로 소환요건을 완화하기 위한 소환법개정운동이 전국적으로 전개되었으며, 이것이 2016년 소환법개정으로 귀결되었다(蘇芳禾, 2014).

2016년 개정법에서는 첫째, 소환신청서의 공식접수에 필요한 서명이 해당 선거구 전체 유권자의 2~5%에서 1%로 낮아졌다.

둘째, 소환투표를 개최하기 위한 청원서 서명자 또한 13~15%에서 10%로 낮아졌다. 셋째, 2005년 헌법개정으로 선거구제가 중대선거제에서 소선거구제로 바뀜에 따라 서명자 비율산정 기준은 해당 선거구의 전체 유권자를 해당 선거구에서 선출하는 입법위원의 수로 나눈 것에서 원 선거구 전체 유권자 수로 변경되었다.[42] 넷째, 소환을 최종적으로 확정하는 방식은 소환선거의 투표율 기준을 폐지하는 대신 소환선거에서 소환에 찬성하는 유권자가 해당 선거구의 전체 유권자 대비 1/4 이상이라는 요건으로 대체되었다(〈표3-8〉).

〈표 3-8〉 대만의 선출직 공직자 소환제도의 변천과정

시기	소환청원 신청자	소환투표 서명자	서명자 비율 산정기준	소환결정방식	비고
1980.5.6	5%	15%	(중대선거제) 해당 선거구의 전체 유권자수/ 해당 선거구에서 선출하는 입법위원 수[1]	1. 소환선거투표율이 국민대회 대표와 입법위원의 경우 해당 선거구 전체 유권자의 1/3 이상, 省(市)·懸(市)장의 경우 1/2 이상이어야 하고 2. 소환찬성표가 반대표보다 많아야 한다.	
1991.7.16	3%	12%	〃	〃	
1994.7.15	3%	12%	〃	〃	감사위원 소환 삭제
1994.10.6	3%	12%	〃	〃	소환투표는 소환청원성립확정일로부터 30일 이내 개최하고, 다른 선거와 같은 날 치러서는 안됨
1994.10.20	2%	13%	원 선거구 전체 유권자의 총수	1. 소환선거투표율이 원선거구 전체 유권자의 1/2(50%) 이상이어야 하고 2. 소환찬성표가 유효투표의 1/2 이상이어야 한다	
2016.11.29	1%	10%	〃	소환이 이루어지려면 1. 소환찬성표가 반대표보다 많아야 하고, 2. 소환찬성표가 해당 선거구 전체 유권자의 1/4 이상이어야 한다	서명수집 기간 연장, 홍보 금지와 각종 선거와 동시 실시 금지 규정 삭제

출처: 立法院法律系統(해당 연도). https://lis.ly.gov.tw/lglawc/lglawkm(2020.10.9. 검색); "中華民國罷免制度". 維基百科.
https://zh.wikipedia.org/zh-tw/%E4%B8%AD%E8%8F%AF%E6%B0%91%E5%9C%8B%E7%B-D%B7%E5%85%8D%E5%88%B6%E5%BA%A6 (2020.10.8. 검색)

---

42 2005년 개정된 헌법조항에 근거하여, 2008년 제7회 입법위원선거부터 전체 의석을 225석에서 113석으로 줄이고, 임기는 3년에서 4년으로 연장하며, 연임 제한도 없앴다. 선거구제는 1선거구당 2-10명을 선출하는 중대선거구제에서 1선거구당 1명을 선출하는 소선거구제와 해외동포와 직능대표의 경우 비례대표제를 적용하는 혼합형 선거구제를 적용하였다. "中華民國立法委員選擧". 維基百科. https://zh.wikipedia.org/zh-tw/%E4%B8%AD%E8%8F%AF%E6%B0%91%E5%9C%8B%E7%AB%8B%E6%B3%95%E5%A7%94%E5%93%A1%E9%81%B8%E8%88%89 (2020.10.8. 검색). 陳春輝(민국 104년, 2015). 立法委員單一選區兩票制之制度探討. 育達科大學報(Yu Da Academic Journal). 第41期. 10月, 第221-244.

3) 내용

먼저, 총통과 부총통 소환제에 대해 살펴보기로 한다. 1947년에 제정된 '총통·부총통선거 및 파면법'에 따르면, 소환청원(해임건의)의 주체는 국민대회고, 소환이 가능한 시기는 취임 1년 이후다(제8조). 소환청원서는 사유를 기입하고 전체 국민대회 대표 중 1/6 이상의 서명과 도장을 받아 국민회의 의장에게 제출한다.

의장은 접수 즉시 공고하고 공고한 날로부터 30일 동안 서명사실을 부인하는 대표가 있는지 확인한다. 부인하는 대표가 없거나 부인하는 대표가 있을 시에는 그 대표를 제외하고서도 전체 서명자가 여전히 1/6 이상인지를 확인하여, 소환청원서를 국민대회 의장에게 송부한다(제9조 1항). 국민대회 의장은 소환청원서를 받으면 사본 한부를 총통에게 보내고 1개월 이내 국민대회 임시회의를 개최한다(제9조 2항). 총통은 소환청원서를 받으면 국민대회에 답변서를 제출해야 하고, 총통의 답변서는 즉시 국민대회 사무국이 공고해야 한다(제9조 3항). 소환청원서에 대한 표결은 무기명 투표로 하고, 국민대회 재적의원 1/2 이상 찬성으로 소환을 결정한다. 소환이 확정되면 국민대회 의장은 즉시 총통에게 통지하고 총통은 즉시 해직된다(제9조 4항).

1995년에 새로 제정된 '총통·부총통선거 및 파면법'에서는 몇 가지 변화가 생겼다. 가장 중요한 변화는 소환청원의 주체가 국민대회에서 입법원(먼저, 1994년 헌법개정을 통해 변경되었음)으로 바뀐 점(제4장 70조)과 소환여부를 최종적으로 결정하는 방식이 의회의 의결에서 국민소환투표로 바뀐 점이다. 이외에도 여러 가지가 이전보다 까다롭게 되었다. 첫째, 소환청원 성립 조건도 바뀌었는데, 소환청원(제안) 성립에 필요한 요건이 재적의원 1/4이상의 찬성이 있어야 하고, 찬성하는 의원이 재적의원 2/3 이상이어야 한다. (임기 1년 이상 지나야 한다는 조건을 불변임). 둘째, 입법원은 소환청원이 성립되면 10일 이내 공식적으로 발표하여야 하고, 소환사유와 총통의 해명을 함께 중앙선거관리위원회로 보낸다(제70조). 셋째, 중앙선거관리위원회는 소환사유서와 답변서를 받은 날로부터 20일 이내 ① 소환투표일, 투표 시작시간과 마감시간, ② 소환사유서, ③ 답변서를 공식 게시한다(제71조). 넷째, 소환청원이 성립된 후에는 소환 찬성/반대를 위한 활동을 할 수 없다(제72조). 다섯째, 소환투표는 소환사유서와 답변서를 받은 날로부터 60일 이내 시행하되, 다른 선거(정기선거 등)와 동시에 개최해서는 안 된다(제73조). 여섯째, (국민대회 대표들의 표결로 소환을 최종 결정하는 1947년 제정법과는 달리) 전체 유권자 중 과반수가 투표해야 하고, 유효표의 과반수가 파면을 동의할 경우 소환이 최종적으로 결정된다(제76조).

〈총통〉

대만의 중앙 수준에서의 정치체제는 총통(대통령)을 정점으로 하는 서구의 (입법-사법-행정) 삼권과 중국의 (감사와 인사총괄) 전통적인 이권을 합친 5부(院 yuan)로 구성되어 있다. 즉 중앙정부는 총통, 입법(제헌의회, 입법원), 사법, 감사원, 총무원 등으로 구성되어 있다.

총통은 초기에는 독일 바이마르 공화국에서의 대통령과 같은 역할을 하도록 되어 있었고, 1966년 공산주의 반란기 임시조치(Temporary Provisions During the Period of Communist Rebellion)를 채택한 이후에는 프랑스 제5공화국의 대통령과 같은 역할을 하도록 되어 있다.

1994년 헌법개정 이전까지는 국민대회(國民大會 National Assembly)에서 선출하였으나, 그 이후에는 국민이 직선하도록 되어 있다. 행정원(行政院 Executive Yuan)은 행정원장인 국무총리(Premier), 부총리(Vice-Premier), 국무위원(cabinet members)으로 구성되고, 정책입안과 집행을 담당한다. 국무총리는 총통이 지명한다. 고시원(考試院 Examination Yuan)은 행정위원회(civil service commission)의 역할을 하며, 공무원 임용고시를 담당하는 고시부(考試部 Ministry of

Examination)와 인사관리를 담당하는 인사부(人事部 Ministry of Personnel)의 2개 부로 이루어져 있다. 고시원장은 총통이 지명한다.[43]

다음, '공직인선거파면법'(公職人員選擧罷免法)을 살펴보고자 한다. 이 법은 중앙정부 의회의원(국민대회와 입법원 대표)과 지방의 선출직 공직자(지방자치단체의 장, 지방의회 의원)의 소환을 규정한 법으로, 1980년에 처음 제정되었다.

이 법에서는 ① 총통과 부총통(위의 법에서 별도로 규정)을 제외한 중앙정부와 지방정부의 모든 선출직 공직자를 소환대상으로 규정하고 있다. 구체적으로는 중앙의 선출직 공직자로 입법원 입법위원(국회의원),[44] 지방의 선출직 공직자로 직할시의회 의원, 현(시)의회 의원, 향(진, 시) 민생대표회 대표, 직할시·산지·원주민구대표회 대표(直轄市山地原住民區), 직할시장, 현(시)장, 향(진, 시)장, 원주민구장, 촌(리)장 등이 소환대상이다(제2조).

〈대의기구〉

중앙 수준에서의 국민의 대의기구로 국민대회(國民大會 National Assembly), 입법원(國會 Legislative Yuan), 감찰원(監察院 Control Yuan)의 세 기관이 있다. 먼저, 국민의회는 1947~48년 국민직선의 6년 임기로 선출된 대표들로 구성된 제헌의회로 총통 선출, 헌법 개정, 시민의 주권 행사 등과 같은 기능을 수행하도록 되어 있었다(헌법 제27조, 제28조). 가장 중요한 기능은 총통의 집행권을 재확인하는 것이다. 중국 정부가 대만으로 이

---

43 사법원(司法院 Judicial Yuan)은 사법체계를 구성, 운영하고, 헌법에 대한 최종적인 해석 권한을 가진 15인의 대법관회의(大法官會議 Council of Grand Justices: COGJ, 한국의 헌법재판소)가 포함되어 있다. 대법관은 총통이 지명하고 입법원의 동의를 얻어 임명한다. 임기는 8년이다.

44 1994년 헌법개정으로 국민대회가 폐지됨에 따라 관련선거파면법도 1994년에 개정되어 국민대회 대표는 소환대상에서 삭제되었다.

전한 이후 1954년에 다시 선거를 개최하여 새 의원을 선출해야 했지만, 대륙의 대표들은 다시 선출할 수 있는 선거를 개최할 수 없어 1947~48년에 선출된 의원들은 종신직으로 남게 되었다. 제2회 국민대회 대표 선거가 1991년에 치러져 지역구 225명, 정당비례대표 100명 등 325명의 대표가 선출되었다. 1994년 헌법개정을 통해 총통과 부총통을 직선하도록 함에 따라 국민대회의 총통 선출권은 삭제되었다.[45] 그 결과 국민대회는 헌법개정, 총통과 부총통의 소환 내지 탄핵, 총통의 인사권 행사 승인 능의 권한만을 갖게 되었다.

2000년 4월에는 향후 국민대회 대표 선거를 하지 않기로 하고 대표들의 임기도 만료되도록 결정했다. 2005년에는 입법원이 통과시킨 헌법개정안을 승인함으로써 국민대회라는 대의기구는 영구히 폐지되게 되었다. 국민대회가 행사하던 총통과 부총통에 대한 소환을 포함한 대부분의 권한은 입법원으로 넘어갔다. 2000년 4월에는 향후 국민대회 대표 선거를 하지 않기로 하고 대표들의 임기도 만료되도록 결정했다. 2005년에는 입법원이 통과시킨 헌법개정안을 승인함으로써 국민대회라는 대의기구는 영구히 폐지되게 되었다. 국민대회가 행사하던 총통과 부총통에 대한 소환을 포함한 대부분의 권한은 입법원으로 넘어갔다.

입법원은 대만의 입법기구로서, 773명의 제1기 입법원 대표들은 1947년에 국민직선으로 3년 임기로 선출되었다. 민주화 이전시기에는 (장개석) 총통의 정책을 뒷받침하는 '고무도장'에 불과했으나 민주화 이후 점차로 입법부로서의 권한과 기능을 갖추게 되었다. 국민대회와 마찬가지로, 1947~48년 사이에 선출된 입법원 대표들은 1991년까지 임기 제한 없이 계속 직위를 유지할 수 있었다. 제2회 입법원 선거는 1992년에 개최되었고, 제3회 선거는 1995년에 치러졌으며 제1기에 7백 명이 넘던 대표는 제3기에 들어서 157명으로 줄었다. 제4기 선거는 인원을 225명으로 늘려 1998년에 치러졌다. 민주화 이후 입법원은 대표수가 늘어나고 권한이 강화되어 중앙정치에서 매우 중요한 위치를 점하게 되었다.[46]

---

45 1996년에 총통과 부총통은 국민 직선으로 선출되었다.

46 1992년 선거와 1995년 선거에서 제1야당인 민진당(民進黨 Democratic Progressive Party)은 국민당의 원내 제1당으로서의 위치를 위협할 정도로 급성장했다. 2001년 선거에서는 민진당이 국민당을 제치고 제1당이 되었고, 2008년 선거에서 제1당의 자리를 국민당에게 내주었으나 2016년 선거에서 되찾았다. 세 번째 대의기구인 감찰원은 공공행정의 효율성을 제고하고 부패를 조사하는 업무를 수행한다. 임기 6년의 29명의 위원으로 구성되며, 대통령이 지명하고 입법원이 승인한다.

〈지방자치〉

대만은 1950년에 이미 지방자치제를 도입하여 지금까지 시행해 왔다(Lui, 1992). 대만의 지방자치단체는 직할시(直轄市)·현(縣)·시(市) - 향(鄉)·진(鎭)·현할시(縣轄市)·구(區) - 촌(村)·리(里)의 3개층으로 구성되어 있다. 이외에도 직할시와 같은 수준에 있는 성(省, 臺灣省과 福建省)과, 가장 낮은 수준의 지역공동체인 린(隣)이 있으나 전자는 중앙정부의 지휘감독 하에 있고 후자는 촌·리의 지휘감독 하에 있어 자치체가 아니다.

가장 높은 수준의 지방자치체는 직할시·현·시로, 인구 125만 명 이상을 가진 지역은 직할시가 되고, 50만~125만 명을 가진 지역은 (일반) 시가 되며, 2백만 명 이상 지역은 현이 된다. 이들은 각각 6개, 3개, 13개로 모두 22개 자치도시가 된다. 시장, 현령, 시의회 의원은 모두 주민직선으로 선출되며, 임기는 4년이다.

다음 단계의 지방자치체는 시의 바로 아래에 있는 자치체로, 향·진·현할시·구가 이에 해당된다. 인구 10만~50만 명을 가진 지역은 현할시가 된다. 이들은 지방자치체는 향청, 진청, 현할시청, 구청 등과 같은 자치행정기관과 의회를 가지고 있으며, 기관장과 의원은 모두 주민직선으로 선출하고, 임기는 4년이다. 가장 낮은 단계의 지방자치체는 촌(村)과 리(里)로, 전국에 7,835개가 있으며, 이들 지방자치단체의 장은 4년 임기로 주민직선으로 선출한다(地方制度法).[47]

② 소환대상 공직자가 선출된 선거구의 유권자가 소환청원을 할 수 있으며, 총통·부총통의 경우와 마찬가지로, 소환대상이 취임한지 1년 이내에는 소환청원을 할 수 없다(제75조).

③ 소환사유에 대해서는 특별한 규정이 없다. 정책 차이나 실패, 무능, 부패 등을 이유로 소환을 시도한 사례들이 적지 않은 점으로 미루어 볼 때, 대만은 정치적 소환제를 채택하고 있다고 볼 수 있다. 예를 들면, 1994년 7월에 시작된 '국민당 소속 4명의 입법위원을 소환하기 위한 청원 서명운동'은 반핵단체들이 주도한 것이다. 소환을 주도한 이유는 이들 입법위원들이 자신들이 추구하는 반핵이념에 어긋나게 제4원자력발전소 건립을 지지했다는 것이었다(施信民, 2007).

---

47 地方制度法(1999년 제정, 2016년 최종 개정). https://law.moj.gov.tw/LawClass/LawAll.aspx?PCode=A0040003

2013년에는 헌법에 보장된 소환제를 실질적으로 보장하기 위한 법 개정을 주도한 시민단체 '헌법133조 실천연맹'(憲法133條實踐聯盟)은 각당의 입법원 입법위원들에게 '제4호 원자력발전소 건설 중단 및 공개 투표', '중국본토와의 서비스(자유)무역협정 중단', '토지 징수', '마잉주 총통의 뜻이 아니라 국민의 뜻에 따르기' 등을 요구하면서 이에 따르지 않을 경우 소환운동을 전개하겠다고 위협했다(王家俊, 2013).

2014년에는 국민당 총통과 국민당이 다수를 점하고 있던 입법원이 중국본토와의 서비스분야 자유무역협정체결을 추진하자 '해바라기'(太陽花) 학생운동은 '아펜덱토미 프로젝트'(Appendectomy Project)를 수립하여 5월부터 국민당 입법의원 3명을 대상으로 소환운동을 전개하기도 했다(黃意涵, 2014). 이처럼, 대만의 소환제는 선출직 공직자의 정치적, 정책적 입장이 해당 선거구 유권자들과 다를 때 소환의 대상이 된다는 점에서 정치적 소환제에 속한다.

④ 소환청원을 위해서는 주도적인 청원인이 청원서, 소환사유서 원본과 복사본, 공동 청원인 목록을 준비하여 선거관리위원회에 제출하여야 한다. 이때 공동 청원인의 수는 해당 공직자 선거구 전체 유권자의 1% 이상이어야 하고, 소수점 이하는 1명으로 계산한다. 공동 청원인 목록은 정해진 양식에 따라 성명, 주민번호, 주소(우편번호 포함)를 포함해야 한다. 소환사유서는 5천 자 내외로 적는다.

소환대상이 2명 이상일 경우 하나의 청원서에는 소환대상 한 명만 적어야 하지만, 투표에 같은 날 동시에 진행할 수 있다. 필수항목을 제대로 기록하지 않은 청원서는 접수할 수 없다. 선거관리위원회는 소환 청원인이 청원서와 서명지를 신청할 수 있도록 전자시스템을 구축하고, 소환의 유형, 청원제안서 작성 및 서명 방법, 청원서 확인 절차, 시행일자 등에 대해서 세밀하게 규정해 놓아야 한다(제76조).

⑤ 전체 청원인의 2/3 이상의 동의를 얻어 소환청원신청을 철회할 수 있다(제78조). 선거관리위원회는 청원신청서를 접수하면 25일 이내 소환청원서에 서명한 사람들이 자격요건을 갖추었는지를 확인해야 한다. 만약, 무자격자를 제외한 뒤 소환신청에 필요한 서명이 부족하면 주도적인 청원인에게 보완을 요청할 수 있다.

서명이 충분하면 청원인에게 이 사실을 통보하고 청원인이 통보받은 날로부터 10일 이내 정해진 수의 공동청원인들로부터 보충서명을 받게 한다. 시일을 지키지 못하거나 충분한 서명을 받지 못하면, 소환청원을 포기한 것으로 간주하고 더 이상 절차를 진행하지 않는다(제79조).

⑥ 소환투표를 할 수 있으려면 다음과 같이 정해진 기간 내에 해당 선거구의 전체 유권자 가운데 10% 이상으로부터 서명을 받아야 한다(제81조). 정해진 수의 서명을 받는데 주어지는 기간은 입법원 입법위원, 직할시(直轄市)의원과 시장, 현(縣)·시(市)의 장은 60일, 현(縣)·시(市)의원, 향(鄕)·진(鎭)·현할시(縣轄市)의 장과 원주민구(區)의 장은 40일, 향(鄕)·진(鎭)·현할시(縣轄市)민대표, 원주민구민대표, 촌(村)·리(里)의 장은 20일 등과 같다(제80조).

⑦ 선거관리위원회는 소환청원서명자 리스트를 받으면 다음과 같은 기간 내에 서명자의 인적 사항을 확인해야 한다. 서명인의 인적 사항을 확인하는데 주어진 기간은 입법원 입법위원, 직할시(直轄市)의원과 시장, 현(縣)·시(市)의 장은 40일, 현(縣)·시(市)의원, 향(鄕)·진(鎭)·현할시(縣轄市)의 장과 원주민구(區)의 장은 20일, 향(鄕)·진(鎭)·현할시(縣轄市)민대표, 원주민구민대표, 촌(村)·리(里)의 장은 15일 등과 같다.

서명자의 인적 사항을 확인한 결과 오류로 인해 정해진 서명자 수에 미달할 경우 10일 이내 보완작업을 할 수 있도록 주도적인 청원인에게 통보하고, 정해진 기간에 부족한 서명을 채우지 못하면 소환청원서를 접수할 수 없음과 제외된 서명자 명단과 사유를 전달한다(제83조).

⑧ 소환청원을 위한 충분한 수의 서명을 받아 소환청원서가 정식으로 접수되면, 소환사유서 복사본 1부를 소환대상 공직자에게 전달하고 이의가 있을 경우 10일 이내 1만 자 이내로 적어 제출하게 한다(제84조).

⑨ 소환대상 공직자로부터의 소환사유에 대한 이의제기 마감일이 5일이 경과하면, 선거관리위원회는 소환투표일, 투표 시작시간과 마감시간, 소환사유, 이의제기 내용 등의 세 가지 사항을 공식적으로 발표한다(제85조).

⑩ 소환투표 실시가 확정되면, 소환청원인 측과 소환대상 공직자 측은 해당 선거구 내에 사무실을 마련하여 찬반운동을 할 수 있다. 사무실은 정부기관을 포함한 모든 공공기관 내에 설치해서는 안 되며, 정당이나 시민단체법(人民團體法 Civil Associations Act)에 의해 설립된 단체 사무실은 허용된다. 입법위원, 직할시(直轄市)의원과 시장, 현(縣)·시(市)의 장에 대한 소환투표에 대해서는 선거관리위원회가 소환청원인과 대상자가 반대하지 않는 한 공영TV를 통해 청원인 측과 대상자 측이 찬반의 입장을 발표할 수 있게 해야 한다(제86조).

⑪ 소환투표일은 소환청원이 충분한 서명을 받아 정식으로 이루어졌다고 발표한 날로부터 20일 내지 60일 이내에서 정해야 한다. 소환투표일에 다른 선거가 동시에 치러질 수 있다. (총통·부총통 소환투표일에는 다른 선거를 함께 치를 수 없음). 소환대상 공직자도 후보자가 될 수 있으며, 그럴 경우에는 소환투표는 소환청원이 충분한 서명을 받아 정식으로 이루어졌다고 발표한 날로부터 60일 이내에 치러야 한다(제87조).

⑫ 소환투표 용지에는 "소환 찬성"과 "소환 반대"의 두 개의 란이 표시되어 있으며, 투표인은 선거관리위원회에서 준비해 놓은 필기

구를 사용하여 한 개의 란에 표시한다(제88조). 투표 결과 유효투표수 중에서 찬성표가 반대표보다 많고, 찬성표가 해당 선거구 전체 유권자의 1/4이 넘을 경우 소환은 성립된다(제90조). 소환투표가 끝나면 7일 이내 결과를 공표하고, 소환이 성립하면 소환투표일로부터 3개월 이내 보궐선거(補選投票, by-election)를 개최해야 한다(제91조). 소환을 당했거나 소환절차가 진행되는 도중에 사직한 공직자는 향후 4년 이내에는 어떠한 공직후보로 출마할 수 없다. 소환에 실패한 공직자에 대해서는 남은 임기 동안 더 이상의 소환대상이 되지 않는다(제92조).

4) 실제 활용

대만의 소환제와 관련된 헌법조항이나 법령과는 달리, 실제로 진행한 소환에 대한 공식 자료는 찾아보기 어렵다. 특히 1980년 소환 관련법이 제정되기 전에는 실제로 소환이 이루어진 사례가 있지만 소환청원서 접수, 서명, 투표 관련 공식자료를 찾아볼 수 없었다. 따라서 여기서는 비공식적이긴 하지만, 대만(중국)의 위키피디아(維基百科)에 실려 있는 자료를 활용하여 윤곽만 그려보고자 한다.

중앙정부 수준에서는 총통·부총통을 소환(시도)한 사례는 1947년 관련법이 제정된 이후 지금까지 한 차례도 없었다. 그러나 국민대회 대표와 입법위원에 대한 소환시도는 1980년 관련법이 제정된 이후 적지 않게 있었다. 지방정부 수준에서는 중앙정부 의회의원과 마찬가지로, 1980년 관련법이 제정된 이후 시장을 포함한 지방 선출직 공직자에 대한 소환도 드물지 않게 이루어졌다. 한 가지 언급할 것은 1980년 소환관련법이 제정되기 전에도 지방정부 수준에서는 (한국의 경우로 보면 기초자치단체의) 의회의원에 대한 소환이 8차례나 있었고, 모두 소환하는 데 성공했다. 이런 일이 일어날 수 있었던 이유에 대해서 정확한 자료가 없어 설명하기 어렵지만, 지방자치의 명분으로 추진된 것이 아닌가 추측된다.[48]

확인 가능한 사례만을 근거로 소환 건수를 보면, 1953년부터 2020년까지 총 43건의 소환사례가 있다. 이를 정부수준을 기준으로 나누어 보면, 19건은 중앙정부 수준, 즉 국민대회 대표나 입법원 입법위원을 대상으로 한 것이고(〈표3-9〉), 24건은 지방정부 수준, 즉 지방자치단체의 장이나 지방의회 의원을 대상으로 한 것이다(〈표3-10〉).

다음, 소환에 성공한 사례와 실패한 사례를 보면, 총 43건 중에서 11건이 해당 공직자를 소환하는 데 성공하였고, 29건은 실패하였으며, 3건은 2020년 10월 현재 진행 중이다. 성공한 사례는 모두 지방공직자이다. 국민대회 대표나 입법원 입법위원과 같은 중앙 공직자는 모두 실패했다.

그 다음, 실패한 이유를 보면, (자료가 존재하는 사례 33건 중 종결된 30건만을 놓고 보면) 소환청원서 접수(1차 단계)에서부터 소환투표(3차 단계)까지 갔으나 투표율이 미달되었거나 찬성표가 부족하여 실패한 사례 9건이며, 소환신청서 서명요건(2차 단계) 불충족 8건, 소환신청서 서명(2차 단계) 포기 13건 등과 같다.

종합해 보면, 소환관련법이 마련된 1980년 이후 2020년까지 소환절차가 종결된 30건 중 3건(직할시·현시장 1명, 촌(村)·리(里)장 2명)에서 소환을 성사시켰는데, 시간적으로 보면 관련법을 개정하여 소환요건을 완화한 2016년 이후다.

---

48 지방자치가 1950년부터 시행되어 지방정부의 장이나 지방의회의원을 주민이 직접 선출해 왔고(Lui, 1992), 법적 근거(2003년에 주민투표법 제정)가 없에도 (이미 1990년경부터) 주민투표로 지방정부의 정책을 바꾼 사례가 적지 않은 점을 고려할 때 (Tedards, 1992), 1980년 관련법이 제정되기 전에 지방 정치인에 대한 소환이 성공적으로 이루어진 것도 지방자치의 명분을 내세워 이루어진 것이 아닌가 싶다.

〈표3-9〉 대만의 소환제 - 실제(1): 중앙 공직자

청원일	투표일	유형	공직자명	청원신청서 서명(1)	청원서 서명(2)
1990.4.6	-	국민대회대표	孫榮吉	9,313	-
1994.7.15	1994.11.27	입법위원	詹裕仁	3,816	44,170
〃	〃	〃	林志嘉	3,733	44,586
〃	〃	〃	洪秀柱	3,811	44,176
〃	〃	〃	韓國瑜	3,835	44,266
1994.7.15	1995.1.22	〃	魏鏞	3,820	20,435
1994.7.15	-	〃	趙振鵬	3,255	19,534
1994.10.6	-	〃	丁守中	3,193	18,979
1994.10.24	-	〃	洪濬哲	2,161	-
〃	-	〃	潘維剛	3,606	-
2013.11.4	-	〃	吳育昇	6,151	34,096
2014.9.26	-	〃	蔡正元	6,665	49,949
2014.10.6	-	〃	林鴻池	4,487	23,810
2014.10.9	-	〃	吳育昇	6,040	29,010
2014.12.18	-	〃	蔡錦隆	5,727	3,382
-	-	〃	黃昭順	4,642	-
-	-	〃	林國正	5,470	-
-	-	〃	江惠貞	3,600	-
2017.6.20	2017.12.16	〃	黃國昌	2,637	25,120
전체			19명		

전체유권자	투표율	소환찬성표	소환반대표	소환성립여부	소환실패 이유
70,032	-	-	-	실패	청원서 서명 포기
2,074,387	21.36	377,642	55,254	실패	투표율(1/3) 미달
2,074,387	21.36	367,496	65,301	실패	〃
2,074,387	21.36	367,363	65,545	실패	〃
2,074,387	21.36	377,822	55,541	실패	〃
914,623	21.36	68,239	10,009	실패	〃
-	-	-	-	실패	청원서 서명 부족
-	-	-	-	실패	청원서 서명 부족
-	-	-	-	실패	청원서 서명 포기
-	-	-	-	실패	청원서 서명 포기
-	-	-	-	실패	청원서 서명 부족
317,434	24.98	76,737	2,196	실패	투표율(1/3) 미달
-	-	-	-	실패	청원서 서명 부족
-	-	-	-	실패	청원서 서명 부족
-	-	-	-	실패	청원서 서명 부족
-	-	-	-	실패	청원서 서명 포기
-	-	-	-	실패	청원서 서명 포기
-	-	-	-	실패	청원서 서명 포기
255,551	27.75	48,693	21,748	실패	찬성표 부족
				소환 0; 소환실패 19명	

자료: "中華民國罷免制度". 維基百科. https://zh.wikipedia.org/zh-tw/%E4%B8%AD%E8%8F
%AF%E6%B0%91%E5%9C%8B%E7%BD%B7%E5%85%8D%E5%88%B6%E5%BA%A6
(2020.10.8. 검색)

주: 청원신청서 서명(1) - 청원신청서에 서명한 청원인 수; 청원서 서명 - 청원서에 서명한 청원인 수.

〈표3-10〉 대만의 소환제 - 실제(2): 지방 공직자

청원일	투표일	유형	공직자명	청원신청서 서명(1)	청원서 서명(2)
2019.12.26	2020.6.6	直轄市·縣市長	韓國瑜	28,560	377,662
2020.8.11	-	直轄市·縣市의원	王浩宇	3,300(성립)	
2020.8.27	-	〃	陳致中	3,300(성립)	
2020.9.14	-	〃	黃捷	3,000(성립)	
1982.8.7	-	鄉鎭市長	戴坤霖	391	-
1987.3.2	-	〃	王福入	765	-
1987.4.2	-	〃	李文賢	774	3,952
1988.10.7	-	〃	李文賢	537	-
1992.2.1	-	〃	溫義春	99	-
1993.7.5	-	〃	龔文雄	267	-
1995.6.22	-	〃	蘇益生	239	-
2000.9.1	-	〃	許瓊聰	1,851	-
2001.3.1	-	〃	林金敏	534	5,025
2003	-	〃	陳河山		2,805
1953~1979		鄉鎭市民代表	陳朝風외 6명	자료 없음	자료 없음
1993	1993.6.22	〃	黃錦文	자료 없음	자료 없음
2017	2017.8.26	村·里長	陳明倫	자료 없음	자료 없음
2020	2020.7.4	〃	許正東	자료 없음	자료 없음
전체			24명		

전체유권자	투표율	소환찬성표	소환반대표	소환성립여부	소환실패 이유
2,299,381	42.14	939,090	25,051	소환	-
				진행 중	
				진행 중	
				진행 중	
-	-	-	-	실패	청원서 서명 포기
-	-	-	-	실패	청원서 서명 포기
-	-	-	-	실패	청원서 서명 부족
-	-	-	-	실패	청원서 서명 포기
-	-	-	-	실패	청원서 서명 포기
-	-	-	-	실패	청원서 서명 포기
-	-	-	-	실패	청원서 서명 포기
-	-	-	-	실패	청원서 서명 포기
-	-	-	-	실패	청원서 서명 부족
15,174	36.93	5,266	338	실패	찬성표 부족
자료 없음	자료 없음	자료 없음	자료 없음	소환(7명)	
자료 없음	자료 없음	자료 없음	자료 없음	소환	
자료 없음	자료 없음	자료 없음	자료 없음	소환	
자료 없음	자료 없음	자료 없음	자료 없음	소환	
				소환 11명; 소환실패 10명; 진행 중 3명	

자료 : 〈표3-9〉와 동일

제3장

하위단위 정부수준

1. 미국

1) 개요

미국에 소환제가 처음 소개된 것은 17세기 식민지 시대로, 영국의 청원권(right of petition)에서 유래된 것으로 알려져 있다(Twomey 2011a, 2011b). 하지만 소환제가 법제화된 것은 20세기 초반이다. 1908년 오리건 주가 미국에서 최초로 주정부 수준의 선출직 공직자 대상 소환제를 입법화한 이후 다른 주로 확산되어 갔다.

연방정부 수준에서도 헌법에 소환제를 포함시킬 것인지를 둘러싸고 논란이 있었지만 연방의원들을 지역구민의 노예로 만들 수 있다는 우려가 있어 최종적으로는 헌법에서 제외되었다(Spivak, 2020). 지금까지도 연방정부 수준에서는 소환제가 도입되어 있지 않다.

그러나 2020년 9월말 기준, 주정부의 선출직 공직자를 소환할 수 있도록 입법화한 주는 19개이며, 지방정부 수준에서 소환제를 도입한 주는 30개에서 38개 사이다. 실제 활용도를 보면, 주정부보다는 지방정부 수준에서 보다 빈번하게 사용되고, 소환성공율도 높다(National Conference of State Legislators, 2019).

최근 들어 두 차례의 중요한 소환사례가 있다. 2003년 캘리포니아 주지사인 민주당의 그레이 데이비스(Gray Davis)가 소환투표로 세계적인 영화배우인 공화당의 아널드 슈워제네거(Arnold Schwarzenegger)로 교체되었다. 2011년 7~8월에는 위스콘신 상원 의원 9명이 소환투표에 붙여져 2명이 의원직을 상실했다.[49] 이외에도 2011년에는 두 건의 소환이 추가로 성공하였다.[50] 이처럼 21세기에 접어들어 주지사, 주의회 의원 등 고위공직자를 대상으로 하는 소환이 성공적으로 이루어짐에 따라 세간의 관심을 끌게 되었다.

2) 도입 배경

선출직 공직자를 소환하는 제도는 다른 어느 나라보다 미국에서 더 많이 받아들여지고 있는 직접민주주의 제도 중 하나다. 미국사회에서 직접민주주의에 대한 요구가 강한 것은 19세기 (선출직) 미국 정치인들에 대한 시민들의 불신이 워낙 컸던 사실과 밀접한 관계가 있다. 정치인에 대한 불신이 컸던 만큼 미국사회의 통치과정에서 시민들이 보다 많이 알고 적극적으로 개입할 필요가 있다는 인식도 강했고, 이것이 정치문화의 중요한 구성요소가 되었다(Zimmerman, 1997). 어떤 학자는 의회주권사상이 아니라 인민주권사상이 미국헌정주의의 근간(entire edifice of American constitutionalism)을 이루고 있다고 주장하기도 한다(Amar, 2004).

이처럼 직접민주주의적 사고가 미국사회에서 지배적이고 널리 퍼져 있지만, 그렇다고 해서 대의제의 원칙을 무시한다는 뜻은 아니다. 그래서 캘리포니아처럼 고정된 임기를 가진 대표를 선출하는 동

---

49 2011년 7~8월 사이에 있었던 일련의 소환투표는 상원 다수당인 공화당의 의석수를 줄여 논란이 된 반단체협상법(anti collective bargaining laws)을 유리한 방향으로 끌고 가기 위한 정치전술로서 많은 비판을 받았다(Jackson et al., 2011).

50 애리조나 주 상원의장(Russell Pearce)이 소환투표에 붙여져 결국 의원직을 잃었고, 미시간 주 하원의원(Paul Scott)도 소환투표로 의원직을 상실했다(National Council of State Legislators, 2019).

시에 소환제와 같은 직접민주주의 요소를 혼용하기도 한다(Garrett, 2004). 대의제에 직접민주주의가 가미된 대의제 민주주의라 할 만하다.

미국에서 소환제가 본격적으로 도입되기 시작한 것은 19세기말 20세기 초반 무렵이었다.[51] 미국 독립과 헌법제정 당시 한동안 논쟁이 되었던 소환제 문제는 1892년과 1896년에 사회주의노동당(Socialist Labor Party)과 대중주의 정당(Populist Party)이 '명령적 위임'(imperative mandate) 사상에 대한 대중의 지지를 얻기 위해 선거공약으로 소환제를 포함함으로써 다시 공론의 장으로 들어왔다. 그러나 연방수준에 소환제를 도입하기 위해서는 반드시 지지를 받아야 하는 '직접민주주의를 위한 연대'(National Direct Legislation League)가 지지하지 않아서 결국 전국적인 이슈로 발전하지 못했다.[52] 1898

---

51 미국에서는 이 시기 전에도 소환제가 시행되고 있었다. 1631년과 1691년에 영국 식민지였던 매사추세츠에서는 지방정부가 상위기관에 파견한 공직자를 소환할 수 있도록 했다. 미국혁명 중에는 펜실베니아 주와 버몬트 주가 대륙회의(Continental Congress)에 보낸 대표의 소환을 허용했으며, 미국국가연합헌법(Articles of Confederation)에도 실제 한 번도 사용하지 않았지만 제5조에서 소환제를 규정해 놓고 있다. 미국헌법 초안에도 (반연방주의자들이 정치적 무기로 주로 상원의원을 염두에 두고) 소환제가 포함되어 있었으나 해밀턴 등의 연방주의자들의 반대로 무산되었다. 이후에도 1803년과 1808년 두 차례 버지니아 주가 소환제를 연방헌법에 삽입하려고 헌법개정안을 제출했으나 6개 주가 반대하여 무산되었다. 상원의원이 주의회의 직접 지시를 어길 경우 소환할 수 있도록 해야 한다는 주장도 있었으나 상당한 여론의 지지에도 불구하고 도입되지 않았다. 그 후 소환제는 거의 한 세기 동안 수면 아래 가라앉아 있었다(Spivak, 2020).

52 '직접민주주의를 위한 연대'는 뉴저지(New Jersey)에 본부를 두고 있는 전국의 직접민주주의를 위한 연대조직이다. 1890년대 말부터 1900년대 초까지 활동한 조직으로, 1892년 세인트 루이스에서 결성되었으며, 접착제 생산업자이자 사회적 복음주의자인 엘트위드 포메로이(Eltweed Pomeroy)가 첫 지도자였고, 반사회주의 노조지도자인 새뮤얼 곰퍼(Samuel Gompers)가 강력하게 지지했다(Ballotpedia, 연대미상). https://ballotpedia.org/National_Direct_Legislation_League (2020.9.14. 검색).

년 사우스 다코타(South Dakota) 주를 필두로 한 8개 주들이 주민 발안이나 주민투표 등과 같은 직접민주주의 제도를 도입하였다. 소환제는 제도화되지 못했다(Spivak, 2020).

소환제의 제도화를 처음으로 실현한 지역은 로스엔젤레스이며, 존 랜돌프 헤인즈 박사(John Randolph Haynes)의 공이 컸다. 헤인즈는 로스엔젤레스의 새 헌장을 제정하기 위해 몇 년 동안 노력을 해오던 중 1900년에 LA헌장 개정을 위한 15인 위원회의 위원으로 들어가게 되었고, 소환제 도입을 제안하였다. 위원회는 헤인즈의 제안을 받아들여 1903년에 개정된 새 헌장에 소환제를 포함하게 되어 미국 최초로 소환제를 입법화한 사례가 되었고, 새 규정에 입각하여 1904년에는 시의원 1명, 1909년에는 시장을 각각 소환하게 되었다(Spivak, 2020).

이후 주정부에서도 소환제를 도입하기 시작했는데, 1908년 오리건 주가 최초로 소환제를 도입한 주가 되었고, 그 이후로 캘리포니아(1911년), 애리조나, 콜로라도, 네바다, 워싱턴(이상 4개 주, 1912년), 미시간(1908년 또는 1913년), 캔사스, 루이지애나(1914년), 노스다코타(1920), 위스콘신(1926), 아이다호(1933) 등이 뒤를 이어 소환제를 도입하였다. 아이다호 주 이후 26년의 간격을 두고 알래스카 주가 1959년에 소환제를 도입했고, 이후에도 7개 주가 소환제를 제도화했다. 이 경우 소환제는 압도적인 지지를 받아 입법화되었다. 예를 들면, 1993년 뉴저지 주는 주민 75% 지지로 소환제법을 통과시켰고, 1996년에는 미네소타 주가 주민 90%의 지지로 소환제법을 만들었다. 이외에도 여러 주에서 주정부 수준의 공직자 대상 소환제를 도입하려는 시도가 있었다. 2017년과 2018년에는 뉴욕 주, 웨스트 버지니아 주, 일리노이 주, 2019년에는 코네티컷 주와 오클라호마 주가 각각 소환제 법안을 주의회에 상정하였으나 입법화되지는 못했다(National Council of State Legislators, 2019).

3) 내용

2019년 8월 기준, 주정부 수준의 공직자를 대상으로 소환제를 도입하고 있는 주는 19개이고, 그 하위 수준(시, 카운티, 타운 등)의 공직자를 대상으로 소환제를 채택하고 있는 주는 38개다(National Council of State Legislators, 2019).[53] 주 정부 수준의 소환제를 택하고 있는 주 중에서 9개 주는 사법부 공직자(판사)는 소환대상에서 제외시키고 있다. 버지니아 주는 소환제와 비슷한 제도를 가지고 있으나 해당 공직자를 소환할 것인지 아닌지를 최종적으로 결정하는 것은 주민들의 소환청원서명이나 투표가 아니라 순회재판부의 사법적인 판단이라는 점에서 특이한 사례에 속한다(National Council of State Legislators, 2019).[54]

먼저, 소환사유를 보면, 중대한 범죄나 윤리위반을 한 공직자를 소환하는 경우(사법적 소환)와 위법 등과 같은 특이한 행동에 한정하지 않고 정책이나 정치적인 이유에서 소환(정치적 소환)하는

---

[53] 소환대상을 주에 거주하는 시민에 의해 직접 선출하는 모든 공직자로 규정해 놓은 주는 14개 주로, 그 중에서 애리조나, 콜로라도, 조지아, 아이다호, 캔자스, 루이지애나, 미시간, 몬태나, 네바다, 뉴저지, 노스다코타, 오리건, 워싱턴, 위스콘신 등 9개 주는 주헌법(state constitution)에 연방의원도 소환할 수 있다고 규정하고 있으나, 캘리포니아는 연방의원은 소환할 수 없다고 규정하고 있다.

[54] 델라웨어, 인디애나, 아이오와, 켄터키, 미시시피, 뉴햄프셔, 뉴욕, 사우스캐롤라이나, 펜실베이니아, 유타, 버몬트 등 10개 주에는 주 정부든 지방정부든 어떠한 소환제를 도입하지 않고 있다.

경우가 있다. 주 정부 수준에서 소환제를 택한 19개 주 중에서 8개 주(Alaska, Georgia, Kansas, Minnesota, Montana, Rhode Island, Virginia, Washington)가 위법행위만을 소환사유로 하고, 나머지 11개 주(Arizona, California, Colorado, Idaho, Louisiana, Michigan, Nevada, New Jersey, North Dakota, Oregon, Wisconsin)는 위법행위는 물론 정치적, 정책적 이유도 포함하는 정치적 소환제를 택하고 있다.[55] 지방정부 수준의 공직자를 대상으로 소환제를 도입하는 주에서는 지역에 따라 정치적 소환제를 택하는 경우도 있고 사법적 소환제를 택하는 경우도 있어, 주 전체로 보면 혼합형이라 할 수 있다(〈표3-11〉).

---

[55] 로드아일랜드(Rhode Island)는 정치적 소환과 사법적 소환을 혼용하고 있으며, 버지니아는 사법적 소환을 택하고 있으나, 주민의 소환청원서명 수가 충분하면 순회재판소에서 소환여부를 최종 결정하기 때문에 엄밀한 의미의 소환제와는 거리가 있다. 미국의 소환제를 오랫 동안 연구해온 스피박(Spivak)은 정치적, 정책적 이유를 배제한다고 알려진 사법적 소환조차도 정치적 동기가 작용하기 때문에 정치적 소환과 사법적 소환을 구분하는 것이 큰 의미는 없다고 본다(Spivak, 2020: 81).

〈표3-1·1〉미국의 소환제 (1): 대상과 사유 등

주(state)[1]	도입시기	주 공직자 (state officials)[2]			지방 공직자 (local officials)	소환사유 (P/M)[3]	소환투표 및 인물교체 방식[4]
		행정	입법	사법			
앨라배마		✗	✗	✗	✔(선출직 읍위원, 시장)	P	DE
알래스카	1959	✔	✔	✗	✔	M	AP
애리조나	1912	✔	✔	✔	✔	P	DE
아칸소		✗	✗	✗	✔(제한적)	P	DE
캘리포니아	1911	✔	✔	✔	✔	P	SE
콜로라도	1912	✔	✔	✔	✔	P	SE
코네티컷		✗	✗	✗	✔(home rule)	P	-
워싱턴 D.C.		✗	✗	✗	✔	P	DE
델라웨어[1]		✗	✗	✗	✗		
플로리다		✗	✗	✗	✔(시, 카운티)	혼합(주 준-M)	DE
조지아	1978	✔	✔	✔	✔	M	DE
하와이		✗	✗	✗	✔	P	규정 없음
아이다호	1933	✔	✔	✗	✔	P	AP(동일정당)
일리노이	2010	✔(주지사)	✗	✗	✔(제한적)	P(주지사-M)	SE
인디애나[1]		✗	✗	✗	✗		
아이오와[1]		✗	✗	✗	✗		
칸자스	1914	✔	✔	✔	✔	M	AP
켄터키[1]		✗	✗	✗	✗		
루이지애나	1914	✔	✔	✔	✔	P	DE
메인		✗	✗	✗	✔(charter city와 town)	P	AP
메릴랜드		✗	✗	✗	✔	P	DE
매사추세츠		✗	✗	✗	✔(제한적)	P	DE
미시간	1913	✔	✔	✔	✔	P	DE
미네소타	1996	✔	✔	✔	✔(읍단위 선출직)	M	DE
미시시피[1]		✗	✗	✗	✗		
미주리		✗	✗	✗	✔(Class-3 city, Charter city)	P-M	AP
몬태나	1976	✔	✔	✔	✔	M	DE
네브래스카		✗	✗	✗	✔	P	DE
네바다	1912	✔	✔	✔	✔	P	DE
뉴햄프셔[1]		✗	✗	✗	✗	--	
뉴저지	1995	✔	✔	✔	✔	P	DE/SE
뉴멕시코		✗	✗	✗	✔(제한적)	M	E/AP
뉴욕[1]		✗	✗	✗	✗		
노스캐롤라이나		✗	✗	✗	✔	P	AP
노스다코타	1920	✔	✔	✔	✔	P	DE
오하이오		✗	✗	✗	✔(시의 공기업)	P	AP
오클라호마		✗	✗	✗	✔(제한적)	P	DE
오리건	1908	✔	✔	✔	✔	P	AP
펜실베이니아[1]		✗	✗	✗	✗		
로드아일랜드	1992	✔	✗	✗	✔	P-M	DE
사우스캐롤라이나		✗	✗	✗	✗		
사우스다코타		✗	✗	✗	✔(시장, 선출직 위원)	M	DE
테네시[5]		✗	✗	✗	✔(제한적)	P	DE/SE
텍사스		✗	✗	✗	✔(charter city)	P	DE/SE
유타[1]		✗	✗	✗	✗		

버몬트[1]		✗	✗	✗	✗		
버지니아		△	△	✗	✓	M	DE
워싱턴	1912	✓	✓	✗	✓	M	AP
웨스트버지니아		✗	✗	✗	✓(charter city)	P	AP
위스콘신[6]	1926	✓	✓	✓	✓	P	DE
와이오밍[6]		✗	✗	✗	✓(시와 읍)	P	DE

출처: Bollotpedia. https://ballotpedia.org/Political_recall_efforts,_2020#State_legislatures (2020. 8. 11. 검색); Ballotpedia, Laws governing recall. https://ballotpedia.org/Laws_governing_recall (2020. 8. 15 검색); 소환사유, 소환투표형식, 인물교체방식 – Spivak (2020). Table 5.1 (Recall election requirements in all US state)와 National Council of State Legislatures(2019)를 종합하여 재구성함.

1) 주정부나 지방정부, 그 어느 수준에서도 소환제를 도입하지 않고 있는 주(10개 주).

2) 주 공직자 중 소환대상 – 일리노이 주는 주지사의 소환만 허용함.

3) 소환사유: P – 정치적 소환, M – 불법행위, 권력남용 등과 같은 특별한 사유가 있는

　　경우에만 소환(사법적 소환)을 허용하는 주.

4) 소환투표형식 및 교체 인물 결정방식: 동시투표(SE), 별도 선거(보궐선거 DE),

　　소환투표 후 지명(AP)의 세 가지 방식이 있음.

5) 시의원과 학교위원회 위원의 소환은 66%의 찬성이 요구됨.

6)당내 예비선거 포함.

다음, 소환청원 발의 시점에 대해 살펴보기로 한다. 불법행위나 의회윤리규정위반 등과 같은 위법행위에 대한 처벌로서의 소환은 언제든 이의제기 또는 발의해도 (최종심만 고려하면) 대체로 문제가 없지만, 공약 불이행 등과 같은 정치적 사유에 의한 소환은 소환 대상이 되는 선출직 공직자에게 공약을 이행하고 있다거나 실적을 거두고 있다는 것을 입증하는 데 필요한 시간적 여유(예, 임기 시작 1년 6개월 이후)를 주어야한다. 마찬가지로 소환발의에서 소환투표까지 일정한 시간을 필요로 하는데, 이 기간보다 짧은 시점에 전국선거가 예정되어 현실적으로 소환투표를 분리하여 실시할 수 없는 경우에는 소환발의를 제한하기도 한다(Twomey, 2011a: 61; Welp, 2018b). 그래서 소환제를 도입한 미국의 주들은 소환절차를 밟을 수 있는 시점 내지 기간을 정해놓고 있다. 대부분의 주들은 임기를 시작한지 50일~180일이 지난 후부터 소환청원절차를 밟을

수 있고, 다음 정기선거(예비선거 또는 총선거)가 있기 180일~365일 이전까지 소환청원이 가능하도록 해 놓고 있다(〈표3-12〉).

세 번째, 소환투표 개최에 필요한 서명자의 비율과 서명수집기간은 다음과 같다. 주정부의 공직자(주지사, 주 상하원 의원 등)에 초점을 맞추어 보면, 주지사와 같이 주 전체(광역)를 선거구로 하여 선출되는 공직자의 경우 소환에 필요한 서명이 적고, 주 상-하원 의원과 같이 주보다 작은 선거구(지역, 기초)에서 선출되는 공직자의 경우 상대적으로 많다. 광역 단위 선거구의 경우에는 이전 선거 투표자의 10%~25%의 서명을 요구하고, 지역 단위 선거의 경우에는 상하의원은 20%(선거인 명부 등록 유권자) 내지 25%, 기초 단위 선거의 경우에는 35%~40%까지 요구한다. 서명 수집 기한을 보면, 광역단위의 경우 거의 1년의 기한을 주기도 하지만 대부분 90일(3개월) 내지 120일(4개월)을 허용한다.

네 번째, 소환투표 및 교체인물 결정방식으로 동시투표, 별도투표, 소환투표 후 지명방식 등의 세 가지가 활용되고 있다.

동시투표(same-day election: SE)는 소환대상에 대한 소환여부를 묻는 투표와 그를 대체할 사람을 선택하는 투표를 동시에 진행하는 것이다. 이것은 소환여부를 묻는 질문에 먼저 찬성 또는 반대라는 답을 하고 그 다음 소환될 공직자를 교체할 후보자 중 한 사람을 고르게 한다. 캘리포니아와 콜로라도가 이에 속한다.

별도투표(different-day election: DE)는 소환청원서를 제출하고 서명의 진위와 수를 확인하여 정해진 조건을 충족시키면 자동으로 새 선거(즉 보궐선거)가 실시된다. 이경우 소환된 공직자도 새 선거의 후보자로 출마할 수 있다. 애리조나, 미시간, 네바다, 노스다코타, 위스콘신 등 5개 주가 이 방식을 택하고 있다.

주 정부 수준의 소환제를 택하고 있는 19개 주 중에서 나머지 12개 주는 소환투표와 교체 인물선정을 별도로 진행하고 있다. 소환투표에서는 소환 찬성여부만을 묻고, 과반이 소환에 찬성하면 공석임을 선언한다. 그후 교체 인물을 선출하기 위한 별도의 선거(즉 보궐선거)를 실시하는 경우(DE), 교체인물을 지명(AP)하기도 한다. 별도의 선거를 실시하는 주에는 조지아, 루이지애나, 미네소타, 몬태나, 뉴저지, 로드아일랜드, 일리노이 등 7개이고, 소환투표 후 교체인물을 지명하는 주에는 알래스카, 아이다호, 캔자스, 오리건, 위싱턴 등 5개다.

후계자 선택방식(AP)에는 주의회 의원·주정부 선출직 공직자인 경우 소환대상에 대한 소환여부를 묻는 투표를 먼저 진행하여 소환이 확정되면 주지사가 결정하거나(알래스카), 주지사가 소환된 공직자의 소속정당이 제출한 명단 중에서 결정하거나(아이다호, 캔자스), 지방의원인 경우 소환된 지방공직자의 소속 정당에서 제출한 명단 중에서 카운티위원회 회의(county board of commissioners)에서 결정하는(버지니아, 위싱턴) 등 다양하다(National Council of State Legislatures, 2019).

일리노이 주는 미국에서는 유일하게 주 순회재판소(state Circuit Court)의 심판이 청구되면 소환절차가 시작되고 소환청원서명수의 조건을 충족시키더라도 사법적인 판단에 의해 소환여부를 결정한다(Spivak, 2020).

〈표3-12〉 미국의 소환제 (2): 소환시기와 서명자수 등

지역	소환시기 제한		최소 서명자 수[1]	서명 수집기한
	임기시작	다음 (총)선거전		
알래스카	120	180	25% VO	규정 없음
애리조나	180		25% VO	120일
캘리포니아[2]			12% VG/20% VO	160일
콜로라도	180	180	25% VO	60일
조지아[3]	180	180	15%/30% EV	90일

아이다호	90		20% EV	60일
캔자스	120	200	40% VO	90일
루이지애나4)		180	40~20% EV(유권자수)	180일
미시간	180	180	25% VG	3개월
미네소타			25% VO	90일
몬태나5)	60		10%/15% EV	90일
네바다6)	50		25% VO	60일
뉴저지	50	180	25% VO	주지사-320일; 이외-160일
노스다코타			25% EV	규정 없음
오리건	180		15% VG	90일
로드아일랜드	180	365	15% VO	90일
워싱턴7)	180		25%/35% VO	주공무원-270일; 이외-180일
위스콘신8)	1년		25% VG/VO	60일

* 자료: 소환시기 제한 – Book of States; RI constitution; Minnesota legislative research report; Schy (1996); Replies from Secretaries of State.(Bowler, 2004)에서 재인용; 최소 서명자수와 서명 수집기한 – National Council of State Legislatures(2019).

1) VO = 직전 선거 투표수, VG = 주지사 투표수, EV = 선거인 명부 등록 유권자.
2) 주 전체 선거구 공지자(예, 주지사)의 경우에는 최소 5개 카운티로부터는 각 1%의 서명을 포함하여 이전 선거 투표자의 12%, 주 상·하원 의원, 평등이사회(Board of Equalization) 위원, 항고재판소의 판사의 경우에는 지난 선거 투표자의 20%.
3) 주 전체 선거구 공직자(예, 주지사)의 경우 각 의원선거구에서 지난 선거 때의 선거인 명부 등록 유권자의 1/15 서명을 포함하여 전체 유권자의 15%, 주 이하 크기의 선거구 공직자의 경우 지난 선거 때의 선거인명부 등록 유권자의 30%.
4) 선거인 명부 등록 유권자가 1000명 이하인 경우에 40%, 1000명~25,000명인 경우 33.3%, 25,000~100,000명인 경우 25%, 100,000명 이상인 경우 20%.
5) 주 전체 선거구 공직자(예, 주지사)의 경우 지난 선거 투표자의 10%, 주 이하 크기의 선거구 공직자의 경우 15%.
6) 전반 45일 동안 수집한 서명은 48일째에 제출하고, 후반 45일 동안 수집한 서명은 90일째에 제출해야 한다.
7) 주 전체 선거구 공직자의 경우 지난 선거 투표자의 25%, 주 이하 크기의 선거구 공직자의 경우 35%.
8) 수지사의 경우 지난 선거 투표자의 25%, 이외 공직자의 경우 해당 선거구 투표자의 25%.

4) 실제 활용

어느 지역이든 입법과정에서는 소환제에 대한 관심이 컸으나, 시간이 지날수록 소강상태에 빠지기도 하였다. 1921년 노스다코타 주지사, 검찰총장, 농업장관이 소환투표로 인해 자리를 잃었으나, 이후 67년 동안 주정부 수준의 선출직 공직자가 충분한 서명을 받아 소환투표로 간 적이 없었고, 82년 동안 주지사를 대상으로 하는 소환시도도 없었다. 캘리포니아의 경우에도 제도 도입 초기 4년 동안 세 번의 소환시도가 있었으나 그 이후에는 소강상태에 들어갔다. 1915년과 1971년 사이 미국 전체에서 단 두 명의 주 하원의원에 대한 소환이 있었을 뿐, 소환제는 정치영역의 의제에서 사라져 갔다(Spivak, 2020).

소환제에 대한 관심이 다시 커지게 된 데는 2003년 캘리포니아 주지사 소환투표와 2012년 위스콘신 주지사 소환투표의 영향이 크다.

1913년부터 2018년까지 주의회(상원과 하원) 의원을 대상으로 시도된 소환은 모두 39명이다. 이 중 28명은 소환되었고, 11명은 의원직을 유지할 수 있었다. 주별 소환시도/성공 건수를 보면, 위스콘신 주 17/6로 가장 많고, 다음으로 캘리포니아 주 9/5, 미시간 주 4/3, 오리건 주 3/3, 콜로라도 주 2/2, 워싱턴 주 1/0, 애리조나 주 1/1의 순이다(〈표3-13〉).

〈표3-13〉 미국의 주 상·하 의원 대상 소환제 실시 추이(1913~2018년)

연도	소환대상 및 결과
1913	캘리포니아 주 상원의원(블랙 M. Black), 소환
1914	캘리포니아 주 상원의원 2명(그란트 E. Grant, 오웬 J. Owens), 성공 1, 실패 1
1932	위스콘신 주 상원의원(뮐러 O. Mueller), 소환
1935	오리건 주 하원의원(메리엄 H. Merriam), 소환
1971	아이다호 주 상원의원(엘스워스 F. Ellsworth)과 하원의원(하이드 A. Hyde), 2명 모두 소환
1981	워싱턴 주 상원의원(라이치바우어 P. Reichbauer), 실패
1983	미시간 주 상원의원 2명(마스틴 P. Mastin, 세롯킨 D. Serotkin- 중도 사임), 2명 모두 소환
1985	오리건 주 하원의원(질리스 P. Gillis), 소환
1988	오리건 주 상원의원(올선 B. Olson), 소환
1990	위스콘신 주 하원의원(핼퍼린 J. Halperin), 실패
1994	캘리포니아 주 상원의원(로버티 D. Roberti), 실패
1995	캘리포니아 주 하원의원 3명(호르처 P. Horcher, 마차도 M. Machado, 앨런 D. Allen), 맨 앞과 맨 뒤의 2명 소환, 1명 실패
1996	위스콘신 주 상원의원(페택 G. Petak), 소환
2003	위스콘신 주 상원의원(조지 G. George), 소환
2008	캘리포니아 주 상원의원(덴햄 J. Denham), 실패; 미시간 주 하원의장(딜런 A. Dillon), 실패
2011	위스콘신 주 7명의 상원의원, 실패; 위스콘신 주 상원의원 2명(호퍼 R. Hopper, 캐팬크 D. Kapanke), 소환; 애리조나 주 상원의장(피어스 R. Pearce)과 미시간 주 하원의원(스콧 P. Scott), 2명 모두 소환
2012	위스콘신 주 상원의원 2명 왕가드 (V. Wanggard), 갤러웨이(P. Galloway - 중도 사직), 2명 모두 소환
2013	콜로라도 주 상원의장(모스 J. Morse)과 상원의원(지론 A. Giron), 소환
2018	캘리포니아 주 상원의원(뉴먼 J. Newman), 소환

자료: National Council of State Legislatures (2019).

2011년과 2018년 사이 주 상하의원을 포함한 선출직 공직자 대상 소환시도가 모두 861건(명) 정도인데, 이 중 521명이 소환되어 공직을 잃게 되고, 340명이 직을 유지할 수 있었으며, 나머지 167명은 소환투표에 임박한 시점에서 자진 사임하였다. 주 상하원 의원 대상 소환시도와 비교하면 그 건수가 훨씬 더 많은데, 이러한 사실은 소환제가 주정부 수준보다는 그 하위단위 정부에서 더 많이 활용되고 있음을 말해 준다(〈표3-14〉).

〈표3-14〉 미국의 소환제 실시 추이 (2011~2018년)

연도	전체	공직 박탈	공직 유지	중도 사임
2018	150	85	37	28
2017	102	39	29	32
2016	119	60	42	17
2015	109	66	28	15
2014	126	61	45	20
2013	107	50	35	22
2012	166	82	58	26
2011	151	78	66	7

출처: Spivak(2020), p. 80. Table 5.2 (Total number of recalls that made the ballot or led to official resignation in the US, 2011~2018.

이상에서 본 것처럼, 소환제는 1970년대 이후 특히 1990년대 이후 빈번하게 활용되고 있음을 알 수 있다. 이 뿐만 아니다. 실제 투표로까지 이어지지는 않았지만 소환이 끊임없이 시도됨으로써 공직자에 대한 견제수단으로도 활용되고 있다. 일단 시작된 소환청원 절차 중 투표로 이어지지 않고 중단된 경우가 전체의 2/3 내지 3/4에 이르고, 이들 중 대부분은 소환청원서를 제출하지도 않은 채 중단되기도 하였다. 투표로 이어지는 비율이 낮고, 소환투표를 통해 실제로 소환한 사례는 더욱 적다. 예를 들면, 캘리포니아 주지사 대상 소환시도는 무려 31차례나 있었지만, 투표로 이어진 것은 단 한 차례에 지나지 않는다.

그럼에도 불구하고, 소환제는 대상이 되는 공직자에게는 매우 위협적인 무기가 될 수 있다. (〈표3-14〉)에서 보듯이, 소환청원과 투표 사이의 기간에 대상 공직자가 자진 사임하는 사례가 적지 않다. 오리건 주지사 존 키츠하버(John Kitzhaber)도 그런 사람 중 하나였다. 오리건 주는 탄핵제도가 없기 때문에 자신과 관련된 스캔들의 실체가 밝혀질 때까지는 버틸 수도 있었지만, 소환 시도가 자진 사임을 강요했다고 볼 수 있다(Spivak, 2020).

이러한 전반적인 특징을 염두에 두고, 도입과 활용의 역사가 오래된 위스콘신 주의 소환제에 대해 자세히 살펴보고자 한다.

위스콘신(Wisconsin)

위스콘신 주는 20세기에 접어들면서 널리 확산된 진보주의운동(progressive movement)의 영향을 받은 정치인과 정당들이 주도하여 1926년 헌법개정을 통해 주의 모든 선출직 공직자를 대상으로 하는 소환제를 도입했다.

20세기에 접어들면서 위스콘신 주를 포함한 미국 전역에서 정경유착과 부패를 통해 자신의 이익을 관철시키는 대기업의 영향력이 커졌다. 그러자 이에 맞서 대기업의 횡포와 정치인의 부패에 대한 강한 규제를 내세우는 '큰 정부'론을 지지하는 세력의 영향력이 커지고 있었다. 위스콘신 주에서는 사회주의자들이 무시할 수 없는 세력으로 등장하여, 밀워키에서는 1904년에 최초의 사회주의자 시의원과 카운티 관리자(county supervisor)가 선출되었다.

1910년에는 사회주의자가 밀워키(Milwaukee) 시장으로 선출되었으며, 이를 계기로 공화당 내 진보주의세력도 최전성기에 들어섰다.

1909년에 있었던 태프트(William Howard Taft) 대통령과 공화당에 대한 항의폭동으로 위스콘신 주의 연방상원이었던 라폴레트(Robert M. La Follette)가 전국적인 인물로 급부상했다. 그는 이러한 전국적인 명성을 이용하여 이후 진보당(Progressive Party)으로 발전한 전국 진보주의 공화당 연합(National Progressive Republican League)을 결성하였다. 라폴레트의 공화당 내 진보주의세력은 노동조합 등 '큰 정부론' 지지세력들의 지원에 힘입어 1910년 주정부 총선에서 주지 사직을 차지하였고, 상원도 사실상(33석 중 27석) 장악하였다. 하원 도 진보주의 돌풍 속의 1910년 총선에 당선된 의원들이 많아서 결코 불리한 의석분포는 아니었다.

이러한 상황에서 1910년 선거에 당선된 진보주의 공화당 분파 소속 맥거번(Frnacis E. McGovern) 주지사가 1911년 1월 12일 의회 연설을 통해 주민발안, 주민투표, 주민소환을 허용하도록 헌법 개정을 추진할 것을 수분하였다.[56] 공화당 내 진보수의분파의 수장격인 라폴레트도 소환제 도입을 촉구하고 있었다. 이에 호응하여 상원은 주지사의 주문이 있은 다음 주에 선출직과 임명직 주공무원(판사 제외)을 모두 소환하는 것을 허용하는 헌법개정안을 제출하여 4월에 통과시켰으며, 이어서 하원에서도 통과되었다.

위스콘신 주의 헌법 개정(Artivle VII)은 상하원의 결의와 주민투표로 헌법회의를 소집하거나, 일차적으로 상하원의 과반 동의를 얻

---

[56] 맥거번 주지사는 1903년에 로스엔젤리스 시가 소환제를 도입한 것과 1908년에 오리건 주가 미국에서 최초로 주정부 수준의 공직자를 소환할 수 있는 법을 제정한 사실을 이미 알고 있었다. 이후 1908년과 1914년 사이에 오리건 주에 더하여 9개 주 (Arizona, California, Colorado, Idhao, Kansas, Louisiana, Michigan, Nevada, and Washington)가 소환제를 도입했다(Schneider, 2012).

으면 다음 총선(임기: 상원의원 4년, 하원의원 2년)에서 선출된 상하원에서 동일한 내용의 개정헌법안에 대해 다시 과반의 동의를 얻어야 하고 그 다음 총선에서 주민투표를 통해 최종 확정된다. 이러한 헌법규정에 따라 1913년 새 의회(하원)가 개원했을 때 동일한 헌법개정안으로 상하원을 통과했다. 하지만 그 사이 여론이 바뀌고 진보주의적 경향에 대한 불편함이 표출되어 1914년 11월 선거에서 진보주의적 내용을 담은 헌법개정안이 주민투표에서 모두 부결되었다.

이후 소환제 도입을 위한 헌법개정안이 의회에 제출된 것은 1923년이었다. 주상원의원 후버(Henry Huber) 주도로 소환제 도입을 위한 헌법개정안을 상원에 다시금 제출한 것이다. 이러한 내용의 헌법개정안은 그해 상하원 모두를 통과한 뒤, 1924년 새국회가 구성되자 다시 상하원을 통과하였고, 1926년 11월 선거에서 찬성 50.6%, 반대 49.4%의 주민투표로 최종 확정되었다(Schneider, 2012).

위스콘신 주의 소환제 내용을 보면 다음과 같다. 첫째, 소환대상은 주정부와 하위 정부의 (판사를 포함한) 모든 공직자이다.[57] 여기에는 주정부 수준에서서는 주지사, 부지사, 재무장관, 검찰총장, 국무장관, 교육감, 주 상원과 하원 의원 등이 포함된다. 하위단위 수준에서는 시(city), 마을(village), 읍(town), 읍 하수처리구(town sanitary district), 학구(school district)의 모든 선출직 공직자가 포함되며, 심

---

[57] 위스콘신 주가 1967년 헌법을 개정하여 그때까지 주지사, 부지사, 국무장관, 검찰총장, 재무장관의 임기가 2년에서 4년으로 늘어남에 따라 이전부터 임기 4년이었던 상원의원과 함께 이들에 대한 소환이 현실적으로 가능해졌다(Schneider, 2012). 임기 1년 이후에나 소환청원 절차를 밟을 수 있기 때문에 청원신청에서 투표까지의 절차를 밟는 데 필요한 최소한의 시간을 고려하면, 임기 2년인 공직자의 소환은 매우 어렵다. 하원의원의 임기는 지금도 여전히 2년이다.

지어는 연방의회(상, 하원) 의원조차 포함시켜 놓고 있다.[58]

둘째, 소환이 가능한 시점은 임기 시작 1년 후면 언제든지 가능하다(Constitution Article XIII Section 12; Wisconsin Statue 9.10 Recall (1)-(a)). 임기 시작 후 1년 이후에 소환대상이 되었으나 소환요건을 충족하지 못한 경우에는 다시금 소환의 대상이 되지는 않는다. 즉 소환은 임기 중 한 차례만 가능하다(Wisconsin Statue 9.10(6)).

셋째, 소환사유는 주 헌법이나 법에 따로 규정되어 있지 않지만, 실제 사례들을 봤을 때 정책 실패나 차이 등을 포함한 어떠한 사유에서도 소환을 할 수 있는 것으로 파악된다(〈표 3-11〉. 미국의 소환제(1) 참조).

넷째, 소환청원인은 대상 공직자의 선거구에 거주하는 유권자로서 18세 이상의 미국시민이어야 하고, 소환대상 지역구에 최소 10일 거주한 사람이어야 한다(Ballotpedia, 2019). 소환청원인은 청원서에 선거구 주민으로부터 서명을 받기 전에 먼저 위스콘신정부 대국민책임위원회(Wisconsin Government Accountability Board)에 특정 공직자를 특정한 사유로 소환하겠다는 의향을 소정의 양식(청원신청서: Statement of Intent to Circulate Recall Petition)에 기록, 제출하여 승인을 받아야 한다(Wisconsin Statue 9.10(2)(b)).[59]

---

58 지금까지 한 번도 연방의원 대상 소환청원이 없었기 때문에 연방법원이 인정할지는 알 수 없다(Ballotpedia, 2019).

59 대국민책임위원회(Wisconsin Government Accountability Board)는 2008년에 설치되어 2016년까지 존재하면서 선거자금, 선거, 윤리, 로비활동과 관련된 법규를 집행하는 규제기구로, 2016년 6월 이후에는 선거관리위원회(Wisconsin Election Commission)와 윤리위원회(Wisconsin Ethics Commission)로 나누어 운영되고 있다(Wisconsin Department of Administration, 2016). 그리고 Wisconsin Elections Commission 홈페이지 https://elections.wi.gov/node/3979 (2020.9.23. 검색)

다섯째, 청원신청서의 승인을 받으면, 청원인은 지난 선거에서 투표를 한 유권자 수의 25% 이상으로부터 서명을 받아야 소환투표가 실시될 수 있다. 소환청원서에 서명을 할 수 있는 유권자는 주소지가 해당 선거구 내에 있어야 하고, 선거인명부에 등록되어 있어야 한다. 서명인은 서명한 날짜를 반드시 적어야 하고, 그 날짜가 청원신청서가 승인받은 날로부터 60일 이내에 있어야 한다. 서명이 완료된 청원서는 승인받은 날로부터 60일째 되는 날 오후 5시까지 제출해야 한다. 정해진 60일 기간의 전후에 받은 서명은 무효다 (Wisconsin Statue 9.10(2)(d)).

여섯째, 청원인이 정해진 수의 서명과 함께 제출한 소환청원서는 접수 후 31일 이내 소환청원 담당자가 적합하다는 증명서(certificate of sufficiency) 또는 부적합하다는 증명서(certificate of insufficiency)를 발급해줘야 한다. 유효한 서명자의 수가 정해진 비율을 채웠을 경우에는 적합증명서, 그렇지 않는 경우에는 부적합 증명서를 발급한다. 부적합증명서를 발급한 경우에는 청원인에게 부적합 판정을 받는 사항(청원인 확인서, 서명날짜 오류 등)에 대해서 5일 동안 수정할 수 있는 기회가 주어진다. 수정한 결과 소환투표로 개최할 요건을 갖추게 되었다면, 적합증명서를 발급한다.

세분화하면, 우선, 적합판정을 받은 소환청원서(서명부)가 제출된 날로부터 10일 이내 소환대상인 공직자는 소환청원서에 대해서 서면으로 이의를 제기할 수 있다. 제기된 이의에 대해서 담당기관에서는 5일 이내 답변을 주어야 하고, 답변에 대한 이의 제기는 2일 이내 이루어져야 한다. 2차 이의 제기 기한 14일이 지나면, 청원서 담당관은 수정된 적합확인서를 청원인에게 발급한다. 그리하여 청원신청서가 서명과 함께 제출된 날로부터 31일 이내 최종적인 적합여부를 판정해야 한다. 다음, 위의 확인 절차를 모두 거쳐 더 이상의 문제가 없으면, 소환청원서 접수 담당자는 지역의 소환 관련 기관에 제출해야 한다. 그러면 해당 기관에서는 소환청원서 담당자가 적합증명서를 발급한 날로부터 6주차의 화요일에 소환 투표를 실시한다는 사실을 공식적으로 발표해야 한다(Wisconsin Statue 9.10(2)(b)).[60]

일곱째, 소환대상인 공직자도 본인이 스스로 청원서(서명부) 접수 후 10일 이내 사직하지 않는 한 소환선거의 후보자가 된다. 소환선거의 후보자가 되고 싶은 사람은 소환선거가 있기 4주 전 화요일 오후 5시 전까지 소정의 후보지명절차를 밟아 후보자로 등록해야 한다. 소환으로 비게 될 자리가 비정파적인 공직(nonpartisan office)인데 후보자가 2명 이상이면 사전선거를 통해 최종 2인을 후보자로 결정해야 한다. 최고득표자가 2인인 경우 이 둘을 최종 후보자로 하고, 최고득표자가 1인이면 그 사람을 최종 당선자로 한다. 소환으로 비게 될 자리가 정파적인 공직(partisan office)일 경우에는 각 정당에서 내부 경선에서 1위를 차지한 사람 또는 소환대상 공직자가 사직을 하지 않았을 경우에는 그 공직자를 그 정당의 후보자로 등록한다(Wisconsin Statue 9.10(3)(c)-(d)-(e)-(f)).[61]

여덟째, 소환투표에서 소환대상인 현직 공직자가 다수를 얻으면 그 공직에 남아 있고, 다른 후보자가 당선이 되면 잔여 임기 동안 그 직을 수행할 수 있다(Wisconsin Statue 9.10(5)(b)). 소환투표에서 살아남은 공직자는 자신의 임기 동안에는 더 이상 소환대상이 되지

---

60 1981년 개정. 원래는 청원신청서 접수 40~45일 이내에 보궐선거를 실시한다고 되어 있었다.

61 1981년 개정.

않는다(Wisconsin Statue 9.10(6)).

소환제 활용 현황을 보면, 1926년 소환제를 도입한 이후 76건의 소환시도가 있었다(〈표3-15〉). 그 중에서 소환에 성공한 것이 21건, 실패한 것이 26건, 2명 이상이 대상이었는데 그 중 일부는 소환투표에 성공하고 다른 일부는 실패한 것이 4건, 소환투표 실시에 필요한 수의 서명은 받았으나 대상 공직자가 사직하여 후임자만 선출하는 소환투표를 한 것이 5건, 소환투표 실시에 필요한 수의 서명을 받지 못해 중도에 좌절된 것이 17건 등이다. 종합해 보면, 전체 76건의 소환시도 중에서 대상 전체 또는 일부 공직자의 소환투표에 성공한 것이 25건, 여기에 서명요건을 갖추었으나 대상 공직자가 소환투표 전에 자진 사직한 것을 포함하면 소환에 성공한 건수는 30건으로 소환률은 39.5%이다(Ballotpedia, 2020).

위스콘신 주 2011년 대규모 소환사건

여기서는 2011년 16명의 위스콘신 상원의원을 대상으로 진행된 소환청원에 대해서 조금 더 자세히 살펴보려고 한다. 위스콘신 주의 경우 상원의원을 대상으로 한 소환시도는 1996년과 2003년에 각각 한차례 있었으나, 모두 개별 의원을 대상으로 한 것이었다. 하지만 2011년 소환은 33명으로 구성된 상원의 절반 가까운 인원인 16명을 대상으로 한 최초의 대규모 소환이었다(Ballotpedia, 2010. "Recall of Wisconsin State Senators (2011)).

〈표3-15〉 미국 위스콘신 주의 소환제 활용

연도	전체	비공식	진행 중	소환성공	소환실패	성공+실패	사직	소환투표 좌절
1980년 이전	1				1[3]			
1990	1				1[9]			
1996	1			1[8]				
2002	2			2				
2009	3			1	1			1
2010	3			2				1
2011	11			3	8			
2012	11			3	4		2	2
2013	4				2			2
2014	6	1[1]			2	1[4]		2
2015	4			2	1			1
2016	6			1	3	1[5]		2
2017	4			1	1		1	1
2018	7			3	1	1[6]	1	2
2019	6			2	1	1[7]		2
2020	6		4[2]				1	1
계	76	1	4	21	26	4	5	17

자료: Ballotpedia (2020). Recall Campaigns in Wisconsin.https://ballotpedia.org/Recall_campaigns_in_Wisconsin

1) 밀워키카운티 검사(district attorney: 민주당의 John Chisholm)에 대해서 소환을 심각하게 고려했으나 실제로는 진행하지 않았다.

2) 2020년 9월 19일 현재 진행 중인 소환청원으로 3건이 있는데, 2건은 지난 8월 28일 시작된 주지사와 부지사 대상(코로나 대응 부적합 등의 사유) 소환청원으로 현재 서명 중이고, 다른 1건은 8월 26일에 시작된 위스콘신 주 검찰총장 대상 소환청원으로 이 역시 현재 진행 중이다.

3) 위스콘신 주상원의원(Otto Mueller)은 소속 정당(공화당) 노선에 벗어난 행동을 했다는 이유로 소환대상이 되었으나 소환투표가 실패함에 따라 그 직을 유지할 수 있었다. 이것이 위스콘신 주 최초의 소환청원이었다.

4) 읍 위원회(Town Board) 의장 존 카높(John Karnopp), 브리지포트(Bridgeport)읍 감독관(Town Supervisors) 마이크 스테이너(Mike Steiner)와 로드니 피셜러(Rodney Fishler)에 대한 소환투표는 각각 2014년 7월 1일, 7월 15일에 이루어졌다. 의장 카높과 감독관 스테이너는 7월 1일의 소환투표에서 살아남아 그 직을 유지할 수 있게 되었으나, 감독관 피셜러는 7월 15일의 소환투표에서 패배하여 그 직을 상실하였고 앨런 플라스버거(Alan Flansburgh)로 대체되었다. 두 감독관에 대한 소환사유는 그들이 프랙 모래(sand frac: 석유나 천연가스를 채굴하기 위해 단단한 조개화석층을 뚫는 데 필요한 모래 종류) 탄광개발을 지지했기 때문이었다.

5) 스베스타폴 학구위원회(Sevastopol School Board) 위원인 수 토디(Sue Todey)와 빌 버엄(Bill Behme)에 대한 소환투표는 2016년 8월 23일에 치러졌는데, 토디는 소환에 실패하고 버엄은 소환되었다. 같은 해 제이 잔(Jay Zahn)과 제인 뤼브커(Jane Luebker)에 대한 소환시도도 있었으나 충분한 서명을 모으지 못해 소환에 실패했다. 후자의 사유는 청원인들이 2016년 2월말부터 휴직 중인 초등학교 교장이자 특수교육지역회장인 메리 도널드선(Mary Donaldson)을 복귀시키라고 학구위원회에 요청하였으나 받아들여지지 않았기 때문이다.

6) 5인의 위원으로 구성된 크랜돈 학구위원회의 한 명인 로라 보크네히트(Laura Bauknecht)에 대한 소환투표는 2018년 10월 9일에 치러졌고, 미셸 고베르(Michelle Gobert)로 대체되었다. 그해 초에도 같은 위원회의 위원인 네딘 웨스티메이어(Nadine Westimayer)에 대한 소환청원이 진행되었는데, 그는 소환투표가 있기 전에 사직을 하여 2018년 8월 14일에 있었던 (대체위원 선출) 투표에서 존 도안(John Doane)이 당선되었다. 웨스티메이어와 보크네히트에 대한 소환사유는 적자재정, 학구의 학생 대 행정관 비율, 학생과 직원의 낮은 사기 등이었다.

7) 메릴 시의회의 의장 롭 노턴(Rob Norton)과 시의원 폴 러셀(Paul Russell), 팀 미힌(Tim Meehean),존 반 리쇼트(John Van Lieshout), 데이브 사코우(Dave Sukow) 등 5명에 대한 소환청원은 2019년 3월에 시작되었고, 소환투표는 2019년 7월 16일에 치러졌다. 시의원 팀 미힌(Tim Meehean)은 소환되었고, 의장을 포함한 나머지 4명은 살아남았으나, 시의원 사코우는 8월 2일에 자진 사직하였다.

8) 1991년부터 주상원의원이었던 조지 페택(George Petak)은 1996년에 소환되었다. 소환사유는 매출세의 1/10을 밀워키 야구단(Milwaukee Brewers)을 위한 신규 스타디움을 짓는 데 사용하도록 한 조세법안 반대에서 찬성으로 입장을 바꿈으로써 공화당이 다수였던 상원을 민주당이 다수가 되게 만드는 결과를 초래했기 때문이다.

9) 주하원의원이었던 짐 홀퍼린(Jim Holperin)은 1990년 소환투표에서 살아남았다. 소환사유는 인디언 원주민의 작살고기잡이 관련 조약에 대한 주지사의 입장을 지지했기 때문이었다.

대규모의 위스콘신 주 상원의원을 대상으로 소환청원을 촉발한 것은 공공부문 노조의 단체협상권을 제한하는 법의 상원(state Senate) 통과였다(CNN, 2011; Merrick, 2011). 2011년 공화당 주지사인 스콧 워크(Scott Walker)는 공화당이 지배하고 있는 주의회(상원 33명 중 19명, 하원 99석 중 60석)를 통해 1억3,700만불의 재정적자를 메꾸고 급증하는 공공부문 노동자의 사내복지비용을 줄이기 위한 조치로 교사, 경찰, 소방관 등 공공부문 노조의 2011년 2~3월의 3주간 격렬한 반대집회에도 불구하고 공공부문 단체협상권을 제한하는 법을 밀어붙였다(CNN, 2011). 대규모 소환이 이루어지게 된 상세한 배경은 아래와 같다.

<2011년 위스콘신 주의 대규모 소환투표 배경 >
2011년 1월 14일 : 주지사 스콧 워커(Scott Walker), 공공부문 노조의 단체협상권을 제한하는 법안을 주의회에 제출함. 노조간부와 민주당 의원들과의 협상 실패. 며칠 뒤 상원의 민주당 의원 14명 전원이 법안에 대한 표결을 늦추기 위해 일리노이 주로 피신.

2011년 2월 20일 : 민주당 상원의원 전원, 무기한으로 일리노이 주에 머물 것이라고 밝힘. 법안에 반대하는 공공부문 노조의 집회시위가 3월까지 개최됨.

2011년 2월말 : 주지사와 상원의 공화당의원들은 등원거부 중인 민주당 의원들이 돌아오도록 노력함. 주지사는 주의 부채 재구조화 최종 기한을 앞두고 주 공무원을 해고할 것이라 위협함. 주 상원 다수당(공화당) 원내대표는 이틀 이상 내부 승인을 받지 않고 등원하지 않아 보좌진의 복사기 접근을 금지시킨 탓에 14명의 민주당 의원 보좌관들은 자비로 프린트하거나 복사를 해야 하는 어려움을 겪기도 했음. 다른 한편 주 하원에서는 공화당 의원들이 법안에 대해 2월 22일 투표로 의결하도록 결의하였으나, 수백명의 유권자들이 공청회 증인으로 나섰고 민주당의원들은 표결을 늦추기 위해 십수 개의 개정안을 발의하기도 하고 연설을 하기도 함. 2월 25일 마지막 개정안이 부결되자, 하원의 공화당 원내대표는 더 이상의 공청회와 토론을 중단시키고 표결에 들어가, 결국 찬성 51, 반대 17, 기권 28로 균형예산회복법안(Budget Repair Bill)이 하원을 통과함.

2011년 3월 초 : 워커 주지사는 주 공무원의 일부 단체교섭권(기본급, 의무적인 시간외 근무, 성과급, 위험한 작업에 대한 수당, 교실당 학생 수 등)은 허용하는 타협안을 제시하였으나 상원의 민주당 의원들은 부족하다는 이유로 타협을 거부. 민주당 의원들이 타협안을 거부한 후 며칠이 지난 3월 10일, 공화당 의원들은 상하원 합동회의를 통해 의결정족수에 대한 협의를 거친 뒤, 상원에서는 예산이 들어가지 않은 법안의 의결정족수는 예산 포함 예산이 포함된 법안과의 의결정족수와 다르다는 점에 착안하여 공화당 의원 19명만 참석한 본회의에서 예산을 제외하고 노조의 권리를 제한하는 내용만을 포함하는 법안을 '날치기' 통과시킴.

2011년 3월 초 : 공화당 의원들은 등원하지 않은 민주당 의원들에게 하루 100불의 벌금을 물리는 법을 통과시켰고, 심지어는 위스콘신 주를 벗어난 의원들을 의회를 경멸하고 의회질서를 혼란시켰다는 명분으로 체포하여 위스콘신 주로 구인해오도록 경찰에 지시하기도 함. 위스콘신 주 경찰이 일리노이 주로부터 진입거부를 당해 결국 좌절됨.

2011년 3월 11일 : 주지사 워커는 균형예산회복법안에 서명함. 데인 카운티(Dane County)가 주 정부를 상대로 이 법이 위헌이라고 데인 카운티 법원에 고소함. 18일, 본회의 개최 사실을 24시간 전에 미리 공지하는 절차를 거치지 않았기 때문에 효력을 가질 수 없다는 데인 카운티 법원의 판결이 나왔고, 이에 검찰총장이 항소 의향을 발표하는 등 법정 공방전이 치열하게 전개됨.

이 와중에 입법참고국(Legislative Reference Bureau)은 위스콘신 주 국무부를 거치지 않고 바로 입법예고를 함. 공화당 의원들은 곧바로 집행할 것이라 밝힘. 3월 29일에는 데인 카운티 법원이 입법예고에도 불구하고 법으로의 효력을 가질 수 없다고 선언함.

2011년 6월 14일 : 위스콘신 주 대법원은 3월 29일의 판결을 뒤집어 해당법이 합법적으로 통과되었으며 카운티 법원이 월권을 행사했다고 판결함.

2012년 3월 30일 : 연방법원에서는 단체교섭권을 제한하는 일부 조항(예, 노조의 조합비 자동 납부)에 대해 9월 14일, 데인 카운티 순회판사가법의 일부가 위헌임(주공무원에 대해서 법 적용, 시나 카운티 공무원은적용대상이 아님)을 판결함. 2013년 11월 11일 위스콘신 대법원은 주지사의 항소를 심의한 결과 2014년 7월 31일 법의 효력을 최종 인정함.

이러한 배경하에서 33명의 상원의원 중에서 임기 1년이 지나 소환이 가능한 16명(공화당 의원, 민주당 의원, 각 8명) 모두에 대해 2월 중순 무렵부터 차례차례 소환시도가 이루어졌다. 소환 가능한 16명 중 9명에 대해서만 소환투표로 가기 위한 서명 조건, 즉 소환 대상 의원지역구 유권자의 25% 이상으로부터 유효한 서명을 확보하였고, 나머지 7명에 대해서는 소환투표로 가기 위한 서명을 충분히 확보하지 못해 중단되고 말았다.

소환투표로 가게 된 9명을 정당별로 보면, 공화당 6명, 민주당 3명이고, 소환신청서 제출일자별로 보면, 2월 19일, 24일, 25일 각각 1명, 3월 2일 6명이다. 민주당 3명은 상원에서 균형예산회복법안 심의와 표결에 참석해야 할 의원들이 의사일정을 최대한 늦추기 위해 일리노이 주로 (장기간) 피신했다는 이유로 소환대상이 되었고, 이들에 대해서는 2월 19일과 25일 사이에 소환청원신청서가 제출되었다. 공화당 6명은 균형예산회복법안을 무리하게 통과시켰다는 이유로 소환대상이 되었고, 모두 3월 2일에 소환청원신청서가 제출되었다.

공화당 6명에 대한 소환 서명 확인작업은 6월 3일에 마무리되었고, 소환투표는 7월 12일에 개최하기로 했으나 공화당 내에서 현직 의원 이외 다수가 공천을 신청하였기 때문에 7월 12일에는 당내 경선(primary)을 개최하고 소환투표는 8월 9일에 진행하기로 했다. 민주당 3명 중 2명 역시 당내 경쟁자가 있었기 때문에 7월 19일에 당내 경선을 하고, 8월 16일에 소환투표를 하기로 결정했다. 민주당 나머지 1명에 대해서는 경쟁후보가 공화당 1명밖에 없었기 때문에 당내 경선이 필요 없게 되어 7월 19일 바로 소환투표를 하기로 했다. 그 결과 소환투표는 7월 19일(소환대상 현역의원 민주당 1명), 8월 9일(소환대상 현역의원 공화당 6명), 8월 16일(소환대상 현역의원 민주당 2명)의 세 번에 걸쳐 진행되었다.

소환투표 성립을 위한 서명작업부터 소환투표에 이르기까지 위스콘신 주의 상원의원들에 대한 소환 성공을 위해 공화당과 민주당은 물론 노조나 시민단체도 재정적으로나 인적으로 적극 참여했을 뿐만 아니라 미국 전역으로부터 많은 지지와 참여가 이루어져 미국 사회에 커다란 반향을 일으켰다(Ballotpedia, 2010).

소환청원신청서 접수로부터 소환투표가 있기까지 약 6개월 동안 한편으로는 균형예산회복법의 합법 내지 합헌성을 둘러싼 법정싸움을 전개하였다. 다른 한편으로는 여론과 선거자금을 모으고 무효서명을 가려내기 위해 치열한 경쟁을 벌인 결과, 민주당 의원 3명은 소환투표를 무사히 이겨내어 의원직을 유지하게 되었다. 공화당 의원 6명은 2명이 소환투표를 넘어서지 못하고 경쟁대상인 민주당 후보에게 의원직을 내주고 말았다(〈표3-16〉).

선거구	의원명	2008년 득표율(%)	소환청원서 접수일 (2011)	소환투표 성립 서명	제출한 서명 (A)	확인된 서명 (B)	B/A(%)	경쟁자	예비 선거일 (2011)	소환 투표일 (2011)	결과
12	홀퍼린 (J. Holperin, D)	51.2	2.19	15,960	23,300	19,255	82.63	시맥(K. Simac)	7.19	8.16	F
22	워치 (R. Wirch, D)	66.7	2.24	13,537	18,300	17,138	93.65	스텔츠(J. Steltz)	7.19	8.16	F
30	한센 (D. Hansen, D)	66.1	2.25	13,852	18,872	15,540	82.34	리스트 (D.V. Leest)	N/A	7.19	F
2	카울리스 (R. Cowles, R)	unopposed	3.2	15,960	26,000	23,959	92.15	누스바움 (N. Nusbaum)	7.12	8.9	F
8	달링 (A. Darling, R)	50.5	3.2	20,343	30,000	22,243	74.14	패쉬(S. Pasch)	7.12	8.9	F
10	하스도프 (S. Harsdorf, R)	56.4	3.2	18,816	23,000	23,685	102.97	무어(S. Moore)	7.12	8.9	F
14	올센 (L. Olsen, R)	unopposed	3.2	14,733	24,000	22,207	92.52	클라크(F. Clark)	7.12	8.9	F
18	호퍼 (R. Hopper, R)	50.05	3.2	15,269	22,500	22,953	102.01	킹(J. King)	7.12	8.9	R
32	카펜크 (D. Kapanke, R)	51.4	3.2	15,588	30,000	21,776	72.58	쉴링(J. Shilling)	7.12	8.9	R

출처: Ballotpedia (2020).

주: 의원명(소속 정당) - 민주당(D), 공화당(R); 결과 - 소환실패(F), 소환성공(R)

2. 캐나다

1) 개요

캐나다 브리티시 컬럼비아 주는 임기 시작 18개월 이후부터 임기 말 사이의 기간에 주민이 주의회의원을 소환할 수 있도록 법으로 규정하고 있다. 브리티시 컬럼비아 주의 선거권을 가진 주민은 누구든지 소환청원인이 될 수 있으며, 소환대상 의원이 소환되어야할 사유를 200단어 정도로 기입한 소환청원서를 50불과 함께 선거관리위원회에 제출하면 소환청원절차를 시작할 수 있다. 청원인은 60일 기간 동안 해당 의원 선거구 유권자 40% 이상으로부터 찬성 서명을 받아야 한다. 해당 선거구 등록선거인은 순수 자원봉사자로서 청원인을 도와 서명을 받아줄 수 있으며, 엄격한 선거자금 규칙을 준수해야 한다. 청원인이 수집한 서명은 제출일로부터 42일 이내에 브리티시 컬럼비아 주 선거관리위원회가 정해진 비율의 서명을 받았는지를 확인하여 기준을 충족시켰다고 판단되면 해당 의원은 의원직을 상실하게 되고, 90일 이내 보궐선거를 치러야 한다. 소환된 의원도 보궐선거의 후보가 될 수 있다(Elections BC, 2010~11).

'소환 및 주민발안에 관한 법'(Recall and Initiative Act)이 1995년에 시행된 이후 2020년 9월말 현재까지, 총 26번의 소환청원시도가 있었다. 1998년에 충분한 수의 서명을 받았으나 선거관리위원회의 서명 확인 도중에 자진 사퇴한 의원 1명을 제외하고 소환청원으로 의원직을 잃은 경우는 아직까지는 한 명도 없다(Elections BC, 미상. Summary of Recall Petitions).

2) 도입 배경

소환제는 캐나다 연방 수준의 정치-법 체제에서는 찾아볼 수 없다. 하지만 한때 알버타 주가 채택한 바 있고 지금은 브리티시 컬럼비아 주가 시행하고 있다. 알버타 주 사례를 먼저 살펴본 뒤, 브리티시 컬럼비아 주 사례를 보기로 한다.

알버타(Alberta) 주

알버타 주는 1936년과 1937년의 2년 동안 소환제를 도입한 바 있다. 1차 대전 후 '통합농민운동'(United Farmers Movement)이 처음으로 소환제 도입을 내세웠으나 얼마 가지 못하고 대중의 지지를 잃었다. 소환제 도입 문제가 다시 제기된 것은 '사회적 신용운동'(Social Credit Movement) 지도자인 윌리엄 아버하트(William Aberhart)가 1935년 총선에서 소환제를 선거공약으로 내세우면서였다. 총선에서 승리한 아버하트는 주지사가 되었고, 캐나다 최초의 소환법인 「1936 의회의원 소환법」(Legislative Assembly

Recall Act 1936)을 도입하여 주의원을 소환할 수 있게 했다. 그러나 아버하트 자신을 소환하려는 운동이 지속되자 도입한지 1년 만에 법을 폐지하고 말았다.

'1936 의회의원 소환법'의 내용을 보면, 소환대상은 주의회 의원이고, 소환사유는 (정치적 사유도 허용하는 등) 제한이 없다. 소환청원(신청)인은 지난 선거에서 해당 선거구 유권자로 등록된 10명 이상의 주민이어야 하고, 청원신청서는 소환사유를 간략히 기술하여 제출해야 한다. 제출한 소환청원 신청서가 승인을 받으면, 곧바로 청원인은 청원서에 서명을 받을 수 있으며, 지난 선거에서 선거인 명부에 등록된 유권자의 2/3로부터 서명을 받아야 하고 이 과정은 증인이 있어야 하며 40일 이내 완료되어야 한다. 서명에 대한 대가를 받거나 요구하면 무효가 된다. 정해진 시간 내에 정해진 만큼의 서명을 받으면 법에 저촉되는 것이 있는지를 확인한다. 청원서가 법에 정해진 조건을 모두 충족시킨다고 판단이 되면, 해당 의원은 자동으로 의원직을 상실하게 되고, 보궐선거를 실시해야 한다. 소환된 의원도 보궐선거의 후보가 될 수 있다(Boyer, 1982. Jackson et al., 2011에서 인용). 알버타 주의 짧은 소환제 경험은 성공적이지 못하였고, 이 제도의 도입을 주도한 아버하트 스스로 소환제가 의원을 협박과 정치적 공세의 수단으로 악용되었다고 자평하기도 했다(Jackson et al., 2011).

브리티시 컬럼비아(British Columbia)

브리티시 컬럼비아 주는 캐나다의 서쪽 끝에 위치한 주로, 방금 살펴본 알버타 주의 바로 왼쪽에 놓여 있다. 빅토리아, 벤쿠버 등 많이 알려진 도시가 위치하고 있다. 19세기 중반 무렵부터 영국인들이 정착하기 시작하였고, 1871년에 캐나다의 6번째 주로 편입되었다. 주요 산업은 물류(항만·철도·항공)산업, 농업, 관광업, 광산업 등이고, 캐나다에서 네 번째로 높은 GDP(2017년 기준)를 자랑하며 1인당 GDP는 57,300불이 넘는다. 주정부형태는 단원제 의회이고 다수당이 내각(Executive Council)을 구성하고 내각수반(Governor)을 결정하며 내각은 의회에 대해서 책임을 지는 의원내각제다. 주의회(Legislative Assembly)는 주민 직선으로 선출되는 임기 4년의 87명의 의원으로 구성된다.

브리티시 컬럼비아가 「1995년 소환 및 발안에 관한 법」(Recall and Initiative Act 1995)을 도입하기 전까지는 소환제를 미국에서나 있을 법한 사상과 제도로 인식되고 있었기 때문에 캐나다에서 이에 대한 도입를 상상하기 어려웠다. 대의제와 의회주권(parliamentary sovereignty)의 원칙이 확고히 뿌리를 내리고 있는 캐나다에서는 국민이 선출한 대표는 단순히 자신을 선출한 유권자의 이익을 대변하는 대리인(mere agents of their constituents)이 아니라 의회의 구성원으로서 의회에 대한 책임과 의무를 다해야 하는 존재로 인식되고 있었기 때문이다(Boyer, 1982. Jackson et al., 2011에서 인용). 그럼에도 불구하고, 소환제 도입을 지지하는 이들이 있었으며, 이들은 소환제를 정부나 의회가 아니라 개별 정치인(의원)을 소환하는 제도로 인식하였다(Conacher, 1991).

소환제 도입이 정치권에서 본격적으로 거론된 것은 1990년 당시 집권당이던 '사회적 신용당'(Social Credit Party)이 주의회에서 주민투표법(Referendum Act)을 통과시킨 뒤,[62] 이 제도를 이용하여 1991년에는 브리티시 컬럼비아 주 선거와 관련된 두 가지 안 건(주

---

62 사회적 신용당은 1930년대 알버타 주에서 소환제를 도입한 주체이기도 하다. 이번에는 브리티시 컬럼비아로 무대가 바뀌었을 뿐이다.

민발안, 주민소환)을 주민투표에 붙였다.[63] "주민들이 법에 근거하여 주의회 의원을 선거와 선거 사이의 시기에 소환할 수 있는 권리가 주어져야 하는가?"라고 묻는 주민투표 결과는 유효투표의 81%라는 압도적인 다수의 찬성으로 이어졌다. 1991년 선거에서 사회적 신용당이 패배하고 신민주당(New Democratic Party)정부가 들어섰으나, 신민주당 정부가 소환제 입법화를 수용함으로써 법제화를 위한 준비작업이 1992년부터 시작되었다.

이를 위해 설치된 '의회개혁·윤리·의사규칙·개별법안 특별위원회'(Select Standing Committee on Parliamentary Reform, Ethical Conduct, Standing Orders and Private Bills)가 1992년 6월부터 1993년 11월에 걸쳐 소환제 도입을 위한 조사를 진행한 뒤 최종보고서를 본회의에 보고했다. 이를 근거로 주민발안과 주민소환을 동시에 포함하는 통합법(Recall and Initiative Act 1995)이 1995년 2

---

63 소환제와 관련하여 정치권에서 국민투표를 통한 입법화가 추진되는 동안, 학계에서도 소환제의 필요성, 기능, 한계 등에 대한 논쟁이 벌어졌다. 대표적인 찬성론자로 맥코믹(McCormick) 등이 있으며, 코나쳐(Conacher) 등과 같은 학자는 찬성론자이면서 신중론을 폈다. 전자는 설령 의원을 실제로 소환할 수 없다 하더라도 제도의 존재만으로도 주민들이 불만을 가지고 있다는 점을 정치권에 전달하는 소통의 기제로 작동하여 정부로 하여금 반응하게 할 것이라는 점을 강조한다. 정당정치의 도구로 전락하거나 무분별하게 남용될 가능성이 있다는 지적에 대해 캐나다 주민들은 정당일체감이 그렇게 강하지 않기 때문에 정당정치에 휘둘리지 않을 것이고, 의원을 올바르게 선출할 지혜와 판단력이 있다면 소환투표에서도 비슷한 지혜와 판단력을 발휘할 것이기 때문에 우려하지 않아도 된다는 입장을 취했다(McCormick 1994). 반면 후자는 캐나다와 같은 선호투표제도(preferential voting system)로 당선되고 상대적 최다수제로 소환여부를 결정할 경우 적은 표로 당선가능하지만 그만큼 쉽게 소환될 수 있고, 정당규율과 내부결속력이 강해 개별의원에 대한 소환 문제가 쉽게 정당 간 대립으로 확대될 가능성이 크다는 점을 지적하면서 소환제는 지방정부 수준에서만 도입하고 연방정부나 주정부에서는 도입하지 말아야 한다고 주장했다(Conacher 1991). 이러한 학계의 찬반의견이 의회개혁·윤리·의사규칙·개별법안 특별위원회의 보고서에도 반영이 되었다(Jackson et al., 2011)

월에 최종적으로 제정되었다(Elections BC, 2003).

참고로 브리티시 컬럼비아 주에서 소환제 입법화가 진행되던 시기에 연방정부 수준에서도 개혁당(Reform Party) 소속의원의 발의로 「하원의원의 소환을 위한 법안」(An Act to provide for the recall of members of the House of Commons)을 1994년 2월에 제출했으나, 2차 독회에서 무산되었다. 서스캐처원(Saskatchewan) 주의 야당인 서스캐처원당도 1997년, 1998년, 2001년 세 차례 법안을 제출하였으나 2차 독회를 넘어서지 못하고 무산되고 말았다. 그 결과 현재는 캐나다에서 소환제를 도입하고 있는 주는 브리티시 컬럼비아 주가 유일하다(Elections BC, 2003).

3) 내용

주의회 의원 소환과 관련된 절차와 방법은 「1995년 소환 및 발안에 관한 법」(Recall and Initiative Act 1995: RIA 1995)에 규정되어 있으며, 세부적인 사항은 여러 차례 수정되었다.

소환대상은 주의회 의원이며, 관련 의원이 선출된 총선거일부터 18개월까지, 다음 총선거일을 6개월 이내 남겨둔 시기에는 소환청원을 할 수 없다(RIA 1995, 제 19조 4항). 소환청원을 하고자 하는 청원인은 다음과 같은 절차와 방법에 따라 소환청원을 진행해야 한다. 소환대상 주의회 의원 선거구의 선거인명부에 등록된 주민은 누구든지 소환청원을 신청할 수 있다.

첫 번째, 해당지역 선거관리위원회 위원장으로부터 청원신청서를 받아 필요한 사항을 기재하여 접수비(50불)와 선거관리위원회 위원장에게 제출해야 한다. 신청서에는 청원인의 인적 사항과 해당 의원의 이름을 적고 소환사유를 200자 정도로 간략하게 서술해야 한다(RIA 1995, 제19조).

두 번째, 청원신청서에 필요사항을 모두 기재하고 소환법의 요구사항이 모두 충족되면, 거의 대부분의 청원 신청은 자동으로 승인(접수, 완료)된다. 선거관리위원회는 특정 의원 대상 소환청원신청서가 정상적으로 접수가 완료되면, 1주일 이내 청원인과 해당 의원 그리고 의회의장에게 이 사실을 통보해야 한다. 청원인은 소환청원신청서를 접수하면서 또는 그 이후에라도 청원서명작업을 실제로 진행할 자원봉사자(canvassers)와 홍보를 도울 사람(advertising sponsors)도 신고하여 정식으로 등록하여야 한다(Elections BC, 2010~11). 청원서명을 도와줄 자원봉사자는 지난 6개월 이상 브리티시 컬럼비아 유권자이어야 하고, 자신의 이름과 거주지 주소를 선거관리위원회에 등록한 사람이어야 한다(RIA 1995, 제22조). 청원 홍보 스폰서(advertising sponsors)는 브리티시 컬럼비아 주에 거주하는 캐나다 시민권자 또는 영주권자로서 소환 관련 홍보물 제작에 필요한 비용을 지원해 주는 사람, 홍보대행자 등을 말한다(Elections BC, 2010~11: 56).

세 번째, 청원인은 청원서를 받으면 그날로부터 60일 동안 해당 의원 선거구에서 지난 총선 때 선거인명부에 등록된 유권자의 40%로부터 서명을 받아야 한다(RIA 1995, 제23조). 청원서에 서명을 할 수 있는 사람은 해당 의원 선거구에서 지난 총선 때 선거인명부에 등록된 유권자이어야 하고, 동시에 청원서에 서명하는 날에는 적어도 브리티시 컬럼비아 내 어느 선거구에든 선거인명부에 등록되어 있어야 한다(RIA 1995, 제21조). 선거관리위원회는 청원인과 서명수집 자원봉사자에게는 청원서에 서명할 자격이 있는 선거인 명부(성명과 주소 포함)를 제공한다(Elections BC, 미상. Recall petition canvasser guide and application).

네 번째, 정해진 90일 이내 수집한 서명과 함께 청원서를 선거관리위원회에 제출하면, 선거관리위원회는 42일(6주) 이내 충분한 수의 자격이 있는 유권자로부터 서명을 받았는지 확인하는 절차를 밟는다 (RIA 1995, 제24조). 충분한 수의 유권자로부터 서명을 받았고, 또한 선거자금 관련 규정을 제대로 준수했다고 판단이 되면, 청원인과 해당 의원 그리고 의회의장에게 이 사실을 빠른 시일 내 통보해야 한다 (RIA 1995, 제25조). 해당 의원은 즉시 의원직을 상실하게 되고, 그로부터 90일 이내 보궐선거를 치러야 한다. 소환된 의원도 보궐선거에 출마할 수 있다(Elections BC, 2010~11). 유효 서명 수가 정해진 비율에 못 미치면 소환은 실패한 것이고, 선거관리위원회는 빠른 시일 내 이러한 결과를 청원인, 해당의원, 의회의장에게 통보해야 한다 (RIA 1995, 제24조). 해당 의원은 의원직을 계속 유지할 수 있다. 지금까지 살펴본 소환 절차와 방법을 정리하면, 아래와 같다(〈그림 3〉).

청원신청서 접수 → 청원서 (서명지 포함) 발급(7일) → 서명수집기간(90일) → 청원서 제출 → 청원서 확인작업(42일) → 활동자금 수입지출 심사 → 서명확인 결과 발표 → (해당의원 의원직 유지; 해당의원 의원직 상실) → 보궐선거(90일)

출처: Elections BC (2003).

〈그림 3〉 캐나다 브리티시 컬럼비아 주 소환청원 시간대별 업무

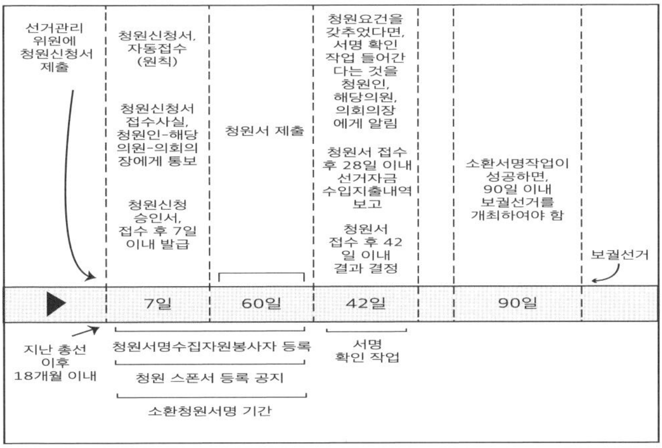

출처: Elections BC (2010-11).

4) 실제 활용

「1995년 소환 및 발안에 관한 법」(Recall and Initiative Act)이 1995년에 효력을 발한 이후 26번의 소환청원시도가 있었지만, 이 중에서 21건은 서명을 받다가 중간에 포기하거나 (충분한 서명을 수집하지 못해서) 아예 제출하지 않았다. 서명을 받아서 정식으로 제출한 것은 4건이었고 1건은 충분한 서명을 모았으나 해당 의원이 서명 확인과정 중에 의원직을 사임하였다(〈표3-17〉).

〈표3-17〉 캐나다 브리티시 컬럼비아 주의 소환청구사례

연도	소환대상	정당	청원 신청승인	서명 마감일	필요 서명수	실제 서명수	유효 서명수	서명수집 자원봉사자수	결과
2015	리 (R. T.Lee)	자유당 (BC Liberal Party)	2015.4.15	2015.6.15	16,494	1,551	–	91	실패 (미제출)
	달톤 (M.Dalton)	무소속 (Independent)	2015.4.15	2015.6.15	15,410	930	–	115	실패 (철회)
2011	달톤 (M.Dalton)	자유당 (BC Liberal Party)	2011.3.10	2011.5.9	14,082	–	–	67	실패 (철회)
	레이크 (T.Lake)	자유당 (BC Liberal Party)	2011.2.3	2011.4.4	15,299	–	–	99	실패 (미제출)
	맥리 (D.McRae)	자유당 (BC Liberal Party)	2011.1.21	2011.3.22	19,348	5,181	–	139	실패 (서명 부족)
2010	총 (I. Chong)	자유당 (BC Liberal Party)	2010.12.6	2011.2.4	15,368	8,870	–	289	실패 (서명 부족)
2003	메이언코트 (L. May- encourt)	자유당 (BC Liberal Party)	2003.4.2	2003.6.2	14,961	–	–	76	실패 (미제출)
	캠벌 (G. Campbell)	자유당 (BC Liberal Party)	2003.3.13	2003.5.12	14,623	–	–	154	실패 (미제출)
	브레이 (J.Bray)	자유당 (BC Liberal Party)	2003.2.28	2003.4.29	14,711	–	–	147	실패 (미제출)
	사프레딘 (B. Suffredi- ne)	자유당 (BC Liberal Party)	2003.2.27	2003.4.28	11,695	–	–	394	실패 (미제출)
	맥마흔 (W. McMa- hon)	자유당 (BC Liberal Party)	2003.2.26	2003.4.28	8,068	–	–	193	실패 (미제출)
	트럼퍼 (G. Trumper)	자유당 (BC Liberal Party)	2003.2.24	2003.4.25	13,215	–	–	58	실패 (미제출)
	헌터 (M. Hunter)	자유당 (BC Liberal Party)	2003.2.21	2003.4.22	12,566	–	–	186	실패 (미제출)
	레이드 (J.Reid)	자유당 (BC Liberal Party)	2003.2.20	2003.4.22	14,857	–	–	177	실패 (미제출)

연도	이름	정당							결과
2002	로딕 (V. Roddick)	자유당 (BC Liberal Party)	2002.11.26	2003.1.27	11,949	13,168	9,999	175	실패 (유효서명 부족)
1999	판워스 (M. Farnworth)	신민주당 (BC NDP)	1999.5.20	1999.7.19	17,417	-	-	10	실패 (미제출)
1998	램지 (P. Ramsey)	신민주당 (BC NDP)	1998.10.7	1998.12.7	8,908	-	-	72	실패 (미제출)
	길레스피 (E. Gillespie)	신민주당 (BC NDP)	1998.7.28	1998.9.28	17,048	-	-	0	실패 (미제출)
	레이츠마 (P. Reitsma)	자유당 (BC Liberal Party)	1998.4.15	1998.6.15	17,020	25,430	-	193	서명확인 중 자진사퇴
	길레스피 (E. Gillespie)	신민주당 (BC NDP)	1998.2.12	1998.4.14	17,048	-	-	60	실패 (미제출)
	콜먼 (R.Coleman)	자유당 (BC Liberal Party)	1998.1.27	1998.3.30	13,409	-	-	0	실패 (미제출)
	램지 (P. Ramsey)	신민주당 (BC NDP)	1998.1.16	1998.3.17	8,908	-	-	0	실패 (미제출)
	캠벨 (G. Campbell)	자유당 (BC Liberal Party)	1998.1.13	1998.3.16	14.643	-	-	0	실패 (미제출)
1997	기스브레칫 (H. Giesbrecht)	신민주당 (BC NDP)	1997.12.12	1998.2.10	7,558	-	-	1	실패 (미제출)
	기스브레칫 (H. Giesbrecht)	신민주당 (BC NDP)	1997.12.5	1998.2.3	7,558	-	-	152	실패 (미제출)
	램지 (P. Ramsey)	신민주당 (BC NDP)	1997.12.5	1998.2.3	8,908	8,323	-	190	실패 (서명 부족)

* 자료: Elections BC (미상). Summary of Recall Petitions. https://elections.bc.ca/docs/rcl/
Summary-of-Recall-Petitions.pdf (2020.9.12. 검색)

그 결과 첫 번째 소환청원이 시도되었던 1997년부터 2020년 9
월말 현재까지, 서명 확인 중 소환청원으로 의원직을 잃은 의원
은 단 한명도 없다. 충분한 수의 서명을 받았으나 선거관리위원
회의 서명 확인 도중에 사임한 사례를 소환성공이라고 본다면,
한 건이 성공한 셈이다(Elections BC, 미상. Summary of Recall
Petitions).

3. 독일

1) 도입배경

독일의 소환제 역사는 오래 되었다. 독일의 면적은 남한의 약 3.5 배이고 인구는 8,000여 만이며, 16개 주(Land)로 구성된 연방국가이다. 독일은 일찍부터 연방제를 택하여, 독일연방을 구성하는 주의 권한이 큰 편이었다.

바이마르 공화국 시절에는 주 단위 수준에서 주민들의 서명으로 단원제 의회였던 주의회(Landtag)를 해산할 수 있었다. 프러시아의 경우 선거인 명부에 등록된 유권자의 1/5 이상의 서명을 받으면 의회를 해산할 수 있었으며(Thoma, 1928), 1920년대와 1930년대에는 주의회 해산을 위한 청원이 수없이 많았다. 주민소환에 의해 주의회를 해산하려는 시도는 작센(Saxony, 1922, 1924, 1931~32), 바바리아(Bavaria, 1924), 브룬스윅(Brunswick, 1924, 1931), 샤움부르크-리페(Schaumburg-Lippe, 1924), 메켈렌부르크-쉬베린(Mecklenburg-Schwerin, 1925), 헤센(Hesse, 1926), 리페(Lippe, 1929, 1931), 프러시아(Prussia, 1931), 올덴부르크(Oldenburg, 1932), 브레멘(Bremen, 1932) 등이 있었다. 이 중에서 실제로 국가사회주의정당(National Socialist Party)이 제안하고 주민투표로 주의회를 해산한 것은 1932년 올덴부르크의 소환사례가 최초(Greene, 1933. Jackson et al., 2011에서 재인용)다. 어떤 주에서는 소환투표 없이 청원서명만으로 의회가 해산되는 경우도 있었다(Thoma, 1928).

이 시기에 주민소환으로 지방의회의 해산을 허용한 주는 바덴(Baden), 바바리아, 브레멘, 브룬스윅, 리페, 메클렌부르크-쉬베린, 올덴부르크, 작센, 투링겐(Thuringa) 9개다(Wells, 1929. Jackson et al. 2011에서 재인용).

의회 해산이 필요한 서명자의 수는 주마다 달랐는데, 대개 전체 유권자의 1/5에서 1/3 사이였으며, 소환투표 의결정족수는 총투표자의 1/2에서 3/5 사이였다. 새로 구성된 지방의회는 잔여 임기만 채우도록 되어 있었다. 소환청원은 주로 독일국민당(German National People's Party), 국가사회주의정당(National Socialist Party), 공산당(Communist Party)이 주도하였는데, 가끔씩 독일사민당의 지지를 받기도 했다. 소환에 의한 의회 해산의 목적은 정치적인 것이었다. 주민청원이나 투표에 의한 의회 해산이 큰 혜택을 가져다준 것은 아니었고, 비용도 만만치 않았지만, 주민소환제는 주나 지방정부의 집행부가 의회 해산권을 갖지 않았을 경우에는 매우 중요한 기능을 한 것으로 평가되었다(Greene, 1933. Jackson et al. 2011에서 재인용).

1920년과 1927년 사이의 통계를 바탕으로 실제 활용도를 보면, 의회 해산에 필요한 충분한 수의 서명을 받기 어렵기노 하고, 의회를 해산할 수 있는 다른 방법도 있어서 주민소환은 거의 활용되지 않았다. 소환제는 특정 정당이 지방의회에서 자신의 의석수를 늘리거나 위상을 높이기 위한 수단으로 활용되는 측면이 컸다(Wells, 1929. Jackson et al., 2011에서 재인용).

독일에서 다른 직접민주주의 제도와 함께 소환제가 다시 도입된 것은 1990년 통독과정을 거치면서였다. 사회주의권의 붕괴와 독일 통일이라는 세기적인 변화 속에서 연방정부는 물론 주정부 수준에서도 다양한 제도개혁이 이루어졌다(Geißel and Jung, 2020). 이 과정에서 16개 주(Länder) 모두 시장 직선제, 주민발안제, 주민투표제를 도입했고, 11개 주가 시장 소환제를 도입하였다(Geißel and Jung, 2018).

독일의 11개 주가 도입한 소환제는 두 가지 유형으로, 주민투표에 의한 의회해산과 시장 소환이 그것이다. 시장 소환제의 도입은 직선제로 시장의 정통성 내지 정치적 기반이 강화됨에 따라 시장에 대한 견제가 필요했기 때문이다(Ibid.).

2) 소환의 유형

① 소환에 의한 의회해산제도

소환에 의한 의회해산제도는 바덴뷔르템베르크(Baden-Württemberg), 바바리아(Bavaria), 베를린(Berlin), 브란덴부르크(Brandenburg), 브레멘(Bremen), 라인란트팔츠(Rheinland-Palatinate) 등 모두 6개 주에서 도입하고 있다.[64] 구체적인 절차와 방법은 주마다 차이가 있다. 여기서는 베를린의 사례를 들어 그 내용을 간략히 정리하고자 한다.

베를린의 주민소환에 의한 의회해산 절차와 방법은 베를린 주헌법 제63조 3항에 규정되어 있다: "주민투표로 임기 전의 의회를 해산하기 위한 청원서를 제출하기 위해서는 선거인명부에 등록되어 있는 유권자 5만 명 이상의 서명이 있어야 한다. 청원서 제출 후 4개월 이내 전체 유권자의 1/5 이상이 서명을 하면 소환투표를 개최해야 한다. 유권자의 50% 이상이 소환투표에 참여하고 과반이 찬성하면 의회는 해산한다." 이 제도가 실제로 활용된 사례는 1981년에 있었다. 1969년 이후 10년 넘게 정권을 잡지 못해 정치적 위

---

[64] Constitution of the Free State of Bavaria, art 18(3); The Constitution of Berlin, s 63(3); Landesverfassung Baden-Württemberg, art 43(2); Landesverfassung Bremen, arts 70(c), 76; Landesverfassung Brandenburg, arts 76(1), 77, 78; Landesverfassung Rheinland-Pfalz, art 109. 이 중에서 영어본 헌법은 베를린, 바바리아의 두 개주에서만 존재한다.

기에 처해 있던 기민당(Christian Democratic Union)이 1981년 1
월에 의회해산을 위한 소환절차를 밟기 위해 유권자들로부터 서명
을 받았다. 불과 며칠 만에 30만 명으로부터 서명을 받았는데, 이는
소환투표를 개최하기 위한 최소 서명수를 넘어서는 것이었다. 이에
의회는 그해 3월에 다가오는 5월에 조기 총선을 개최하기로 결정
했다. 소환투표를 개최하기 전에 의회가 조기 선거를 치르기로 결
정했기 때문에, 의회해산이라는 목적을 달성했고 소환절차는 중단
되었다(International IDEA, 2008). 조기 총선 결과 주민의 비판을
받았던 베를린 시장을 포함한 여러 의원이 낙선하였다.[65]

  베를린이 아닌 다른 주의 경우 이보다 더 까다로운 조건을 제시
하고 있다. 바바리아의 경우 의회해산 청원 신청인이 100만 명 이
상이어야 하고, 바덴-뷔르템베르크의 경우 그 인원이 전체 유권자
의 1/6 이상이어야 한다. 브란덴부르크의 경우에는 세 단계를 거쳐
야 하는데, 첫 번째 단계는 유권자 15만 명 이상 (주의회가 조기선
거를 치르는 결정을 내리도록) 청원 신청을 하여야 하고, 다음 단계
는 주의회가 주민청원에 동의하지 않을 경우 최소 20만 명이 의회
해산 청원을 해야 한다. 세 번째 단계는 의회해산을 위한 주민청원
에 대해 주의회가 2개월 이내 승복하지 않으면, 그로부터 3개월 이
내 의회해산을 위한 주민투표를 실시한다. 유권자의 과반이 투표에
참여하고 투표자의 2/3가 찬성을 하면 의회는 해산된다. 이처럼 엄
격한 조건으로 말미암아 주민투표에 의한 의회해산제도는 잘 활용
되지 않고 있다(International IDEA, 2008).

---

65 이를 두고 어떤 학자는 '짖지 않는 개'도 때로는 중요하다는 것을 입증한 것이라 표현했다
    (Qvortup, 2011).

② 주민투표에 의한 시장소환

독일의 주에서 도입하고 있는 소환제의 두 번째 유형은 주민투표에 의한 시장소환이다. 베를린 장벽 붕괴 이후 독일의 16개 주 중 11개 주가 (직접 또는 간접) 소환제를 도입했다. 의회가 주도하는 간접 소환제는 11개 주 모두가 도입했고, 주민이 주도하는 직접소환제는 현재까지 브란덴부르크(Brandenburg), 노르트라인-베스팔리아(North-Rhine Westphalia), 작센(Saxony), 쉴레스비크-홀스타인(Schleswig-Holstein), 투링겐(Thuringa) 등 5개 주가 택하고 있다.[66]

먼저, 시의회가 주도하는 시장을 소환하는 간접소환제는 시의회가 1/2 내지 3/4의 동의로 시장을 소환할 수 있는 제도다. 다음, 주민이 직접 시장을 소환할 수 있는 직접소환제는 유권자의 최소 10%, 최대 35%가 소환청원에 서명을 하면 소환투표를 하고, 소환투표에서 유권자의 최소 20% 최대 50%가 찬성해야 시장을 소환할 수 있다.

〈표3-18〉 독일 개별 주의 소환제

Land	도입연도	시장 직접소환제	시장 간접소환제: 시의회 다수결	시장 직접소환제: 청원서명요건*	시장 소환 투표 요건**
브란덴부르크 (Brandenburg)	1993	Y	2/3	10	25
	1998			25[1)], 20[2)], 15[3)]	
헤센(Hesse)	1992	N	2/3		30
니더작센(Lower Saxony)	1996	N	3/4		25
메클렌부르크-포어포메른(Mecklenburg- Vorpommern)	1997	N	2/3		50[4)-5)]
	2004				33.3[5)]
노르트라인-베스트팔렌 (North-Rhine Westphalia)	1994	N	2/3		25
	2011	Y		20[6)], 17.5[7)], 15[8)]	
라인란트-팔츠 (Rhineland-Palatinate)	1993	N	2/3		30
자를란트(Saarland)	1994	N	2/3		30
작센(Saxony)	1993	Y		33.3, 20[9)]	50

---

66 이하의 시장에 대한 직접소환제에 대한 논의는 Geißel and Jung(2020)에 의존하였다.

작센-안할트(Saxony-Anhalt)	1993	N	3/4		30
쉴레스비크-홀스타인 (Schleswig-Holstein)	1995	Y	2/3	25	33.3
	2002			20	20
투링겐(Thuringa)	1993	N	1/2		30
	2002		2/3		
	2016	Y		35	

출처: 시의회 해산을 제외한 모두 – Geißel and Jung(2020); 시의회 해산
* 선거인 명부에 등록된 투표자격 유권자 중 서명자 비율(%)
** 선거인 명부에 등록된 투표자격 유권자 중 소환투표 찬성 비율(%)
*** 1) 인구 2만 이하의 지역, 2) 인구 2만~6만의 지역, 3) 인구 6만 이상의 지역, 4) 투표율,
   5) 2/3 찬성, 6) 5만 이상의 지역, 7) 10만 이상의 지역은 선택 가능, 8) 인구 10만 이상의 지역,
   9) 인구 5만~10만의 지역

직접소환제를 도입한 배경은 주마다 약간의 차이가 있다. 독일연방의 주들이 소환제를 도입하게 된 배경에는 1990년 독일 통일과정에서 이루어진 제도변화가 있다. 구동독의 주들은 소환제를 제외한 직접민주주의제도를 담고 있던 동독시절의 지방정치 제도를 바꿀 필요가 있었다. 다른 한편, 서독의 대부분 주들도 통독시대에 맞게 누적투표제, 분할투표제, 직접민주주의제도, 시장의 직선 및 소환 등과 같은 지방정치와 지방선거 관련 제도를 근본적으로 개혁해야 했다. 대부분의 주들은 간접소환제만 도입하였으나, 브란덴부르크와 작센 주는 1993년 4월에 간접소환제와 직접소환제를 거의 동시에 도입하였다.

이 중, 작센 주가 직접소환제를 도입하게 된 배경을 살펴보자. 작센 주는 1992년부터 지방정치 관련 법규를 개정하였는데, 1990년부터 주의회의 절대다수를 차지한 기민당이 구동독 시절의 직접민주주의제도를 거의 그대로 유지하면서 시장의 직선제를 도입하였다. 그리고 그 과정에서 좌파정당들의 주장과 시민참여에 대한 우호적인 환경 때문에 소환제도 함께 도입하였다. 작센 주가 소환제를 도입하게 된 것은 무엇보다도 '좌파민주사회당'(Linkspartei

PDS)의 역할이 컸다.[67] 이들 정당은 1991년에 다른 정당보다 먼저 직접소환제를 포함한 지방정치제도 개혁법안을 작센 주의회에 제출하였다. 독일사민당(SPD)과 녹색당(Bündnis 90/Grüne)은 시장 직선제(와 소환제)보다는 시의회가 시장을 선출하는 간선제방식을 선호했지만, 일단 소환제를 도입하기로 한다면 서명조건을 낮추어 실제로 활용할수 있도록 해야 한다는 조건을 내세웠다. 집권당인 기민당은 애초에는 소환제 도입을 생각하지 않았지만, 일단 도입할 수밖에 없는 상황이 되자 시장을 견제하기 위해 필요하고, 주민이 시장을 직접 선출했다면 소환도 할 수 있어야 한다는 식의 논리를 펼쳤다. 하지만 동시에 소환제가 시장의 권한남용을 막기 위한 최후의 수단으로 사용되고 시장의 의사결정을 지나치게 제한하는 도구로 사용되어서는 안 된다는 생각에 소환 조건을 매우 까다롭게 만들려고 했다. 더구나 이웃하고 있는 자매주 바덴-뷔르템부르크에

---

67 '좌파민주사회당'은 1989년에 창당된 민주사회당의 후신이며, 민주사회당(Party of Democratic Socialism)은 1990년까지 동독에서 국가권력을 장악했던 사회주의 통합당(Socialist Unity Party of Germany)을 법적으로 계승한 정당이다. 민주사회당은 1990년부터 2005년까지 동독지역의 좌파정당으로 인식되어 왔다. 서독지역에서는 큰 지지를 받지 못했으나 동독지역에서 15~25%의 득표를 하여 메클렌부르크포어포메른(Mecklenburg-Vorpommern)과 베를린에서는 독일사민당(Social Democratic Party of Germany, SPD)과 연립정부를 구성하기도 했다. 민주사회당은 2005년에 '좌파민주사회당'(Left Party.PDS; 독일어 Die Linkspartei.PDS)으로 개칭하고 서독에 지지기반을 두고 있는 '노동자와 사회정의를 위한 대안당'(Electoral Alternative for Labour and Social Justice, WASG)과 선거연합을 이루어 2005년 총선에서 8.7%의 득표를 기록했다. 이는 2002년 민주사회당 단독으로 얻은 4%보다 두배나 많은 득표였다. 이를 계기로 두 정당은 2007년 6월에 합쳐서 새로운 정당 '좌파정당'(The Left, 독일어-Die Linke)을 창당하였다. 동성애자 결혼의 합법화, 이민자에 대한 사회복지 확대 등과 같은 진보적인 정책을 지지한다. Wikipedia. Party of Democratic Socialism (Germany). https://en.wikipedia.org/wiki/Party_of_Democratic_Socialism_%28Germany%29 (2021. 3. 26 검색).

서는 간접소환제만 도입하고 있었기 때문에 작센 주의 기민당은 직접소환제의 빈번한 사용에 대해 부정적이었다.

3) 직접소환제 도입

요약하면 직접소환제 도입의 배경은 다음과 같다.

첫째, 작센의 민주화가 지방정치 제도 개혁과 직접소환제의 도입 배경이 되었다. 주의회에서 시장 직선제에 대한 논란이 있을 때 동독시절의 지나치게 강한 시장의 권한을 견제하기 위한 수단으로서의 소환제에 대한 공감이 이루어졌고, 정당들은 주민참여에 대한 개방적인 태도를 공유하고 있었다. 이러한 직접소환제에 대한 우호적인 환경이 기민당으로 하여금 직접소환제를 수용하게 만든 것으로 평가되고 있다.

두 번째, 브란덴부르크는 작센과 마찬가지로 통일을 맞이하여 지방정치 관련 새로운 법제를 미련해야할 상황에 있었는데, 작센과 달리 1990년 총선에서 제 1당이 된 사민당은 단독정부를 구성할 처지가 되지 못해 자유민주당(FDP) 및 녹색당(Greens)과 연립정부를 구성하게 되었다. 사민당-자민당-녹색당의 연립정부는 새로운 지방정치법을 통과시키기에 앞서 직접소환제 도입을 포함하는 지방선거법을 만들었다. 이 제도를 도입하게 된 배경에는 작센 주에서와 마찬가지로 좌파정당인 민주사회당(PDS)과 링케(Linke)의 역할이 컸다. 이들 정당은 1993년 주의회에 제출한 지방선거법안 속에 명예시장(honorary mayor)의 직선제와 소환제를 포함시켜 놓았다.

시의회에 의한 시장선출을 선호한 사민당과 주민직선을 선호한 정당 간의 이견을 해소하기 어려웠다. 타협안으로서 처음에는 해당 시들이 주민직선과 의회간선을 놓고 주민투표를 하기로 했으나, 사민당이 결국 연정파트너의 압박에 굴복하여 직선제를 수용하는 동시에 구동독시절의 주민발안제에 적용한 조건인 청원신청조건을 유권자의 10%, 주민투표 개최 조건을 유권자의 25%로 낮추어 다소 약한 소환조건에 합의하였다. 사민당이 소환의 문턱을 낮게 한 것은 시장의 권한을 견제하려 한 자매주 노르트라인-베스트팔리아의 지방정치법제에 영향을 받은 측면도 있다.

세 번째, 쉴레스비크-홀스타인(Schleswig-Holstein)은 서독의 주로서는 처음으로 1995년에 직접소환제를 도입하였다. 사민당 정부가 정당대회에서 처음으로 시장의 직선제 도입 계획을 발표했을 때 당의 저항이 컸다. 결국 야당인 기민당(CDU)과 자유민주당(FDP)이 1994년에 시장 직선제 도입을 위한 주민발안을 추진하였고, 주민발안이 성립(의회 수용)에 필요한 정족수를 채우게 되자, 사민당은 개혁안을 준비할 수밖에 없었다. 사민당이 직선제와 직접소환제를 수용하게 된 논리는 다소 애매모호했는데, 초기에는 때로 비합리적인 여론을 걸러내기 위한 장치로서 간접소환제를 두둔했으나, 이후에는 직접소환제가 불가피하다는 논리를 펼쳤다. 다시 말하면, 사민당은 시장의 권한을 견제할 필요성에는 공감했으나 그 방법으로 의회 간선제를 선호했고, 소환제에 대해 입장이 분명하지 않았다. 그러나 직접소환제를 수용하면서 애매한 논리로 정당화한 것이다. 게다가 쉴레스비크-홀스타인은 독일연방의 주들 중에서는 두 번째로 1990년에 다른 직접민주주의제도를 도입해 놓고 있었기 때문에 직접소환제를 정당화하기가 쉬웠을 것이다. 대신 사민당의 대중에 대한 불신은 소환조건을 다소 까다롭게 만들게 했을 것으로 보인다.

네 번째, 1995년 쉴레스비크-홀스타인이 직접소환제를 도입한 이후 2010년까지는 브란덴부르크가 1998년에는 서명 조건을, 2002

년에는 소환투표 조건을 현행보다 까다롭게 만든 것 이외의 제도적 변화는 없었다. 브란덴부르크가 소환조건을 까다롭게 만든 이유는 언론에서 공공연하게 '시장은 볼링공'이라 비아냥거리면서 소환제를 비난할 정도로 소환제가 자주 사용되었기 때문이다. 또한 쉴레스비크-홀스타인도 다른 직접민주주의제도(즉, 주민발안)의 변화에 대응하여 서명조건(25% → 20%)과 소환투표 조건(33.3% → 20%)을 완화했다(Geißel and Jung, 2020).

이러한 제도 변화 이외에는 2010년까지 새롭게 직접소환제를 도입하는 주가 없었다. 그러다가 노르트라인-베스트팔리아가 2011년에 독일에서는 네 번째로 직접소환제를 도입하게 된다. 그 배경에는 2010년에 있었던 '사랑의 퍼레이드 전자음악-댄스 축제'(Love Parade electronic dance music) 중 발생한 대규모 인명사고(사람들에게 깔려 질식해서 사망한 사람 21명, 500명 이상 부상)의 책임을 묻기 위해 시장을 소환하려 했으나[68] 실패한 일이 있었다. 주의회 주도의 소환제가 갖는 정치적 한계(주의회 의원의 2/3 이상 찬성)를 보여준 것이었다. 이에 시민들이 직접 나서 소환을 주도했으나 법적 근거가 없어 이 역시 좌절되자, 직접소환제의 필요성에 대한 폭넓은 공감대가 형성되었다.

소수연립정부를 구성한 사민당과 녹색당은 이 사고가 발생하기 몇 주 전에 이미 직접소환제 도입에 합의한 상태였는데, 사고 발생 후 소수연립정부를 지지하던 좌파정당 링케(Linke, The Left)가 제출한 초안을 중심으로 개정법을 만들었다. 게다가 대부분의 시장은

---

68 이 사건의 원인, 인명피해상황, 대처과정, 영향에 대해서는 Wikipedia, "Love Parade disaster." https://en.wikipedia.org/wiki/Love_Parade_disaster (2020.9.25. 검색) 참조할 것.

기민당이 차지하고 있어서 소수연립정부는 정치적 부담도 적고 오히려 경쟁자를 약화시킬 기회이기도 했다. 이러한 배경에서 노르트라인-베스트팔리아가 직접소환제를 도입하게 된 것이다.

다섯 번째, 마지막으로, 투링겐은 2014년에 처음으로 연정을 구성한 좌파정당(Linke), 사민당(SPD), 녹색당(Greens)이 집권 후 2016년에 직접소환제를 도입했다. 연립정부의 세 파트너와 다양한 시민단체들이 모여 결성한 '투링겐의 보다 많은 민주주의를 위한 연대'(Bündnis für mehr Demokratie in Thuringen)가 직접소환제 도입에 중요한 역할을 했다. 이 조직은 이전의 기민당정부에 압력을 행사하여 2000년, 2008년의 두 차례 주민발안을 통해 직접민주주의제도의 엄격한 기준을 완화시키기도 했다. 연립정부가 들어선 후 이 연대조직의 지지에 힘입어 지방정치 제도 개혁에 박차를 가했고, 이 과정에서 직접소환제도 도입하게 되었다. 그럼에도 불구하고, 소환투표 개최에 필요한 서명조건을 전체 유권자의 35%로 하여 독일에서 가장 높게 설정해 놓았다.

4) 독일의 소환제 활용사례

이어서 독일의 주들이 소환제를 얼마나 활용하고 있는지 살펴보기로 하자. 먼저, 도입 시점부터 2016년까지 각 주별 소환건수를 보면, 브란덴부르크가 25건(1993~98년, 연평균 5건)과 19건(1999~2016년, 연평균 1.11건)으로 가장 많고, 다음으로 작센-안할트 22건(1994~2016년, 연평균 1건), 투링겐 9건(1994~2016년, 연평균 0.4건), 노트르라인-베스트팔리아 3건(1999~11년, 연평균 0.25건)과 4건(2012~16년, 연평균 1건), 작센 11건(1994~2016년, 연평균 0.5건) 등과 같다(표〈3-19〉).

〈표3-19〉 독일의 소환제 활용

Länder	시행 시기 (기간)1)	소환 건수2)	직접소환 서명(%)3)	간접소환 의회의결4)	소환투표 찬성율 (%)5)	민주주의 만족도 (%)6)	1만 명 이하지역비 중(%)7)	시장 임기 (년)8)	주민발안 건수9)	연평균 소환횟수
브란덴부르크 (Brandenburg)	1993~98	25	10	2/3	25	54.85	83.97	8	148	5
	1999	19	15-25							1.11
헤센(Hesse)	1993	10		2/3	30	75.85	60.56	6	426	0.43
니더작센 (Lower Saxony)	1996	3		3/1	25	75.13	79.03	5	301	0.15
메클렌부르크-포어포메른 (Mecklenburg -Vorpommern)	1999	3		2/3	33.33	52.06	97.09	7	92	0.17
노르트라인-베스트팔렌 (North Rhine -Westphalia)	1999~2011	3		2/3	25	77.25	14.14	5	704	0.25
	2012	4	15-20							1
라인란트팔츠 (Rhineland -Palatinate)	1994	4		2/3	30	76.09	8=98.05	8	184	0.18
자를란트 (Saarland)	1994	0		2/3	30	76.59	25	8	16	0
작센(Saxony)	1994	11	33.33	3/4	50	57.71	84.15	7	227	0.5
작센-안할트 (Saxony-Anhalt)	1994	22		3/4	30	54.59	74.31	7	95	1
실레스비그-홀스타인(Schleswig-Holstein)	1997	5	20	2/3	20	76.08	95.14	6	407	0.26
투링겐 (Thuringa)	1994	9		1/2	30	57.42	96.11	6	179	0.4

출처: Geißel and Jung(2018), p. 1365. Table 2. Original data.

1) (직간접) 소환제 시행, 2) 도입 시점부터 2016년까지 전체 소환청원 건수, 3) 소환투표 개최에 필요한 (전체 유권자 대비) 서명자 비율, 4) 의회에서 소환할 경우 의결정족수, 5) 소환투표에서 소환에 필요한 찬성투표의 비율, 6) 민주주의에 대한 만족도, 7) 인구 1만 명 이하의 마을 비중, 8) 시장 임기, 9) 주민발안(initiatives) 건수

독일의 소환제를 통계적으로 분석한 Geißel and Jung(2018)에 의하면, 소환제를 적극적이고 빈번하게 활용한 주와 그렇지 않은 주로 나눌 수 있는데 그 차이는 제도적 조건과 정치적 조건의 차이 때문이다.[69]

---

[69] 대부분의 독일 주들은 지방정부에서 실시한 소환투표에 대한 기록과 보고를 의무화하지 않고 있어서 정확한 소환 건수와 과정은 파악하기 어렵다(Geißel and Jung, 2018: 1364).

① 소환제 활용에 적극적인 주

소환제 활용빈도가 높은 주는 크게 세 부류가 있다.

첫 번째 부류는 소환투표 성립에 필요한 서명 조건(10~15%)이 다소 완화되고, 소환에 필요한 의회의결정족수(2/3)나 찬성투표의 비율(25% 내외)도 낮으며, 인구 1만명 이상의 마을(도시) 비중이 높은 편이고, 주민발안도 비교적 용이하게 이루어진다. 대표적인 예가 노르트라인-베스트팔리아로, 2011년 다소 완화된 서명 조건(전체 유권자의 15~20%)의 직접소환제를 도입한 이후 낮은 의결정족수(2/3) 또는 소환투표에서 요구되는 낮은 찬성비율(투표자의 25%)이라는 조건이 합쳐지면서 의원이나 주민의 시장소환을 용이하게 하여 빈번하게 활용하도록 만들었다.

두 번째 부류는 시장의 임기가 상대적으로 길고 다른 직접민주주의제도를 잘 활용하지 않는 정치적 조건, 민주주의에 대한 만족도가 낮은 정치적 태도가 합쳐지면서 소환제가 빈번하게 활용된 경우다. 이 경우 소환제의 활용을 어렵게 하는 제도적 조건이 존재하더라도 소환제 활용도는 높다. 예를 들면, 주민이 소환을 주도할 경우 서명 비율이 높고, 의회주도의 간접소환제만 허용되며, 의회의 의결정족수나 소환투표에의 찬성율이 높을 경우이다. 그럼에도 불구하고, 자신들의 요구를 표현하기 위해 다른 직접민주주의제도를 활용하지 않거나 시장의 임기가 길고 선거에서 불만을 표출하기 어려워 소환제는 보다 빈번하게 활용되고 있다. 시장 임기와 관련해서는 의회와의 충돌요인이 되기도 한다. 이러한 조건들이 주민과 의회가 소환제를 보다 빈번하게 활용하게 하는 요인이 된다.

대표적인 사례는 작센-안할트(Saxony-Anhalt)다. 구동독에 위치해 있는 작센-안할트 주는 시민주도 소환제(직접소환제)를 허용하지 않고 있으며, 시의회에 의한 소환 발의와 의결 조건도 까다롭다. 이러한 제도적 제한에도 불구하고 소환건수는 11개 주 중에서 두 번째로 많다. 다른 동쪽 주들과 마찬가지로, 작센-안할트 주민 중 민주주의에 만족한다는 응답자가 절반 정도에 지나지 않을 정도로 민주주의에 대한 불만이 높다. 게다가 시장의 임기는 7년이나 되고, 시의회 의원의 임기(5년)보다 길다. 또한 다른 직접민주주의의 활용도는 낮은 편이다. 민주주의에 대한 높은 불만이 긴 시장임기와 다른 직접민주주의제도의 낮은 활용도라는 정치적 조건과 결합하면서 까다로운 조건에도 불구하고 소환제는 빈번하게 사용되고 있다.

세 번째 부류는 위의 두 가지 부류에서 찾아볼 수 있는 조건들이 모두 존재하는 것은 물론 인구가 적은 마을의 비중이 높은 경우다. 시민주도나 의회주도 소환의 조건이 완화되고, 시장 임기가 길고, 다른 직접민주주의의 활용도가 낮아 소환제가 빈번하게 활용되는 것이다. 대표적인 사례는 브란덴부르크 주다. 브란덴부르크 주는 2016년까지 무려 44회나 소환제가 사용되어, 11개 주 중에서 빈도수가 가장 많고, 이용률도 가장 높다. 특히 1998년 제도를 바꿀 때까지는 소환제가 연평균 5회나 활용되었다. 여기에는 완화된 소환조건, 즉 지역의 인구 규모에 관계없이 전체 유권자의 10% 서명이라는 조건이 배경에 있다. 제도를 바꾸기 전까지는 주로 주민들이 소환을 주도하여 언론매체들은 '시장은 볼링공'(mayor bowling: Bürgermeisterkegan)이라 비아냥거릴 정도였다. 소환서명비율을 높인 이후에는 소환의 빈도가 줄어들었지만, 브란덴부르크는 여전히 소환제를 비교적 빈번하게 활용하는 주에 속한다.

② 소환제 활용에 소극적인 주

소환제가 거의 활용되지 않는 경우를 보면, 일단은 시민주도 (직접) 소환제가 허용되지 않는 경우와 시장의 임기가 짧고 민주주의에 대한 만족도가 높으며 주민발안제가 빈번하게 활용되는 경우의 두 가지다.

전자(직접소환제의 부재)의 경우, 해당되는 모든 주에게 적용된다. 흥미롭게도 소환조건(발의와 결정)을 까다롭게 한다고 해서 소환제가 덜 사용된다는 보장이 없다는 점이다. 주민이나 의회가 소환제를 활용하지 않게 하려면, 소환 조건(발의나 결정)을 까다롭게 하는 것보다 주민발의가 용이하게 이루어지게 하고, 시장의 임기가 짧으면 짧을수록 유리하며, 민주주의에 대한 만족도를 높여야 한다(Geißel and Jung, 2018: 1371). 대표적인 사례가 니더작센(Lower Saxony) 주와 제도를 바꾸기 전의 노르트라인-베스트팔렌(North Rhine-Westphalia) 주다. 75% 이상의 주민들이 민주주의에 대해 만족했고, 주민발의가 빈번하게 활용되었으며, 시장의 임기는 5년에 지나지 않았다.

후자(지역의 인구수)의 경우에는 짧은 시장임기, 민주주의에 대한 높은 만족도, 주민발의의 빈번한 활용과 같은 정치적 조건이나 태도에 높은 소도시(인구 1만 명 이하) 비중과 같은 인구학적 조건이 결합하면 소환제에 의존하는 경우가 훨씬 적다. 대표적인 사례가 쉴레스비크-홀스타인 주다.

4. 일본

일본은 면적상으로는 남한면적의 3.5배 정도에 해당하고, 47개 도도부현(都道府県)으로 구성되어 있으며, 인구는 2.5배 정도에 해당한다. 의회는 양원제 형태로 운용되고 있으며, 의원내각제 정부형태를 취하고 있는 나라다. 국회의원에 대한 소환은 법제화되어 있지 않지만, 학계에서는 소환제 도입과 관련한 논의가 활발하며, 지방의회 의원 등에 대한 소환제도는 제2차 세계대전 종전 후에 도입되어 매우 적극적으로 활용되고 있다.

1) 도입의 배경

일본이 선출직 공직자를 임기 중에 소환할 수 있는 제도를 도입한 것은 2차 대전 직후 군국주의 일본의 구제도를 개혁, 민주화하는 과정에서였다. 메이지(明治) 헌법 하에서는 국민이 중앙정부 수준이나 지방정부 수준의 정치에 참여할 수 있는 기회와 통로는 극히 제한되어 있었다. 특히 지방정부는 중앙정부의 엄격한 관료적 통제 하에 있었다. 광역행정단위인 현(県)의 지사와 시장은 내무성장관이 지명한 관료에 지나지 않았고, 시장은 시의회에서 선출하였다. 국민의 정치참여는 오로지 현이나 그 이하 지방 정부의 지방의원을 직접선거로 선출하는 정도에 그쳤다. 게다가 내무성장관은 주민이 선출한 지방의원과 지방의회에서 선출한 시장도 임의로 해임할 수 있었다. 이것이 1947년 새 헌법을 포함한 민주적인 제도가 시행되기 전까지의 상황이다.

종전 후 일본은 미점령군의 감시와 감독 하에 민주화의 길로 가면서 군국주의적 구세력을 해체하기 위한 방편으로 직접민주제적 요소가 가미된 지방자치의 개혁을 추진하였다. 메이지헌법에 근거하여 엄격한 중앙정부의 감독과 통제 하에 있었던 지방정부에게 자치권을 부여하고 소환제 등 민주주의적 요소를 적극 도입했다. 1947년 의회에서 민주화된 지방자치법의 제정에 대해 논의하는 과정에서 일본사민당(Japanese Social Democratic Party)과 국민협동당(National Cooperative Party: Kokumin Kyodoto)이 정부가 제출한 지방자치법 개정안의 구태의연함을 비판하면서 주민감사청구권, 지방의회해산 등과 같은 직접민주주의적 요소를 도입하게 되었다(Okamoto and Serdült, 2020).[70]

2) 소환제의 유형

일본은 지방자치법에 근거하여 지방정부 수준에서 임기가 끝나기 전에 선출직 공직자 또는 지방의회를 대상으로 네 가지 유형의 소환제를 도입하고 있다. 첫 번째는 지방의회를 해산하는 소환제(지방자치법 76조 3항), 두 번째는 개별 지방의원에 대한 소환제(지방자치법 80조 3항), 세 번째는 시장이나 지사에 대한 소환제(지방자치법 81조 2항), 네 번째는 부지사, 부시장, 교육위원회 위원 등과 같은 주요 공직자에 대한 소환제 등이 그것이다.

개별 지방의원이나 시장 또는 지사에 대한 소환은 임기 시작 1년 이후에는 언제든지 가능하다. 소환사유는 특별히 규정된 것이 없고 정책실패, 정치적 무능력 등 거의 모든 사유로 소환할 수 있다. 소환투표가 가능하기 위해서는 인구 50만 명 이하 지역의 경우 한달 동안, 그 이상의 인구를 가진 지역의 경우에는 두 달 동안, 인구 수에 따라 적정한 수의 유권자로부터 서명을 받아야 한다. 소환투표 성립에 필요한 서명수는 2002년 전에는 유권자 수에 관계없이 전체 유권자의 1/3 이상이었으나, 2002년에 법이 개정되어 아래와 같이 다소 복잡하게 바뀌었다.

현행 제도에서는 유권자 40만 명 미만인 지방의 경우 전체 유권자의 1/3로부터 서명을 받아야 하고, 유권자 40만 명 이상 80만 명까지의 지방은 40만 명까지의 1/3을 채우고 난 뒤 나머지 유권자 수만

---

70 흥미롭게도 이 시기에는 소환제 이외의 다른 직접민주주의 제도, 예를 들면, 주민발안제나 주민투표제 등은 제대로 논의되지 않았다(Okamoto and Serdült, 2020).

큼은 1/6을 더 채워야 한다. 80만 명이 넘는 지방의 경우 첫 40만 명에 대해서는 전체 유권자의 1/3, 그 다음 40만 명에 대해서는 전체 유권자의 1/6, 그 이상의 유권자에 대해서는 전체 유권자의 1/8만큼 더 많은 유권자로부터 서명을 받아야 한다.

서명을 받아야할 유권자의 비율은 전체 유권자수에 정비례하는 것이 아니라 숫자가 많아질수록 서명자 비율은 상대적으로 줄어들도록 설계되어 있다. 그 결과 400만 명의 유권자를 가진 대도시에서는 일률적으로 1/3로 했을 때보다 절반 이하로 낮아진다. 예를 들면, 인구 180만 명의 나고야는 2002년 전에는 전체 유권자의 1/3 서명이 필요했으나, 현재는 20%에서 18%로 줄어들었다. 20%에서 18%로 줄어들 경우 서명을 받아야할 유권자의 수는 4만 명 정도 줄어든다.

소환청원서는 해당 선거구 선거관리위원회로 제출해야 하고, 소환투표에 필요한 서명을 확보한 것으로 확인되면, 소환투표가 이루어진다. 소환대상인 공직자도 출마할 수 있는 소환투표에서 투표자의 단순 과반을 획득한 후보자가 당선된다(CLAIR, 2019: 18~19).

네 번째 유형의 소환제는 부지사, 부시장, 교육위원회 위원 등의 주요 공직자를 대상으로 하는 소환제로, 주민 주도와 투표로 선출직 공직자를 소환하는 직접소환제가 아니라 주민이 발의하고 지방의회가 최종 결정하는 간접소환제다. 일본의 경우, 부지사, 부시장, 학교위원회 위원 등의 주요 공직자들 중 누군가를 소환할 필요가 있을 경우 주민들이 해당 공직자의 해직을 해당 지방의 장(지사 또는 시장)에게 청원할 수 있다. 주민청원을 접수한 지방의 장(지사나 시장)은 현의회나 시의회에 요청하여 심의하도록 하고, 의회에서는 재적의원 2/3 이상이 출석하고 출석의원의 3/4 이상의 찬성으로 해당 공직자를 해직할 수 있다(CLAIR, 2019).

<표3-20> 일본의 소환투표 성립에 필요한 서명자 비율(전체 유권자 대비)

소환대상	전체 유권자 수	서명자 비율 (전체 유권자 대비)
지방의회	40만 명 미만	1/3
개별 지방의원	40만 명 이상 80만 명	1/3(40만 명) + 1/6(40만~80만 명)
시장/지사	80만+1명 이상	1/3(40만 명) + 1/6(40만 명) + 1/8(80만 명 이상)

출처: Okamoto and Serdült(2020), p. 99. Table 6.1
(Direct recall vote options and signature requirements in Japan (since 2012).

3) 실제 활용

이제 소환제가 실제로 어떤 사유로 얼마나 활용되었는지 살펴보기로 하자.[71] 1970년대부터 일본에서는 도시계획과 환경운동이 등장하면서 참여민주주의에 대한 관심과 실천이 점차로 확대되었다. 그 중에서도 직접민주주의의 확산에 가장 큰 영향을 미친 것은 환경오염에 반대하는 1960년대 말 1970년대 초의 환경운동이었다. 이러한 환경운동은 정치적으로 중립적인 운동이었고 전 사회적으로 확산되어 있었다. 1980년대와 1990년대에는 주로 핵발전소 건설, 미군기지, 해수면 매립 등의 문제를 둘러싸고 지역주민과 지방자치단체 간 대립이 격화되면서 주민발안에 대한 요구가 많아졌다.

〈표3-21〉은 일본에서 소환제를 포함한 직접민주주의제도가 얼마나 자주 활용되었는지를 보여준다.[72] 소환제의 활용빈도를 보면, 부지사나 부시장 등 공직자 해직 청원을 제외한 모든 직접민주주의 제도는 특히 가장 하위단위 정부 수준에서 매우 빈번하게 사용되었다. 정책청원 2,133건, 시장이나 지사 소환 720건, 지방의회 해산 청구(소환) 498건, 개별 지방의원 소환 324건 등의 순이다. 그런데 여기서 주목할 점은 가장 활용빈도가 높은 정책청원의 거의 대부분은 주민의회가

---

71 소환실태에 대한 분석은 주로 Okamoto & Serdült(2020)에 의존하였다.

72 공식통계조차도 일관성이 없어 여기서는 소환이 시행된 지역(현·시 등)과 시기가 분명한 것만 정리한 것이다(Okamoto & Serdült, 2020: 106).

받아들이지 않았다는 사실이다. 또 한 가지는 권력에 취해 주민의 목소리에 귀를 기울이지 않거나 부패한 공직자는 자진 사임하거나 상관에 의해 해직된 탓에 주민소환까지 가지 않은 점이다. 전체적으로 볼 때, 소환시도는 시기상으로도 지역적으로도 고르게 분포되어 있다.

소환투표로 이어진 소환청원을 보면, 전체 의회를 소환(해산청구)하는 청원이 투표로 이어진 것은 지난 70년 동안 193건으로, 연평균 3건 정도이다. 개별 의원과 시장을 소환하는 청원이 투표로 이어진 것은 각각 102건, 191건이다. 일본에는 한국의 광역자치단체에 해당하는 47개 도도부현(都道府縣)이 있고, 기초자치단체에 해당하는 1,718개의 시(市)·정(町)·촌(村)이 있다는 점을 감안하면, 이 세 가지 유형의 소환투표를 합쳐 500건 정도에 지나지 않았다는 사실은 소환제가 정치적 갈등 해결을 위한 마지막 수단으로 기능하고 있음을 의미한다.

그럼에도 소환제는 공직자들에게 분명히 위협적이다. 1947년부터 2018년까지 소환청원이 투표로 이어진 비율을 보면, 의회나 개별의원의 경우 약 1/5, 시장의 경우 약 5% 정도에 지나지 않는다. 소환투표 중 의회해산이나 공직자의 해직으로 이어진 경우는 각각 72%, 88%고, 그중 시장의 경우는 약 26%다. 이러한 추이는 시기적으로 큰 차이가 없이 일정하다. 세 가지 유형의 소환 사례를 종합하면, 224건이 의회해산이나 공직자(개별의원, 시장) 해직으로 이어졌다. 구체적으로 보면, 115건의 의회해산, 70건의 의원 해직, 39건의 시장 해직 등이다. 따라서 시장 등 단체장은 소환청원이 이루어져도 크게 걱정할 바 없으며, 투표로 이어져도 크게 걱정할 바는 없다.

그러나 전체적으로 보면, 소환제가 최소한의 기능을 수행하고 있다고 할 수 있다. 특히 정책청원 제도와 비교하면 그렇다. 1947년부터 2012년까지 현 수준(prefecture)에서 이루어진 주민의 정책청원은 100건 중 99건이 기각되었고, 기초단위에서도 큰 차이가 없었다. 같은 기간 약 2,000건이 기초단위 정부에 대한 정책청원이 이루어 졌으나 93%가 기각되었다. 기각된 정책청원 중에는 주민들로부터 엄청난 지지를 받은 요구도 포함되어 있다. 예를 들면, 나가사키현에 서는 60만 명이 넘는 주민들이 공립병원 유지를 위해 청원을 했고, 홋카이도현에서는 1백만 명이 넘는 주민이 핵발전소 건설과 관련된 주민투표를 할 수 있도록 주민투표조례 개정을 청원하였으나 둘 다 기각되었다.

〈표3-21〉 일본의 지방정부 수준에서의 직접민주주의제도 활용 실태(1947~2018)

	주민투표 가능						주민투표 불가능		
	의회소환		개별의원소환		시장소환		감사청구	공직자 해직	정책청원
	A	V	A	V	A	V	A	A	A
현(縣) 수준	5	0	3	1	12	0	14	2	137
지방 수준	493	193	321	101	708	191	656	14	1996
전체	498	193	324	102	720	191	670	16	2133

출처: Okamoto and Serdült (2020), p. 107. Table 6.2 (Direct demands on the local level, 1947~2018, attempts(A) and votes(V).

다음, 소환사유를 살펴보기로 하자. (〈표3-22〉)은 1989년부터 2018년까지 시도된 106건의 소환에 대한 사유를 정리한 것이다. 의회해산, 개별의원 소환, 시장 소환의 세 가지를 합쳐서 보면, 지자 체 통폐합이 36건으로 가장 많고, 다음으로 특별한 사유가 없는 소 환 23건, 부패나 스캔들 15건, 주민무시 10건, 공공시설 또는 사업 부실 7건, 시장과 의회의 갈등 5건 등이다. 상당 부분은 정책과 관 련된 것으로 주민발안제가 제대로 작동하면, 즉 주민자치조례로 규 정되어 구속력을 갖게 된다면, 해소될 것으로 평가된다.

<表3-22> 일본의 지방정부 수준의 소환사유(1989.1 ~ 2018.3)

소환사유	의회해산	개별의원	시장	소계	관련 제도	전체
부패, 스캔들	1	10	4	15	소환대상	25
의회와의 갈등	5	0	1	5		
성격	-	2	1	3		
재정문제	0	-	2	2		
합병	20	2	14	36	주민투표	55
공공시설/사업	3	0	4	7		
시민요구	2	0	0	2		
주민무시(민생관리소홀)	3	3	4	10		
기타	2	0	1	3	해당제도 없음	26
특별한 이유 없음	15	3	5	23		
전체	51	20	35	106		

출처: Okamoto and Serdült (2020), p. 109. Table 6.3 (Reasons for the 106 recall votes from January 1989 to March 2018).

5. 스위스[73]

스위스는 그 어느 국가보다 먼저 소환제를 도입하여 그 역사가 가장 오래 되었다. 면적은 남한의 반 정도이고 인구는 약 800여 만 명에 지나지 않지만, 26개의 주(칸톤- 독일어: Kanton, 불어: Canton)로 구성된 연방 국가이다.

스위스가 소환제를 도입한 시기는 분명하지 않다. 스위스에 있어서 소환제는 주민발안제나 주민투표제와 같은 다른 직접민주주의 제도보다 그 역사가 오래 되었다. 처음에 소환제를 도입하게 된 것은 나폴레옹전쟁으로 전 유럽으로 확산된 혁명을 방지하기 위해서였다. 혹자는 18세기 말에 제네바가 시행했던 공직자 불신임제도에서 그 기원을 찾기도 한다.

이 제도는 1802년 나폴레옹 보나파르트가 의회의원의 소환이 가능하도록 하기 위해 스위스의 각 주 헌법(각 칸톤의 헌법)에 포함시

---

73 스위스의 소환제는 주로 Serdült(2015)에 의존하여 정리했다.

키며 시작되었고, 현재 알려진 바와 같은 의회 전체를 소환하는 제도는 1860년대 민주화운동이 전개되면서 도입되기 시작했다.[74]

스위스는 중앙정부 수준에서 주민이 직접 의회를 소환(해산청원)하는 소환제는 채택하지 않고 있다. 하지만 헌법의 전면적인 개정을 위한 국민발안을 통한 간접적인 소환제는 있다. 이것은 헌법의 전면개정을 위한 국민발안이 통과하면 새로이 선거가 치러지고 의회도 해산되며 내각도 새로 구성되기 때문에 간접적인 소환제라고 할 수 있다.[75] 실제로 이와 같은 간접적인 소환방식은 1935년 극우정당인 Frontists와 극우민족주의운동단체들에 의해 시도되었으나 국민투표에서 72%의 반대로 실패하고 말았다. 그 결과 스위스의 소환제는 칸톤 수준에서만 존재한다.

그러나 소환제를 채택하고 있는 대부분 나라들과는 달리, 스위스는 개별의원이나 집행부 구성원(지사, 시장 등)의 소환은 허용하지 않고, 의회 전체에 대한 소환(해산청원)만을 도입하고 있다. 단, 우리 칸톤(Uri canton)은 예외적으로 개별 공직자(2명의 연방 하원의회 second chamber of the Council of States, Ständerat의원, 정부 전체, 지사 및 부지사)의 소환을 허용하고 있다. 솔로투른(Solothurn)과 같은 다른 칸톤도 1986년에 개별의원의 소환을 허용하는 안에 대해서 논의가 있었으나 비례대표제로 선출되는 의원에 대한 개별적인 소환은 의미가 없다는 이유로 거부되었다(Kölz,

---

74 미국의 소환제가 스위스의 영향을 받은 것인지는 분명하지 않다. 다만 19세기 말, 20세기 초 미국의 개혁적인 정치인들은 스위스의 소환제를 언급하였다(Serdült, 2015).

75 이런 방식의 간접적인 소환제는 1869년 쥬리히(칸톤)의 헌법에도 도입되어 있었다. 헌법의 전면개정을 위한 국민발의가 성공하면, 새 선거가 치러지기 때문에 의회의 간접적인 소환으로 받아들여질 수 있다. 다른 칸톤에서도 비슷한 방식으로 헌법의회(constitutional assembly)의 선출을 가능하게 했다(Ibid., 2015: p. 10. endnote 4).

1998).

소환의 사유는 특별히 규정된 것이 없고 어떤 사유로든 소환이 가능하다. 소환투표가 통과되면 의원 모두가 집단으로 사직을 해야 하고 새 선거가 치러진다. 새로이 선출된 의원들은 다음 정기 선거가 있기까지 잔여 임기만 채우게 되어 있다. 이런 점에서 스위스의 소환제는 개별 의원을 처벌하기 위한 것이 아니라 의회 불신임이라는 기능을 갖는다.

2020년 기준, 26개 칸톤 중 소환제를 도입한 칸톤은 베른(Bern), 샤프하우젠(Schaffhausen), 솔로투른(Solothurn), 티치노(Ticino), 투르가우(Thurgau), 우리(Uri) 등 6개다. 각각에 대해서 간략하게 살펴보기로 한다.

첫 번째, 베른(Bern, 2019년 추정치 인구 103만9천여 명)은 1846년에 의회소환제를 도입하여 스위스에서 최초로 소환제를 도입한 칸톤이 되었다.[76] 처음에는 1개월 내 8,000명의 서명을 받아 관할행정기관에 직접 제출해야 했으나, 현재는 정해진 기간 없이 3만 명(전체 유권자의 4%)의 서명을 받아 제출하면 된다. 1993년 헌법을 전면적으로 개정할 때 소환제를 그대로 유지하였을 뿐만 아니라 소환대상을 확대하여 집행부까지 포함하였다.

베른 주가 한걸음 더 나아가 집행부까지 소환대상으로 확대한 것은 헌법개정 때까지 베른정부(1984~5)가 연루된 재정 관련 스캔들의 여파가 남아 있었기 때문이었다. 실제로 베른 주에서 소환제가 사용된 것은 1852년이다. 당시 야당이었던 진보세력이 나폴

---

76 베른 주는 인구(1980년 기준, 89만8천여 명)도 가장 많고 면적도 가장 넓다. 1980년 기준 스위스 전체 인구는 636만 5천여 명이다.

레옹 침공 당시 보수당 정부가 그간 비축해 두었던 국가재정을 알수 없는 곳에서 분실했다는 이유로 주의 집행부 소환을 추진하였다. 그러나 이는 그 후 재판에서 확인할 수 없는 풍문이었음이 밝혀졌다. 하지만 기본적으로 세력이 비슷한 두 정치세력, 즉 근대화를 지향하는 자유주의정당과 구체제를 유지하려는 보수주의정당 간의 갈등이 소환이라는 형태로 표출된 것이었다. 자유주의세력은 소환에 필요한 정수보다 두배나 많은 16,000명의 서명을 수집했고 1852년 4월 18일에 소환투표가 있었지만, 투표자의 54%가 소환에 반대함으로써 소환은 실패하고 말았다. 이후 소환제가 사용된 적이 없다.

두 번째, 샤프하우젠(Schaffhausen) 주는 1876년에 입법부와 집행부를 소환할 수 있도록 했다. 인구가 적은 샤프하우젠 주(2019년 추정치 인구 82,000여 명)는 1,000명의 서명(2013년, 전체 유권자의 2%)으로 소환투표가 개최된다. 현재까지 집행부 해산을 위한 소환시도가 2000년에 한 차례 있었으나 실패했다. 변호사이면서 자유당 주의회의원이었던 게롤트 마이어(Gerold Meier)가 집행부가 (주민 동의 없이) 불법 부동산 거래를 했다는 이유로 의회와 법원을 통해 문제를 해결하려고 했으나 모두 좌절되자 결국 소환을 주도하게 되었다. 2000년 3월 정기 선거를 6개월 앞둔 시점에서 치러진 소환투표에서 투표자 2/3가 소환에 반대함으로써 소환은 실패하고 말았다.

세 번째, 솔로투른 주(Solothurn, 2019년 추정치 인구 27만 5천여 명)는 1869년에 의회와 집행부를 소환할 수 있는 제도를 도입하였으며, 현재는 6,000명의 서명(2013년 전체 유권자의 3.4%)으로 소환투표가 치러진다. 소환제를 도입하려는 시도가 1850년과 1856년, 두 차례 실패한 뒤, 1869년에는 결국 도입되었으며, 1986

년 헌법을 전면 개정하면서도 그대로 유지하였다. 이후 네 차례소환시도가 있었다. 1887년에는 민주헌법 채택을 위해 소환시도가 이루어졌고, 1961년에는 군사훈련기지 반대를 이유로 소환이 시도되었으며, 1973년에는 원자력발전소 건설 반대를 이유로 소환이 시도되었다. 하지만 세 차례 모두 소환추진세력들의 요구를 관철시키기 위한 압력수단으로 인식되었기 때문에 소환투표로 가는 데 필요한 만큼의 서명을 일반인들로부터 얻지 못하여 중단되었다.

가장 최근의 소환시도는 1995년에 칸톤 정부의 부실한 재정관리를 이유로 의회와 집행부를 해산하기 위해 추진되었다. 다가오는 정기선거를 불과 몇 달을 앞둔 시점이었고, 게다가 의회가 자체적으로 스캔들에 관여된 공직자들에 대한 개별적인 징계처분을 내렸기 때문에 소환의 필요성에 공감하는 주민이 많지 않아 소환투표에 필요한 서명수를 확보하지 못했다.

네 번째, 투르가우(Thurgau, 2019년 추정치 인구 27만9천여 명) 주는 1869년에 소환제를 도입하였으나 한번도 사용된 적이 없다. 그럼에도 불구하고 가장 높은 권위의 자리에 있는 기관과 정당도 인민의 뜻에 따르게 한다는 상징성 때문에 1987년 헌법을 전면 개정할 때에도 소환제도 그 자체는 남겨졌다(Hangartner and Kley, 2000. Serdült, 2015에서 재인용).

소환투표를 개최하기 위해서는 2만 명(2012년: 12.5%)의 서명을 필요로 한다. 투르가우 주 소환제의 특이한 점은 종신으로 선출되는 성직자와 교사들도 선거인단(electoral body)의 1/4로부터 서명을 받으면 언제든지 소환될 수 있다는 점이다. 티치노(Ticino) 주도 유사한 제도를 택하고 있다(Corti, 1992. Serdült 2015에서 재인용).

다섯 번째, 티치노(Ticino, 2019년 추정치 인구 35만1천여 명) 주는 1875년부터 지속되어 왔고 1890년 종국적으로 쿠데타로 귀결된 정치적 혼란을 방지하기 위해 1892년 헌법제정을 통해 집행부를 대상으로 하는 소환제를 도입했다. 헌법제정을 위한 회의 중에 의회소환에 대한 논의도 있었으나, 주민들이 의회가 추진하는 입법에 반대할 경우 주민투표를 할 수 있기 때문에 의회소환은 제외되었다.

1970년 이래 소환투표를 위한 서명조건은 유권자 15,000명으로 전체 유권자의 7%(2013년 기준)다. 소환에 필요한 서명은 60일 이내 수집해야 한다. 1954년에 소환시점에 대한 제한이 추가되었는데, 임기 시작 후 1년 이내 기간과 다음 정기 선거 1년 이내 기간에는 소환이 허용되지 않는다. 1954년 전에는 임기 시작 4개월 이내 기간에는 소환이 허용되지 않는다는 제한만 있었다.

스위스의 정치상황에서는 놀랍게도 기독교민주당 의원 알렉스 페드라치니(Alex Pedrazzini)가 2006년에 지방정부 수준의 소환제 도입을 주장한 이후 불과 5년만인 2011년 주민투표를 통해 소환제가 채택되었다. 사실 칸톤 헌법을 전면 개정할 때였던 1924년과 1994년에도 비슷한 시도가 있었으나 성공하지 못했었다.

티치노 주 지방정부의 집행부 내 갈등이 워낙 심한 것이 소환제 도입의 배경이었다. 지금까지 티치노 주에서의 소환제는 주정부 수준에서 1945년 좌파운동세력이 주도한 것, 1991년 우익 정치인이 주도한 것, 2008년 스위스 인민당(Swiss Peoples Party)이 주도한 것 등 모두 세 차례 있었고, 지방정부 수준에서 2011년 녹색당이 주도한 소환이 한 차례 있었다.

지방수준에서 시도된 소환은 벨린조나(Bellinzona)에 티치노의 수도이자 행정중심지를 이전하는 법안이 제출되면서 시작되었다.

세 명의 녹색당 당원은 지방정부가 지나치게 큰 스타디움을 건설하려고 하고, 지방경찰의 문제점을 해결하지도 못하며 시공무원을 부당해고 했다는 이유로 3,074명으로부터 서명을 받기 시작했다. 반면 이들은 다가오는 선거에서 주목을 받기 위해 소환제를 악용한다는 비판을 받았다. 결국 녹색당 당원들은 예상대로 서명이 제대로 수집되지 않자 중도에 포기하고 말았다.

여섯 번째, 산악지대의 작은 칸톤인 우리(Uri, 2019년 추정치 인구 36,000여 명) 주는 1915년 금융스캔들 때문에 시민회의(citizen assembly)가 칸톤 수준과 지방 수준에서 소환제를 도입하였다. 1979년 이래 전체 유권자의 10% 서명으로 소환투표가 이루어진다. 칸톤 헌법에서는 모든 국가기관은 소환당할 수 있다고 규정하고 있다.

따라서 이론적으로는 의회나 집행부(정부)만이 아니라 선출직 공직자 개인도 소환할 수 있다. 구체적으로 보면, 2명의 연방 하원의원(cantonal representatives in the second chamber of the national parliament: Council of States: 'Ständerat'), 집행부(정부) 전체, 집행부 수반(president of the government: 'Landamman'), 부수반(vice president of the government: 'Landesstathalter'), 칸톤 대법원, 의회 전체 등이 소환이 대상이 된다.[77] 1929년 이전에는 소환은 시민회의에서 거수로 결정했으나, 지금은 소환투표를 하기 위해서는 600명(2013년 기준, 전체 유권자의 2.3%)의 서명이 요구된다. 지금까지 살펴본 것을 정리하면 아래 (〈표4-3〉)와 같다.

---

77 연방의회 의원의 소환은 법적으로 문제가 있을 수 있고, 칸톤 대법원의 소환은 사법부의 독립이 위협을 받을 수 있기 때문에 유럽인권헌장과 배치될 수 있음에도 불구하고, 연방법원에서는 문제를 제기하지 않고 있다(Serdült, 2015).

칸톤	도입연도	중단	서명조건	유권자대비(%)	소환대상	임기시작후	시도	투표	성공
Aargau	1852	1980	1852: 6,000	~11	의회	-	1	1	1
			1885: 5,000	~8					
			1980: 5,000	1.8					
Bern	1846	-	1846: 8,000	~6	의회	1개월	1	1	0
			1893: 12,000	~8	집행부	-			0
			1993: 30,000	4		-			
Basel Landschaft	1863	1984	1863: 1,500	~10	의회	-	0	-	-
			1984: 1,500	1					
Lucerne	1875	2007	1875: 5,000	~12	의회	-	0	-	-
			2007: 5,000	2					
Schaff-hausen	1876	-	1876: 1,000	~10	의회	-	1	1	0
			2013: 1,000	2	집행부				
Solothurn	1869	-	1869: 4,000	~19.5	의회	-	4	0	-
			1977: 8,000	6	집행부	-			
			1986: 6,000	4		6개월			
Thurgau	1869	-	1869: 5,000	~19	의회	-	0	-	-
			1953: 20%	20	집행부	3개월			
			1987: 20,000	16.6		3개월			
Ticino	1892	-	1892: 11,000	~50	집행부	60일	3	0	-
			1954: 11,000	~23					
			1970: 15,000	11.1					
Ticino(지방)	2011	-	2011: 30%	30	집행부	60일	2	1	0
Uri	1915	-	1929: 150	~2.0	의회+집행부	-	0	-	-
			1955: 300	~2.6					
			1997: 600	2.4					
Uri(지방)	1915	-	1979: 10%	10	의회_집행부		0	-	-

출처: Serdült(2015), p. 9. Table 1. Overview of recall regulation and practice in Switzerland (1846~2013).
주: 1846년과 1929년 사이에는 남성에게만 투표권이 있었음.

제4장

그밖의 나라의 입법례

1. 베네수엘라(Venezuela)

1) 개요

베네수엘라는 23개 주로 구성된 인구 3천여 만 명의 연방제 국가로, 1999년에 제정된 헌법 규정에 따라 5년 임기의 국회의원 165명으로 구성된 단원제 국회와 임기 6년의 대통령제 정부형태를 취하고 있다. 잦은 군부쿠데타로 끊임없는 정치적 불안으로 고통을 받아 왔기 때문에 국민의 신임을 확인하는 소환투표가 정치안정에 도움이 될 것이라는 기대로 헌법에서 대통령을 포함한 모든 선출직 공직자는 국민의 투표로 소환할 수 있도록 규정해 놓고 있다(McCoy, 2006. Jackson et al, 2011에서 재인용).

소환제를 포함한 직접민주주의제도는 베네수엘라 정치의 근본을 이루고 있으며, 인민주권의 원칙에 기반을 두고 있다. 베네수엘라 헌법 제5조에서는 "주권은 국민에게 있으며, 국민은 주권을 헌법과 법률에 규정된 바에 따라 직접 또는 투표나 공권력을 행사하는 기관을 통해 간접적으로 행사한다. 국가기관(의 권한)은 국민(의 의사)에 의해 생성되고 국민에게 책임을 진다"고 규정함으로써 인민주권의 원칙을 확인하고 있다. 제6조에서는 "베네수엘라 볼리바리안 공화국과 그 정치체제는 동일하며, 현재와 앞으로도 항상 민주적이고, 참여(민주주의)적이며, 선거(민주주의적)이고, 분권적이며, 대안적이고, 책임지며, 다원주의적이고, 국민의 대표에 대한 위임을 철회할 수 있다"고 규정하여 국민소환을 명시하고 있다.[78]

헌법에 규정된 소환제를 실제로 적용한 사례는 2020년 8월말까지 대통령을 대상으로 한 것은 두 건, 지역수준 선출직 공직자를 대상으로 한 것은 400건이 넘는다(Sato, 2016). 대통령 대상 소환은 2004년 차베스(Hugo Chávez) 대통령에 대한 소환청원과 2016년 마두로(Nicolás Maduro) 대통령에 대한 소환청원, 이 두 건이 있었으며, 지역 정치인을 대상으로 한 400건이 넘는 소환청원은 모두 2007년 한 해 동안에 있었다. 대통령 대상 소환청원의 경우 두 건 중 한 건만이 소환을 위한 국민투표로 이어졌으나 소환에는 실패하였다.[79]

2) 도입 배경

독립 이후 1950년대까지 거의 모든 기간 독재와 쿠데타로 점철된 역사를 가진 베네수엘라는 1958년 1월에 독재자 마르코스 페레즈 히메네즈 대통령이 군부세력에 의해 축출된 것을 계기로 세 개의 주요 정당(COPEI, AD, URD)이 다음과 같은 합의를 하게 되었다. '선거 결과를 존중하고 승자는 통합된 정부를 유지하기 위해 다른 정당들을 존중한다. 의무병제 유지, 군인의 봉급 인상, 주택보장, 군사장비 개선, 독재기간 동안 저지른 죄에 대한 사면 등. 이후에도 일련의

---

78 여기서 인용한 베네수엘라 헌법(1999년)은 University of Minnesota Human Rights Library에 소장되어 있는 영어본이다. "Constitution of the Bolivarian Republic of Venezuela", University of Minnesota Human Rights Library. http://hrlibrary.umn.edu/research/venezuela-constitution.html (2020. 9.1 검색)

79 2007년에 있었던 400건이 넘는 지방 정치인에 대한 소환청원에 대한 상세한 자료는 찾지 못하여 그 과정이나 결과를 파악하지 못했다.

정치-경제-군-노동 엘리트 간 합의를 통해 석유수출로 얻은 수입의 분배, 합의 지향적인 정치, 중앙집권화 된 정부에 기반을 둔 강력한 대통령제 등을 주축으로 하는 정치경제발전모델을 구축하였다. 덕분에 1970년대 말까지 지속적인 경제성장과 소득향상 그리고 중산층 확대를 통한 정치적 안정을 유지할 수 있었다.

이를 통해 베네수엘라는 1990년대 말까지만 하더라도 남미의 모범적인 민주주의국가로 평가되고 있었다. 그러나 1982년 후반부터 1990년대 말까지 원유가격이 계속 하락하면서 베네수엘라의 실질소득은 급격히 낮아지고, 빈곤율은 1970년대 25%에서 1990년대에는 65%까지 치솟았으며, 중산층의 좌절감은 높아만 갔다.

이 기간 베네수엘라의 정치는 합의에 기반을 둔 체제의 안정과 민주주의를 위한 정치를 우선시하는 분위기는 사라지고 개별 정당과 지도자들이 각자도생하는 형태로 변해갔다. 중앙정부 특히 대통령에 주요 권력이 집중되는 의사결정구조로는 정치-경제 근대화에 따라 새로이 형성된 다양한 집단(예, 도시빈민, 지식인집단, 중간계급에 기반을 둔 시민운동단체, 군부 내 중간층 간부)들을 포섭해내지 못했다. 그 결과 새로이 형성된 다양한 집단의 기득권세력에 대한 불만은 높아갔고, 이들 집단은 차베스에게 자신의 요구를 전달할 수 있는 기회를 찾게 되었다(McCoy, 2006; Harnecker, 2004).

이처럼 1999년 헌법 개정이 이루어지고 소환제가 실시된 배경에는 베네수엘라가 1980년대와 1990년대를 거치면서 정치, 경제, 사회의 거의 모든 분야에서 겪은 대혼란이 있었다. 이러한 혼란은 정치의 근본적인 변화에 대한 국민의 욕구를 자극하였고, 이에 편승하여 우고 차베스는 1998년 대통령 선거에 출마하여 권력구조의 근본적인 개편을 포함한 헌법개정을 공약으로 내세웠고, 당선되었다. 그는 공약한 대로 1999년 헌법을 전면 개정했는데 여기에 베네수엘라 역사상 처음으로 소환제가 포함되었다.

소환제가 헌법에 들어가게 된 배경은 베네수엘라 국민들이 잦은 군부쿠데타로 인해 끊임없는 정치적 불안으로 고통을 받아 왔기 때문에 국민의 신임을 확인하는 소환투표가 정치안정에 도움이 될 것이라는 기대가 강했기 때문이다(McCoy, 2006).[80]

그러나 차베스 대통령에 대한 당선 초기의 국민적 지지는 곧 사라지고 2002년에는 군부쿠데타에 의해 일시적으로 권력에서 축출되기도 하였다. 하지만 친차베스 세력이 쿠데타세력을 제압함으로써 차베스는 48시간 만에 대통령직에 복귀하였다. 이후 차베스 대통령은 시민단체와 야당이 주도하는 소환운동의 대상이 되어 2004년 8월에 소환을 위한 국민투표가 실시되었으나 소환에 필요한 표수에 미치지 못해 차베스는 대통령직을 유지할 수 있었다. 이후 베네수엘라의 각 지역에서는 2007년 한 해 동안 400건이 넘는 소환청원이 있었고, 2016년에는 대통령 소환청원이 한 차례 더 진행되었다.

3) 내용

베네수엘라에서는 국민의 직선으로 선출되는 모든 공직자는 소환대상이 되고, 여기에는 대통령도 포함된다. 소환투표를 위한 청원은 해당 공직자가 임기를 절반 이상 채운 이후에 개시할 수 있으며, 소환투표가 이루어지기 위해서는 청원인이 직접 해당 선거구 유권자의 일정 비율(최소 20%)로부터 소환청원에 서명을 받아야 한다. 헌법 규정을 보면, 헌법 제72조는 모든 선출직 공직자의 소환에 적

---

80 1992년 한해 동안 두 번의 쿠데타 시도가 있었다. 그 중 하나는 차베스 자신이 주도한 것이었다.

용되고, 헌법 제233조는 대통령의 소환에 적용된다.

먼저, 헌법 제72조에서는 선출직 공직자의 소환에 대해서 일반적으로 규정하고 있는데, 그 내용은 다음과 같다. "국민의 직접선거에 의해 선출되는 모든 공직자는 소환대상이다. 해당 공직자의 임기가 절반을 넘어서면 (그러나 임기 만료 1년 이전까지만)[81] 해당 선거구 유권자의 20% 이상 소환청원으로 소환투표를 하게 된다. 일단 소환투표가 이루어지면 소환에 찬성하는 유권자가 반대하는 유권자보다 많으면 소환이 성립되고, 헌법과 법률에 의해 규정된 대로, 공석을 채우기 위한 조치가 취해져야 한다. 선출직 공직자에 대한 소환청원은 임기 중 한 차례만 가능하다"고 규정하고 있다.

이상과 같이 2004년 처음으로 소환투표를 할 때까지도 헌법에서만 대통령을 포함한 선출직 공직자에 대한 개략적인 소환 절차와 방법만 제시해 놓고 있었다(McCoy, 2006). 헌법에 규정되어 있는 소환제를 실세 상황에 적용하기 위해 구체적인 기준, 절차, 방법 등이 정해진 것은 2007년이었다. 2007년 한 해 동안만 해도 베네수엘라의 각 지역에서 400건이 넘는 소환청원이 선거관리위원회에 제출되었는데 합당치 않은 사유로 인한 소환청원이나 서명 확인방법 등의 문제가 속출하는 등 문제가 적지 않아 이를 해결하기 위해서 2007년에 소환법을 제정하였다(Sato, 2016). 이 법에 의해 헌법에는 없던 '소환을 위한 시민조직'(the officially recognized citizen organization)을 조직하여 소환청원신청서 작성에서부터 소환선거운동을 주도하도록 규정했다. 이 시민조직에는 전국 24개 주의 유권자 1%(2016년 마두로 대통령 소환청원의 경우 195,721명)가 참

81   International IDEA(2008).

여해야 하고, 그 명단을 소환요청서와 함께 선거관리위원회에 제출하도록 했다(Sonneland, 2016).

소환청원서가 접수되고, 선거관리위원회에서 이상이 없다고 통보를 하면, 소환시민조직을 중심으로 4일 동안 법적으로 인정받은 청원인이 개별적으로 서명을 받거나 선거관리위원회에서 설치한 투표소에서 서명을 할 수 있다.[82] 정해진 기간 동안 유권자로부터 서명을 받은 후, 청원인은 소환청원서를 선거관리위원회(National Electoral Council. 스페인어 Consejo Nacional Electoral:CNE)에 제출해야 한다. 선거관리위원회는 30일 이내 확인 절차를 마쳐야 한다(The Carter Center, 2005). 유효한 서명이 헌법에서 정한 비율(20%)을 넘을 경우 즉 해당 선거구 유권자로부터 소환청원서에 일정한 비율 이상의 유효한 서명을 받았다고 인정되면, 선거관리위원회는 그 날로부터 90일(3개월) 이내 소환투표를 실시하여야 한다. 소환된 공직자가 보궐선거에 출마할 수 있는지는 분명히 규정되어 있지 않다(Jackson et al., 2011).

소환투표가 실시되면 다음과 같은 조건이 충족되어야 해당 공직자를 소환할 수 있다. 첫째, 해당 선거구의 유권자 중에서 25% 이상이 소환투표에 참여해야 하고, 둘째, 지난 선거에서 해당 공직자에게 투표한 유권자의 비율보다 높은 비율의 유권자들이 소환에 찬성해야 하고, 셋째, 소환에 찬성하는 유권자가 반대하는 유권자보다

---

[82] 베네수엘라 선거관리위원회는 2007년 한해 동안 400건이 넘는 소환청원을 처리하는 과정에서 합당치 않은 사유로 소환청원을 남용하는 경향을 발견하고 이를 막기 위해 청원절차를 개시하기 위한 조건으로 소환청원요청서에 해당 선거구 유권자 1% 이상의 서명을 받고 정치조직(정당)을 조정자(mediator)로서 내세워야 한다는 규정을 만들었다(Sato, 2016).

많아야 한다(International IDEA, 2008: 121).

다음, 헌법 제233조에서는 대통령의 소환에 대해서 다음과 같이 규정하고 있다. "베네수엘라 대통령은 사망, 사직, 대법원의 탄핵결정, 대법원이 지정한 의료의원회의 영구적인 육체적·정신적 장애 판정과 의회 승인, 의회가 대통령직 방기를 선언할 때, 그리고 국민투표에 의한 소환이 있을 경우 대통령직을 수행할 수 없다 … 대통령이 임기 2년 또는 그 이하를 남겨두고 그 직을 영구히 수행할 수 없게 될 경우 부통령이 남은 임기 동안 그 직을 수행한다." 국민투표에 의한 소환은 대통령이 그 직을 수행할 수 없게 되는 여러 가지 이유 중 하나로 규정하고 있을 뿐 소환 기준, 절차, 방법 등에 대해서는 별도로 규정하지 않고 있다. 그것은 제72조에서 정한 소환 관련 규정이 그대로 적용되기 때문일 것이다.

대통령이 임기 시작 (절반 즉 3년 이후) 4년 사이 소환이 성립되면 소환투표 후 30일 이내 보궐선거를 개최하여 후임자를 선출하도록 되어 있으며, 후임 대통령이 선출될 때까지 30일간은 부통령이 그 직을 대신한다. 그러나 대통령이 임기 만료 2년 이하를 남겨둔 시점(임기 만료 1년까지의 기간)에 소환될 경우에는 후임 대통령을 선출하는 보궐선거는 없고 부통령이 그 직을 대신하게 되어 있다(Jackson et al, 2011).

지금까지 살펴본 소환 절차와 방법을 정리하면 다음과 같다. ① (주로 정당에서) 소환절차를 공식적으로 시작하겠다는 요청서를 선거관리위원회에 제출하고, 선거관리위원회가 승인을 한다. ② 선거관리위원회가 소환절차 개시 요청을 승인하면, 30일 이내 24개 주 유권자의 1%로부터 소환요청서에 서명을 받는다. ③ 소환요청서를 접수하면 선거관리위원회는 5일 이내 서명명부를 확인한 뒤, 서명자의 신분이 불분명하거나 의심되는 사람을 소환하여 지문을 받는 절차를 5일 동안 거친다. ④ 서명자 본인 확인을 위한 지문 채취를 마치면, 이후 20일 이내 서명자 신분을 자세히 검토, 확인하는 절차를 밟는다. ⑤ 서명을 포함한 소환청원신청서가 갖추어야할 요건을 다 갖추면, 소환청원 신청인은 소환절차를 공식적으로 시작하게 해달라는 의향서를 선거관리위원회 지역본부에 제출한다. 그러면 '정치참여-정치자금위원회'(Political Participation and Financing Committee)는 15일 이내 소환절차를 개시하겠다는 의향서를 중앙선거관리위원회에 제출한다. ⑥ 중앙선거관리위원회의 전국선거위원회(National Electoral Board, JNE)는 15일 이내 소환청원서 서명을 위한 장소(centers for collection of signatures)를 결정한다. ⑦ 소환청원서 서명을 위한 장소가 결정되면, 3일 동안 각 주 유권자들에게 청원서 서명을 받을 수 있다. ⑧ 소환청원서에 서명이 끝나면, 선거관리위원회는 15일 이내 서명을 확인한다. ⑨ 정해진 비율 이상의 유권자들이 소환청원에 찬성 서명을 하면, 선거관리위원회는 90일 이내 소환여부를 최종적으로 결정할 소환투표를 실시한다. ⑩ 마지막으로, 소환투표에서 전체 유권자의 25% 이상이 투표하고, 소환 찬성이 반대보다 많으면, 30일 이내 보궐선거를 실시한다(Emersberger, 2016).

4) 실제 활용

베네수엘라에서 소환청원 시도는 빈번하였다. 대통령을 대상으로 한 것은 2004년 차베스 대통령 소환 한번, 2016년 마두로 대통령 소환 시도 한번, 합계 두 번 있었고, 지역수준 선출직 공직자를 대상으로 한 것은 400번이 넘게 있었다(Sato, 2016). 대통령을 대상으로 한 소환청원 두 건 중에서 차베스 대통령을 대상으로 하는 소환청원만 소환을 위한 국민투표로 이어졌고, 2016년 4월부터 5월 사이 야당이 주도했던 마두로(Nicolás Maduro) 대통령 소환 시도는 1차 관문인 24개 주 유권자 1%로부터 서명을 받아야 하는 소환청원 신청서 자체의 결함(사망자가 1만명 이상 포함) 때문에 본격적인 서명조차 시작하지 못하고 중단되고 말았다(Mallet-Outttrim, 2017).

먼저, 2004년 차베스 대통령에 대한 소환투표를 보기로 한다. 우고 차베스는 2008년 대선에서 대통령으로 당선된 후(1999년 2월 2일~2001년 1월 10일), 전면개정된 헌법에 의해 모든 공직선거가 동시에 치러진 2000년 7월 전국동시선거에서 압도적인 지지로 당선되어 2001년 1월 10일에 취임하여 6년 임기의 대통령직을 수행하기 시작했다.[83] 차베스 대통령에 대한 소환이 시도된 것은 취임 후 2년이 지난 2003년 2월 2일에 시작되었다. 2002년에 설립된 시민단체 수메이트(Súmate)가 주도하고 야당 정치지도자들을 포함한 대통령 축출을 원했던 사람들의 지지를 받아 소환투표 청원서명운동이 시작되었다.[84] 수메이트는 2003년 8월까지 약 320만 명으로부터 서명을 받아 선거관리위원회에 제출하였다.[85] 이때까지도 선거관

---

83 2004년 소환투표에서 살아남아 2007년 1월 10일까지 임기를 채웠고, 2006년과 2013년 선거에서도 당선되어 2013년 3월 암으로 사망할 때까지 대통령직을 수행했다.

84 수메이트는 연대를 의미하며 베네수엘라 시민들에 의해 2002년에 설립된 시민단체이다. 미국 민주주의증진재단(National Endowment for Democracy)으로부터 자금을 받았다는 이유로 베네수엘라정부에 의해 반역죄로 처벌받았다(World Heritage Encyclopedia, 2004).

85 베네수엘라 선거관리위원회(National Electoral Council, CNE)는 국민소환, 국민투표, 국민발안을 포함한 모든 선거투표를 관할하는 기관으로, Súmate가 청원서를 제출할 때까지 선거관리위원 5인을 선정하지 못해 정상적으로 기능하지 못하고 있었다.

리위원회는 5인의 위원이 결정되지 않아 제대로 기능하지 못하고 있었는데, 원래 국회가 결정해야 할 선거관리위원회 위원 5인을 베네수엘라 대법원이 8월말에 추천하고 관련 기관이 모두 이를 받아들임으로써 정상적으로 기능하기 시작했다. 그 첫 작업은 수메이트가 제출한 소환청원서를 확인하는 것이었는데, 위원회는 대통령 임기가 절반(2003년 8월 19일)을 넘지 않은 시점부터 서명을 받았기 때문에 접수할 수 없다고 결정하였다(The Carter Center, 2005).

이후 선거관리위원회는 소환투표의 절차와 방법에 대한 구체적인 사항들을 결정하여 9월 25일에 발표하였다. 이에 정부여당과 야당은 동시에 소환절차를 시작하겠다는 요청서를 선거관리위원회에 제출한 뒤, 선거관리위원회는 소환절차의 출발점인 차베스 대통령에 대한 소환청원서 서명(El Reafirmazo)을 2003년 11월 28일부터 12월 1일까지 4일 동안 진행하기로 결정했다. 그런데 그때까지만 하더라도 선거관리위원회의 체제가 전혀 정비되어 있지 않았다. 그해 8월말이 되어서 겨우 5명의 위원이 선정되어 서명 시기와 기간, 서명을 확인하는 기간(reparo)과 소환투표 시기 등 소환 관련 기준과 절차를 정했으며, 서명 확인 절차나 방법에 대한 세부적인 사항을 그때그때 임기응변식으로 대처해 나갔다. 이러한 사정 때문에 선거관리위원회 안팎에서 소환 절차와 방법을 둘러싸고 끊임없는 논란이 벌어졌다. 우여곡절 끝에 겨우 다음과 같은 여섯 가지 원칙을 결정하였다.

① 국회의원과 대통령에 대한 소환청원 서명을 각각 4일 동안 진행하기로 한다. 먼저, 친정부조직인 '코만도 아야쿠초'(Comando Ayacucho)가 제기한 야당의원 소환을 위한 서명은 2003년 11월 21일~24일의 4일 간 진행하고, 다음, 야당세력이 제기한 여당의원

과 차베스 대통령 소환을 위한 서명은 11월 28일~12월 1일의 4일간 진행하기로 한다.

② 대통령 소환서명 청원서는 2003년 12월 19일에 선거관리위원회에 접수하도록 되어 있으나, 서명확인 작업은 2004년 1월 13일에 공식적으로 시작하기로 한다. 서명확인 작업은 30일 이내 (2월 12일까지) 완료하도록 되어 있었으나, 1차적으로 2월 29일로 연장되어 1차 잠정적인 결과가 3월 2일에 발표되었으며, 추가적인 결과는 4월 23일에 발표되었다. 서명 확인에 대한 최종 결과는 5월 3일에 발표되었다.

③ 국회의원 소환청원서에 서명한 유권자 본인의 직접 확인 작업은 5월 21~23일의 3일간 진행되었고, 대통령 소환청원서에 서명한 유권자 본인의 확인 작업은 5월 28~30일의 3일간 진행되었다. 그 결과는 6월 3일에 발표되었다.

④ 소환투표는 청원서 서명을 시작한 지 9개월이 지난 8월 15일에 진행되었다. 애초에는 대통령과 국회의원에 대한 소환절차가 동시에 진행되었으나, 시간이 갈수록 정부여당이나 야당의 노력으로 국회의원 소환문제는 뒷전으로 밀려나고 대통령 소환문제에 집중되었다. 2004년 8월 15일에 치러진 소환투표 결과, 투표율 70%, 차베스 대통령 소환 찬성 3,989,008표(41%), 반대 5,800,629표(59%)로 야당의 차베스 대통령 소환은 좌절되었고, 차베스 대통령은 대통령직을 계속 수행할 수 있게 되었다.[86]

---

86 익숙치 않은 새로운 전자투표장치와 지문인식기를 사용한데다가 예상치 못하게 높은 투표율로 말미암아, 1차로 오후 4시에서 오후 8시로, 다음에는 다시 자정까지 투표 마감시간을 두 차례나 연장하는 사태가 벌어지기도 했다.

<표 3-24> 베네수엘라의 2004년 소환투표과정

순서	시기	내용
1	1999년	전면개정 헌법은 대통령을 포함한 모든 선출직 공직자는 유권자의 20%가 소환을 원하는 청원서에 서명을 하면 소환될 수 있다고 규정함(제72조).
2	2003.11.28.~12.1	야당세력이 주도하고 선거관리위원회가 주관한 차베스 대통령 소환 청원서 명 작업 진행. 정해진 투표소 또는 순회서명수집관의 입회 하에 개별적으로 서명함.
3	2003.12	야당은 340만 명 이상의 서명을 수집했다고 주장함. 소환에 필요한 서명자 수는 2,436,083명임.
4	2003.12.19.	서명 확인을 위해 소환청원서명지를 선거관리위원회에 제출함. 실제 확인 작업은 다음 해인 2004년 1월 13일까지 시작되지 않음.
5	2003.12~2004.1	관련 규정이 정해져 있지 않아 그때그때 논의하면서 정하는 바람에 서명확인 작업은 더디고 깔끔하게 처리되지 않았음. 서명한 유권자의 의사는 종종 무시되었음.
6	2004.3.2~4.23	최초의 서명 확인결과는 헌법 규정인 30일 이내 기한을 훨씬 넘긴 3월 2일에 발표되었음. 유효 1,910,965표, 완전무효 375,241표, 이후의 유권자 본인 확인과정에서 유효표로 밝혀질 가능성이 있는 애매한 표 956,388표.
7	2004.5.28.~30	유권자 본인 확인과정(reparo)은 소환관련 법령에서 정해진 절차로, 시민들로 하여금 직접 자신의 서명을 확인하여 기술적인 문제로 무효표로 처리되었거나 자신이 직접 하지 않은 서명은 무효표로 처리할 수 있도록 하기 위한 절차임.
8	2004.5.28~30	유권자 본인 확인과정. 754,777표가 유효표로 확인됨. 그 결과 차베스 대통령 소환청원 찬성 2,569,584표로 소환투표 실시에 필요한 표수보다 133,501표가 많았음.
9	2004.6.3~8.15	선거관리위원회는 소환투표가 2004년 8월 15일에 치러질 것임을 발표함. 5,800,629명(59%)이 차베스 대통령이 직을 유지하는데 찬성하였고, 3,989,008명(41%)이 소환에 찬성함. 소환은 실패했고, 차베스 대통령은 자리를 유지할 수 있게 되었음.

두 번째 대통령 소환시도는 2013년 4월 차베스 대통령 사망으로 치러진 선거에서 당선된 니콜라스 마두로(Nicolás Maduro) 대통령을 대상으로 한 것이었다. 마두로 대통령은 선출과정부터 부정선거 시비가 있었던 데다가 취임 후에도 부패척결(경기침체, 세자리수의 인플레이션, 생필품 부족 등)과 경제문제해결을 명분으로 비상포고령을 계속 발동함으로써 야당과 국민의 분노를 야기했으며, 2015년 12월 총선에서 야당연합이 의회다수를 차지함에 따라 대통령과 의회 간의 대립이 본격화되었다.

이러한 상황에서 야당연합은 5월 2일, 대통령 소환청원서 서명을 시작하겠다는 의향을 선거관리위원회에 제출한 뒤 소환투표의 첫 번째 관문인 24개 주의 유권자 1%로부터 서명을 받는 일을 시작하였다. 선거관리위원회에서는 충분한 서명이 수집되면, 2017년 전에 소환투표가 치러질 수 있다고 밝혔다. 이에 고무된 야당연합은 서명에 박차를 가하여 6월초에 정해진 수 이상의 서명을 받아 선거관리위원회에 제출하였다. 그러나 서명수 확인, 본인 소환을 통한 서명의 진위 확인, 전체 서명 확인 등의 절차를 거치느라 한 달 이상 경과하였음에도 불구하고 선거관리위원회는 소환투표를 위한 첫 번째 조건(즉 24개 주 유권자의 1% 서명)은 충족되었다고 발표하고, 두 번째 관문인 전체 유권자의 20% 서명 작업 시점에 대해서는 1차 서명 중 허위가 있다는 이유로 발표를 늦추었다. 그로부터 약 1주일이 지난 8월 9일 선거관리위원회는 1차 서명 확인 작업 등의 일정을 포함하여 2차 서명, (새로이 정한) 2차 서명에 대한 확인절차, 소환투표 등에 대한 전체 일정을 발표했다.

9월 초에 선거관리위원회는 10월 26~28일 3일 동안 베네수엘라 전체 유권자의 20%가 아니라 24개 주 각각에서 20%의 서명을 받아야 한다는 등과 같은 소환을 주도하는 세력에게는 불리한 소환선거운동 가이드라인을 새로이 정하여 발표하였다(Dreier, 2016).

이어서 9월 21일에는 소환투표는 2017년 1월 10일 전에는 이뤄질 수 없고 2017년 1/4분기 중에서 치러질 가능성이 크다는 선거관리위원회의 발표가 있었고, 2차 서명이 개시되는 불과 며칠 전인 10월 21일에는 1차 서명자 중에 위조가 있다는 이유로 소환투표 일정 자체를 완전히 중지시켰다. 야당과 지지자로부터 격렬한 항의와 시위가 이어졌지만, 마두로 대통령을 소환하기 위한 투표는 실시되지 않고 2차 서명단계에서 중단되고 말았다.

2. 리히텐슈타인(Liechtenstein)

리히텐슈타인의 정식 명칭은 리히텐슈타인 공국(Principality of Liechtenstein)으로, 알프스 산록의 스위스와 오스트리아로 둘러싸여 있는 서울(605.2㎢)의 1/4보다 조금 넓은 면적 160㎢, 인구 3만 8천여 명의 소국이다. 인구의 1/3 정도가 인접한 독일어 사용국이나 남유럽 국가들로부터 이주해온 외국인들이며, 공용어는 독일어다. 금융업과 관광업이 주산업이고, 1인당 국민소득은 14만 불(구매력 기준 98,000불) 세계에서 두 번째로 높다.

리히텐슈타인은 1719년에 신성로마제국의 공국(principality) 중 하나로 출발하여 1806년에는 주권국가로서 인정받았으며, 1815년에는 오스트리아 제국의 지배를 받는 독일연맹(German Confederation)에 합류하였고, 1차 세계대전이 끝날 때까지 오스트리아 제국(또는 오스트리아-헝가리 제국)의 한 공국이었다.

그 결과 정부는 국왕이 일방적으로 구성하였으며, 정부수반은 외국인(즉 오스트리아인)으로 리히텐슈타인 국민이나 엘리트들의 의사에 반하더라도 국왕의 뜻을 받드는 신하에 불과했다. 의회는 1862년부터 존재해 왔지만 이렇다 할 권한이나 권력을 갖지 못했다. 게다가 15명의 의회 의원 중 3명은 국왕이 임명했고, 나머지는 남성 유권자들의 간접 선거를 통해 선출하였다.

1차 세계대전과 그 이후 의회와 대중 사이에 보다 많은 민주주의를 요구하는 운동이 광범하게 펼쳐졌다. 마침내 1921년에 리히텐슈타인은 실질적인 권한을 가진 국왕, 의회, 그리고 의회가 국왕의 동의를 얻어 구성하는 내각으로 이루어져 있는 입헌군주국(semi-constitutional monarchy)이 됨으로써 민주적인 헌법을 가진 국가가 되었다(Maxer, 2007).

이 헌법에 의해, 국가권력은 세습제 국왕과 국민의 직선에 의해 선출되는 단원제 의회(25인)로 분립되어 상호 견제의 원칙에 입각해 작동하도록 되어 있다.[87] 국왕은 의회 소집권과 해산권을 가지고 있다(헌법 48조 1항). 정부(내각) 각료는 각 정당이 추천하고 국왕이 동의하는 5인으로 구성된다.[88]

이처럼 리히텐슈타인은 제도적으로 국왕과 의회의 분립과 견제를 중심으로 하는 대의제 민주주의 국가이며, 헌법에서는 국가 권력을 국왕과 국민이 공유하도록 하는 '이중 권력구조'의 원칙을 규정함으로써(헌법 제2조; Marxer, 2007), 국민발안, 국민투표(의무, 의견수렴), 국민소환과 같은 직접민주주의적 제도를 대폭 도입해 놓고 있다. 즉 헌법 제64조에서는

> 법률을 도입할 수 있는 권리인 법률발안권은 국왕(정부제출법률안), 의회, 투표권을 가진 일반국민이 가진다. 국민발안권은 다음 두 가지 방법으로 가능하다. 하나는 1,000명 이상의 유권자가 입법청원서에 서명을 하고 지역의 관련 기관(authorities of the commune)이 확인을 거친 뒤 제출하는

---

87 의회는 단원제로 1988년 헌법개정 이전에는 15명으로 구성되어 있었으나, 그 이후에는 25명으로 증가하였다. 의원은 비례대표로 선출되고 임기는 4년이다. 20세 이상의 남녀 국민은 투표권을 가지며, 국민발안권과 국민투표권도 갖는다. 여성이 투표권을 행사하고 의회에 진출할 수 있게 된 것은 1984년 헌법 개정을 통해서다.

88 5인 위원회(five-member Collegial Board). 나치의 침략으로부터 나라를 지키기 위해 1938년에 연립내각을 구성한 이후 지금까지 연립내각을 구성하는 것이 관례가 되었다. 내각수반은 제1당(majority party), 부수반은 제2당, 나머지 3인의 위원은 기타 정당이 나누는 방식이다. 주요 정당은 애국연합당(Patriotic Union Party, VU)과 진보시민당(Progressive Citizens' Party, FBPL)이고, 두 정당이 번갈아 제1당을 차지하였다(Nation Encyclopedia). https://www.nationsencyclopedia.com/World-Leaders-2003/Liechtenstein-POLITICAL-BACKGROUND.html (2020.9.7. 검색)

것이고, 다른 하나는 세 개 이상의 지역의회(the communal assembly)가 입법(또는 개정)결의안을 제출하는 것이다. 이 두 경로를 통해서 제출된 입법청원에 대해서 의회는 제출된 다음 회기에 토의를 하여야 한다. 국왕이 제출하거나 지역의회가 법률안을 제출한 경우에는 이 전에 관련 예산이 배정되어 있지 않았다면 필요한 경비를 조달하는 방법을 제안하여야 한다. 국민발안권에 의한 헌법 (개정) 관련 청원은 1,500명 이상의 유권자 서명이나 최소 네 개 지역의회의 발의를 필요로 한다.

또한 법률은 의회의 동의와 국왕의 서명·공포에 의해 제정되지만, 국민투표에 의해 법(헌법 포함)을 개정/폐지할 수 있다. 헌법 제66조에 의하면,

> 의회가 통과시켰으나 긴급하다고 결정하지 않은 법률이나 재정결의안은 30만 프랑 이하의 일회성 예산을 요하거나 매년 15만 프랑 이하의 예산을 요하는 것일 경우 의회가 의결할 수 있다. 1000명 이상의 유권자 또는 세 개 이상의 지역의회가 청원을 하면 헌법 64조에 정해진 절차에 따라 법률이나 재정결의안이 공식 발표된 후 30일 이내 국민투표에 붙일 수 있다. 그것이 헌법과 관련될 경우에는 1500명 이상, 네 개 이상의 지역의회의 청원을 필요로 한다. 제안된 법률안에 대한 국민투표여부는 의회가 최종적으로 결정하며, 국민투표는 지역별로 이루어지고 유효투표수의 절대 과반으로 채택여부를 결정한다.

국민소환제도 이러한 직접민주주의 제도의 하나로 헌법에서 보장하고 있다. 1947년과 1984년 두 차례의 헌법개정을 통해 국왕과 더불어, 국민이 국민투표로 의회를 소집하거나 해산(소환)(헌법제48조 2항)할 수 있다(Jackson et al., 2011).

1,000명 이상의 유권자 또는 세 개 이상의 지역의회가 청원을 하면, 의회는 반드시 소집해야 한다. 3항) 위 제48조2항과 같은 조건으로, 1,500명 이상의 유권자 또는 네 개 이상의 지역의회가 의회 해산을 요구하는 청원을 할 경우 의회 해산 여부를 묻는 국민투표(의회소환 투표)를 해야 한다." 그리고 헌법 제50조에 의해, "국왕이나 국민투표에 의해 의회를 해산하는 경우 6주 이내 새로운 선거를 실시해야 하고, 새로운 의회는 선거가 끝난 후 14일 이내 소집해야 한다."

끝으로, 2003년 헌법 개정을 통해서 국민이 국왕에 대한 불신임 투표를 할 수 있다. 헌법 제13조에 의하면, "1,500명 이상의 유권자가 서명을 할 경우 국왕에 대한 불신임을 의회 안건으로 상정할 수 있다. 국민의 불신임 청원서명에 임한 의회는 그 다음 회기에 안건으로 상정하여야 하고 헌법 제66조 6항에 따라 국민투표를 할 수 있다. 국민투표에서 통과되면 국왕이 왕실법(dynasty law)을 고려하여 결정할 수 있도록 국민투표 결과를 알려주어야 하고, 국왕은 법에 따라 결정한 바를 의회에 통보해줘야 한다."

국민은 국민투표를 통해 군주제를 폐지할 수도 있다. 헌법 제113조에서는 "최소 1,500명의 유권자들이 군주제를 폐지하자는 발의를 할 수 있는 권리를 갖는다. 이러한 국민발의가 국민투표에서 통과하면, 의회는 새 헌법을 작성하여 빠르면 1년 늦어도 2년 이내 국민투표에 붙여야 한다. 이때 국왕도 자신의 헌법개정안을 국민투표에 붙일 수 있다. 위에서 언급한 절차는 헌법 개정에 관한 제112조 2항에 정해진 절차를 대체한다고 규정하고 있다."[89]

---

89 의회와 국왕이 공동으로 결정하고 임명하는 사법부 판사도 두 기관이 합의가 이루어지지 않을 경우 국민투표로 결정한다(헌법 제96조)

이상에서 본 것처럼, 리히텐슈타인은 직접민주주의 제도의 한 부분으로서 국민소환을 보장하고 있으며, 시간이 갈수록 국민의 소환권은 의회의 소집과 해산에 대해서만이 아니라 국왕에 대한 불신임과 군주제 폐지까지 요구할 수 있을 정도로 확대되어 갔다. 그러나 의회에 관련한 소환은 개별 의원이 아니라 의회 전체를 대상으로 하게 되어 있다는 점에서 영국 사례와는 차이가 있다.

3. 아이슬란드(Iceland)

아이슬란드는 북대서양에 있는 도서국가로, 면적은 10만3천 평방킬로미터가 넘지만 인구는 36만 명 정도에 지나지 않는 소국이다. 노르웨이 등의 지배를 받아오다가 나폴레옹 전쟁을 계기로 독립투쟁이 오랫 동안 전개되어 왔다. 1918년에 독립을 획득하였고 1944년에 공화국이 되었다. 알팅그(Althing)라 불리는 의회는 10세기 경부터 (1799년과 1845년의 기간을 제외하고는) 기능을 해 온 세계에서 가장 오래 기능한 의회로 알려져 있다. 20세기 전까지는 주로 생계형 어업과 농업에 의존해 왔으나, 2차 대전 후의 마샬플랜과 어업의 기계화에 힘입어 급속한 경제발전이 이루어졌고, 2019년에는 경제1인당 GDP 6만7천 불(2019년 기준)이 넘는 부국으로 성장하였다.

아이슬란드는 의회제 정부를 가지고 있으며, 의회(Alpingi, 영어로는 Althing)는 930년에 설립되었으나 1799년과 1845년 사이 일시적으로 기능이 중단되었다가 1845년 덴마크 군주의 자문기구로서 다시 태어났다. 의회는 63명으로 구성되어 있으며, 임기는 (최대) 4년이다. 정부의 수반은 수상이며, 의회에 대해서 책임을 진다. 대통령은 국민의 직선으로 선출되며, 임기는 4년이고 연임제한이 없다. 대통령, 의원, 지방의회 의원은 매 4년마다 별도로 선출된다. 대통령은 의회 소집과 휴회를 요구할 수 있는 권한(헌법 제22조와 제23조), 법률안 발의권(헌법 제25조), 의회가 통과시킨 법률안에 대한 거부권 등을 가진다. 대통령이 거부권을 행사하는 법률안은 국민투표에 회부해야 하여 최종 결정을 한다(헌법 제26조; International IDEA, 2008).

또한 대통령은 의회를 해산할 수 있는 권리를 가지며(헌법 제24조),[90] 의회는 내각 각료(헌법 제14조)와 대통령(헌법 제11조)에 대한 탄핵을 발의할 수 있다. 대통령에 대한 탄핵은 의회 의원 3/4의 찬성으로 발의하고 탄핵소추안은 의회가 발의한 날로부터 두 달 이내 국민투표를 실시하여야 하며, 국민투표에서 과반 찬성을 얻으면 임기 전에 소환된다. 반면 국민투표에서 탄핵 찬성이 과반이 되지 않을 경우, 대통령을 그 직을 유지하게 되고 의회는 즉각 해산한 뒤 새 선거를 실시하여야 한다(헌법 제11조).

이상에서 본 것처럼, 아이슬란드는 대통령에 대한 소환제를 도입하고 있으나, 소환제를 택하고 있는 많은 나라들과는 달리, 의회가 발의하고 국민이 투표로 최종 결정하는 '위로부터의 국민소환제'를 체택하고 있다.

---

90 대통령이 의회를 해산하면, 45일 이내 선거를 통해 의회를 새로이 구성해야 하고, 해산 10주 이내에 개원해야 한다. 의원은 선거 때까지 그 직을 유지할 수 있다(헌법 제24조).

4. 볼리비아(Bolivia)

볼리비아는 109만8천 평방킬로미터의 면적에 다양한 에스닉 그룹 1,142만 명(2019년 추정치)이 살고 있으며, 주요 산업은 주석, 리튬, 천연가스 등 광업이고, 1인당 GDP(2019년 기준)는 3,800불 정도로 빈국에 속한다. 정치적으로는 1982년 이전에는 독재와 쿠데타의 연속으로 정치적으로 매우 불안정하였으나, 1982년 다당제 정치체제에서 좌우 양극에 속하는 정당정치인들이 선거결과를 받아들이기로 합의함으로써 민주적 선거에 의해 권력을 승계하는 안정적인 정치체제가 구축되었다(Lehoucq, 2008).

2006~7년의 초안 작성을 거쳐 2009년 국민투표로 확정된 새 헌법은 3권분립과 지방분권을 규정하고 있다. 대통령제 국가로 양원제를 채택하고 있으며, 의원은 독일식 혼합형 비례대표제로 선출한다. 임기 5년의 대통령은 국민 직선으로 선출되는데, 1차 투표에서 1위 득표 후보가 과반을 얻지 못하거나 2위와의 격차가 10%이면서 40% 이상 득표한 후보가 없을 경우 1, 2위를 두고 결선투표를 한다. 의회인 다민족의회(Plurinational Legislative Assembly)는 양원으로 이루어져 있다. 하원(Chamber of Deputies)은 5년 임기의 130명(지역구 70명, 비례대표 60명, 7개 지역의 소수민족 대표 7명) 의원으로 구성되고, 상원(Chamber of Senators)은 역시 5년 임기의 36명(9개 광역지역 각 4명) 의원으로 구성된다.

1982년 이후 볼리비아는 정치적 안정을 이루었지만, 이후에도 여전히 급진정치를 지향하는 세력이 광범하게 남아 있었으며, 정실인사(cronyism), 부패, 전반적인 법경시 풍조의 문제도 여전했다(Lehoucq, 2008). 더구나 사회주의운동(Movement for Socialism)

당수인 아메리칸 인디언 출신 모랄레스(Evo Morales)가 2006년 대통령에 당선된 이후 빈곤퇴치, 미국과 다국적기업의 영향력 축소 등의 목적을 달성하기 위해 천연가스 유전과 상수도의 국유화, 토지 재분배 등과 같은 '사회주의' 정책을 추진하고, 빈곤층에게 보다 많은 권력을 부여하고 사회주의 정책들의 법적 근거를 만들기 위한 새 헌법을 제정하면서 우익세력 등 기득권층과 갈등을 야기하는 등 적지 않은 정치적 논쟁과 혼란을 겪었다.

2006년 7월에 소집된 제헌의회(225석)가 2006~7년 기간에 헌법초안을 작성하였다. 그러나 동부 지역정부의 자율성을 강화하려는 야당계 주지사들의 반대에 직면하면서 새 헌법에 대한 국민투표가 지연되고 있었다.[91] 이런 와중에 2007년에는 대통령(여당)의 국민소환투표 제안을 거부하던 상원의 제1야당(PODEMOS)이 2008년 5월에 국민소환투표 제안을 전격적으로 수용하였다. 그 후 선거를 통해 공직에 진출한 대통령과 9개 수지사를 대상으로 하는 국민소환투표가 실시되게 되었다. 따라서 이 소환투표는 2009년에 제정된 헌법 규정에 근거를 둔 것이 아니라 의회(상-하원)에서의 소환제법의 제정을 통해 이루어진 것이다(〈표3-25〉).

2008년 5월에 제정된 소환법에 의하면, "소환에 찬성하는 유권자의 비율이 이전 선거(2005년)에서 얻은 득표율보다 1표라도 많으면 소환대상 선출직 공직자는 그 직을 잃는다. 대통령과 부통령이 소환될 경우 국민소환투표 후 90일과 180일 사이에 보궐선거

---

91 이 시기에 낮은 지대에 있는데다가 천연가스 등 천연자원도 풍부한 동부지역의 야당계 주지사들은 농민-노동자-빈민에게 유리한 새 헌법을 저지하려고 안간힘을 다하는 한편, 중앙정부로부터의 지역 자율권(autonomy)을 확대하기 위한 국민투표를 추진하고 있었다(Ledbur and Walsh, 2008).

를 실시해야 한다. 주지사가 소환될 경우에는 즉각 그 직을 잃을 것이며, 현행 헌법(1967년 개정) 규정에 의거하여 대통령이 후임자를 선임한다"(Ledebur and Walsh, 2008).

그런데 이 법에 의하면, 특히 2005년 선거에서 37.98%(La Paz), 40.69%(Potosi), 40.95%(Oruro) 등 낮은 득표율로 당선된 일부 주지사는 소환을 피하기 매우 어려워질 수 있었다. 왜냐하면 소환 찬성이 이 득표율보다 높아질 가능성이 충분히 있기 때문이다. 이런 이유로 야당이 장악하고 있는 동부지역의 주지사들은 야당이 장악하고 있는 상원의 찬성에도 불구하고 소환투표에 반대하거나 주저하고 있었다. 이런 상황에서 7월 31일, 선거 전반을 관리 감독하는 볼리비아 선거관리법원(National Electoral Court: Corte Nacional Electoral, CNE)[92]에서 '주지사 소환투표의 경우 이전 선거 득표율과는 상관없이 일률적으로 소환 찬성 유권자가 50% 이상인 경우 소환하기로 하자'는 제안을 하여 결국 국민소환투표는 원래 정해진 날인 8월 10일에 실시되었고, 결과도 법에서 규정한 대로 이전 선거보다 소환찬성 유권자의 비율이 1표라도 많으면 소환하는 것으로 했다.

8월 10일 소환투표 결과는 (〈표4-2〉)에서 보는 바와 같이 모랄레스 대통령은 소환투표를 넘어섰고, 다른 6명의 주지사도 살아남았다. 그러나 2명의 주지사는 소환되었다.

---

92 우리나라의 중앙선거관리위원회와 같은 기능을 하지만 정부가 위원을 임명하는 선거관리감독기관으로, 2010년 이후에는 다민족선거관리기구(Plurinational Electoral Organ)로 명칭도 변경되고 정부와는 분리된 제4의 국가기구로 대체되었다. 이 기구의 홈페이지는 https://www.oep.org.bo/ (2020.9.9. 검색).

〈표3-25〉 볼리비아의 대통령과 주지사 소환투표

시기	내용
1993~1997	민족혁명운동(Movimiento Nacionalista Revolucionaria) 지도자인 Gonzales Sánchez de Lozada, 대통령 (1기)
1997~2003	대통령 - 보수정당인 ADN party (Acción Democrática Nacionalista) 지도자인 Hugo Banzer Suarez(1997~2001), MNR 당수인 Gonzales Sánchez de Lozada(2기, 2002~3).
2003.10	천연가스 갈등(정부-기업 vs. 아메리카 원주민과 노동자)과 폭력적인 진압으로 60여 명이 사망, 이에 대한 책임으로 Gonzales Sánchez de Lozada(2기, 2002~3) 대통령 사임.
2004.7	천연가스 수익 사용, 국유화 등에 대한 국민투표.
2005.5	Evo Morales를 포함한 천연가스산업의 국유화를 요구하는 세력의 항의로 천연가스 개발수익에 대한 사용료(정부수입)를 인상함.
2005.6~7.	계속되는 반정부시위로 말미암아 Gonzales Sánchez de Lozada를 이어 대통령이 된 (원래 부통령) Carlos Mesa 대통령 사임함. Meas를 이은 Eduardo Rodríguez Veltze 대통령, 제헌의회에 관한 법에 서명. 2006년 3월에는 의회가 제헌의회소집에 관한 특별법을 통과시킴.
2005.12	MAS(Movement for Socialism-Political Instrument for the Sovereignty of the Peoples; Spanish: Movimiento al Socialismo-Instrumento Político por la Soberanía de los Pueblos, abbreviated MAS-IPSP, or simply MAS) 지도자인 Evo Morales, 대통령 당선.
2006.1	Evo Morales, 대통령 취임, 사회지출을 늘리기 위해 천연가스에 대한 세율을 높이고, 문맹-빈곤-인종주의-성차별 문제를 해결하기 위한 정책 추진.
2006.7~8	제헌의회소집에 관한 특별법(2006.3)에 의해, 2006년 7월 2일 국민직선으로 제헌의회 의원을 선출한 뒤, 8월 6일 제헌의회 소집, 헌법안 작성. 여기서 작성된 헌법안은 국민투표에 붙여 최종 결정하기로 함.
2007.11~ 2009.1	제헌의회, 내부 절차를 모두 거쳐 헌법안 작성 완료, 야당의원들의 격렬한 반대와 불참 가운데 조문별로 투표 후 12월 9일 최종안 완료, 제헌의회 의장과 Directory Panel 위원들이 최종안을 의회(Bolivian National Assembly)에 보고함. 2008년 9월에는 야당이 장악하고 있는 동부지역과 의견을 조율하여 초안에 수정을 가한 뒤, 2008년 10월 23일 헌법안을 국민투표에 붙이기로 의회에서 합의를 봄. 2009년 1월 25일에 국민투표가 이루어져 61.7% 찬성으로 새헌법이 결정되어 2월 7일부터 효력을 발휘함.
2007.1~12	Morales 대통령, 1월 1차로 국민소환투표를 제안한 뒤, 12월에는 의회에 국민소환투표를 정식으로 제안함. 야당이 다수를 점하고 있는 상원에서는 거부함.
2008.5	제1야당인 PODEMOS(Social and Democratic Power: Poder Democrático y social), 헌법에 대한 국민투표 일정을 지연시키기 위해 국민소환투표안을 수용함으로써 국민소환법이 상원을 통과함.
2008.8.10	대통령과 9개 주지사 대상 국민소환투표. 대통령 67.41%(53.74%), Pando 56.21%(48.03%), Santa Cruz 66.43%(47.88%), Cochabamba 35.19%(47.64%), Tarija 58.06%(45.65%), Beni 64.25%(44.64%), Oruro 50.86%(40.95%), Potosí 79.08%(40.69%), La Paz 35.48%(37.99%) * ( )속은 2005년 선거에서 얻은 득표율
2009.1~2	2009년 1월 25일, 국민투표 61.7% 찬성으로 새 헌법이 결정됨. 2월 7일부터 효력 발휘.

　이상에서 살펴본 것처럼, 2008년의 국민소환 투표는 (1967년) 헌법에 명확한 규정이 없는 상태에서 정치적 이유로 급하게 (새 헌법에는 명확한 규정이 있기 때문에 한시적으로 적용되는) 한시적인 법을 제정하여 실시한 것이었다.

다른 한편, 2009년에 개정된 헌법에서는 국민소환에 대해서 명확히 규정해 놓고 있다. 관련된 조항은 11조, 157조, 170조 등이다.[93] 먼저, 헌법 제11조에서는 직접민주주의를 실천하는 하나의 형태로 소환제를 도입함을 밝히고 있다. "I. 볼리비아 공화국은 남녀 평등의 조건에서 참여민주주의, 대의제, 공동체주의를 지향하는 정부형태를 취한다. II. 민주주의는 다음과 같은 형식으로 시행될 것이며, 구체적인 내용은 법으로 정한다. 1. 직접민주주의와 참여민주주의는 국민투표, 시민발안, 국민소환, 집회, 지방의회, 자문위원회 등을 통해서 실천한다..... (이하 생략)". 다음, 제157조에서는 의원에 대한 소환제를 언급하고 있다. "다음과 같은 경우 의회 의원은 (국민이 준) 권한을 상실한다: 의원의 사망 또는 사직, 의원 소환, 형법상의 범죄로 최종적으로 형을 선고받은 의원, 의회 규칙에 정해진 정당한 사유 없이 6일 연속, 또는 연간 11일 이상 의원직을 수행하지 않은 의원." 제170조에서는 대통령과 부통령 대상 소환에 대해서 규정하고 있다. "다음과 같은 경우 대통령은 그 권한을 상실한다. 사망, 의회에 사직서를 제출한 경우, 결정적인 궐위나 장애 (definitive absence or impediment), 형법상의 범죄로 최종적으로 형을 선고받은 경우, 또는 국민소환." 이어서 제171조에서는 대통령 소환의 효력에 대해서 규정하고 있다. "대통령은 소환이 결정되는 즉시 직무수행을 정지해야 하고, 부통령이 그 직무를 대행한다. 90일 이내 새 대통령을 선출할 선거를 실시해야 한다."

---

93 2009년에 제정된 볼리비아 헌법(영어본)은 다음 사이트에서 찾아볼 수 있다. https://www.constituteproject.org/constitution/Bolivia_2009.pdf (2020.9.9. 검색)

맺는말

소환제 도입과 관련한 헌법적 쟁점 검토

이상 국회의원 소환제 도입과 관련된 헌법적 쟁점들(위임의 문제, 면책특권, 임기, 개헌문제 등)과 법률적 쟁점 그리고 해외 입법례에 대하여 살펴보았다.

현행 헌법은 국민소환제의 헌법적 근거를 명문화하고 있지 않으나 프랑스 제1공화국 헌법에서와 같이 기속적 위임금지를 명문화하여 국민소환제를 부정하고 있시도 아니다. 비교헌법사석으로 보더라도 주권자인 국민의 개념은 제한선거에 바탕하던 200여 년 전의 국민(국적보유자의 총체)이 아니라 보통선거권의 도입과 함께 유권적 시민으로 변화되었으며, 대의제는 국회의원이 유권자의 뜻을 의식하지 않을 수 없는(예를 들어, 선거공약, 메니페스토 등) 이른바 반대표제로 변화하여 왔다고 할 수 있다. 이러한 반대표제 하에서의 대표(국회의원)는 유권자의 의사에 간접적 또는 직접적으로 강한 구속을 받으며, 대표 또한 유권자에게 정치적 책임을 지려하고 있다. 이러한 국회의원에 대한 책임추궁제도의 전형적인 방식이 국민소환제다.

보통선거권의 실시와 더불어 대의제는 대의제 민주주의로 질적인 전환을 하게 되어, 면책특권이 존재한다고 하더라도 일정한 국정사안에 대하여 국민투표나 국민발안을 허용하거나 대표에 대한 소환을 허용하기도 한다. 우리 헌정사를 돌이켜 보더라도 면책특권은 존재하고 있지만, 헌법개정안에 대한 국민발안권(1962년 헌법 제119조 제1항)을 규정한바 있고, 국가안위에 관한 중대사안에 대하여서는 국민투표(1954년 헌법 제7조의2)를 규정한 이래 현행 헌법(제72조)에서도 국민투표를 규정하고 있으며, 헌법개정안에 대한 국민투표(제130조)를 인정하고 있다. 또한 국회의원과 지방의회 의원의 경우 차이(전국민의 대표, 주민의 대표)가 있다는 주장이 없는 것은 아니지만, 지방의회의 대표에 대하여서는 이미 2007년부터 '주민소환에 관한 법률'로 소환제를 이미 실시하고 있다.

헌법 제46조 제2항(국가이익우선)조항은 무기속 위임의 근거가 아니라 헌정사적으로 보면 청렴의무조항의 구체화로 이해하여야 하며, 헌법 제42조(임기)조항에서의 임기는 최소보장의 의미가 아니라 최대보장의 의미로 해석해야 한다.

그렇다면 현행 헌법에 대한 개정 없이 국민소환제 입법을 추진할 수 있다고 사료된다.

소환제 도입과 관련한 해외 입법례의 비교분석

국민소환제를 도입할 경우, 입법적 쟁점들(청구대상, 청구정족수, 선거운동기간, 불복절차 등)이 문제가 될 수 있는데, 비록 헌정사적 배경은 다소 다르더라도 해외 입법례의 비교분석을 통하여 이에 대한 일정한 흐름과 추이를 알 수 있었다.

비교헌법적으로 보면, 소환제도는 그 층위별로 중앙정부 수준에서 실시하는 나라(영국, 대만, 베네수엘라 등)와 하위단위(주정부나 시정부 단위) 수준에서 실시하는 나라(미국의 개별 주, 독일의 개별 주, 일본 지방자치단체 등)로 나누어 볼 수 있다. 그 대상별로 보면 모든 선출직 공직자를 대상으로 하는 나라(대만, 베네수엘라 등 8개국), 대통령에 대한 소환만을 실시하는 나라(아이슬란드), 의회 전체를 소환하는 나라(리히텐슈타인), 개별의원을 상대로 하는 나라(영국 등 11개국)로 나뉜다.

소환사유별로 보면, 정치적 책임추궁절차로서의 소환제와 사법적 책임추궁절차로서의 소환제도로 대별 할 수 있었다. 사법적 책임추궁절치로서 소환제를 도입하는 경우 소환의 사유(위법 등)를 명확히 할 수 있는 장점이 있는 반면, 충분치는 않지만 국회의원의 사법적 책임추궁절차와 관련한 법제도가 있는 바, 소환제 도입의 의미가 약화될 수 있으며, 정치적 책임추궁절차로서 소환제를 도입하는 경우 소환제 도입의 헌정사적 의미는 확대될 수 있으나 소환 사유가 불분명하여 남용의 여지가 없는 것은 아니다.

소환발의시점을 기준으로 보면, 사법적 책임추궁절차로 소환제를 도입하는 경우 언제든 소환을 발의할 수 있도록 하는 경향이 강한 반면, 정치적 책임추궁절차로 소환제를 도입하는 경우 일정한 기간 즉 대표로서 성과를 입증할 수 있는 기간 예를 들면 1년 등의 시간을 두는 경우가 많았다.

투표와 소환대상의 교체방식에 있어서도 일정수의 소환서명만으로 소환을 결정하는 경우와 소환성립 투표와 보궐선거를 별도로 하는 경우가 있었다.

이상과 같은 유형화와 분석은 현재 우리 국회에 제안된 국민소환 법률들을 상대화시키고, 비교헌법적인 위치 매김을 할 수 있을 것으로 생각된다.

소환제 도입에 대한 법률적 쟁점에 대한 검토와 입법방안의 제언

이상을 고려하면 소환제를 사법적 책임추궁절차로 도입할 것인가, 정치적 책임추궁절차로 도입할 것인가를 입법과정에서 헌법정책적·입법정책적 판단을 통하여 결정하여야 할 것임을 알 수 있었다. 제도 활성화를 위해 사법적 책임추궁절차로서 소환제를 설계하는 경우는 소환사유를 확대할 필요가 있고, 정치적 책임추궁절차로서 설계할 경우는 소환의 시기와 소환청구권자수를 조정하여 제도취지를 살릴 필요가 있다. 소환정족수와 관련하여 제도 활성화를 위해서는 직전선거에서의 투표율과 연동할 필요가 있다.

국민소환제가 도입될 경우 국민소환제법의 입법으로 완결되는 것이 아니라 공직선거법 및 정치관계법의 일정한 변동이 예상되는 바 이에 대한 영향평가와 개정방향도 향후 고려되어야 할 것이다.

국회의원은 선거를 통해 유권자의 선택을 받고 평가를 받는다. 곧 유권자에게 직·간접적으로 강한 구속을 받는다. 그럼에도 국회의원으로 당선되고 난 후 임기 중에는 그들을 견제할 법적 장치가 없다.

유권자인 국민은 엄연한 정치 주체다. 국민은 국민의 요구에 부응하는 국회의원을 원한다. 국민을 대표하는 국회의원이 민의를 대변하지 못할 때 국민이 국회의원에게 책임을 물을 수 있는 견제장치가 필요하다. 바로 국회의원 국민소환제가 그것이다. 그리고 그것은 다름 아닌 국민주권을 회복하는 길이기도 하다.

좌담회

국회의원 소환제의 쟁점과 과제

일시 : 2020년 11월 20일

주최 : 인하대학교 법학연구소(공익인권법센터)
　　　인하대사회과학연구소

대담자 : 정영태(인하대 정치외교학과 교수)
　　　　최준영(인하대 정치외교학과 교수)
　　　　구세진(인하대 정치외교학과 교수)
　　　　오동석(아주대 법학전문대학원 교수)
　　　　허완중(전남대 법학전문대학원 교수)
　　　　박재범(산업노동정책연구소 연구원)

사회자 : 이경주(인하대 법학전문대학원 교수)

녹음 및 정리 : 박재범(산업노동정책연구소 연구원)

사회자 : 제21대 국회에서 벌써 6개의 국민소환제 관련 법률이 제출되었습니다. 제20대 국회에서도 6개의 법률안이 제출된 바 있습니다. 이번 21대 국회에서는 '고양이 목에 방울'을 달 수 있지 않을까 하는 기대도 하게 됩니다. 그렇지만 동시에 논쟁적인 헌법 및 법률적 쟁점도 포함하고 있으며 과제 및 고려해야 할 상황도 적지 않은 것 같습니다. 오늘은 정영태 교수님의 해외사례에 대한 소개, 이경주의 헌법적 쟁점에 대한 소개를 먼저 들었습니다(이 내용은 이 책의 본문으로 대체함).

이제 지금부터는 이 두 분의 발표를 중심으로 국민소환제의 쟁점과 과제에 대하여 정치학 그리고 법학을 전공하고 계시는 다양한 분들의 의견을 듣는 좌담회를 시작하겠습니다. 우선 전체적인 내용에 대하여 최준영 교수님께서 말씀해주시겠습니다.

최준영 교수 : 국회의원 국민소환이라는 것은 결국 개인의 문제와 직결되는 문제라 할 수 있습니다. 계속 두 축을 가지고 말씀을 하고 계신데 하나는 trustee 자유위임이고 다른 하나는 delegate 명령위임입니다. trustee라는 것은 설명을 한다면 뽑아 놓고 알아서 하시오,

여러분이 대표하는 사람들을 위해 최선의 이익이라 생각하는 방향대로 마음대로 결정하시오 하는 의미이고, delegate는 유권자가 원하는 바로 그 사항, 그것만을 이 사람이, 마치 전령이라고 하지요, 주어진 것만을 그대로 전달하는 역할, delegate의 의미는 그런 것입니다.

이 두 개를 가지고 전체 대의의 이야기를 이끌어 가고 있습니다. 대의제와 대의 민주주의는 좀 다른데 보통 선거권이 도입되고 나서 대의제 민주주의가 들어섰고 대의제 민주주의도 결국 trustee, delegate 어떤 축으로 갈 것인가에 대해 말씀하고 계신데, 사실 정치학에서 말하고 있는 대의라고 하는 것은 굉장히 복잡한 개념인데, 단순히 trustee다 delegate라고 이야기 하기에는 굉장히 다양하고 복합적인 이야기들이 그 안에 들어가 있다고 할 수 있습니다.

자유위임 · 명령적 위임 그리고 레프리젠테이션(representation)

레프리젠테이션(representation)에 대해 가장 고전이 된 글을 쓴 피트킨(Hanna Fenichel Pitkin)[1]이라는 학자가 있습니다. 레프리젠테이션을 번역하면 대표, 대의, 표상, 재현 등 여러 가지로 번역할 수 있는데 재현이라는 뜻이 레프리젠테이션, 대의라는 것과 밀접한 연관성이 있습니다. 레프리젠테이션(representation)의 re는 다시,

---

1   피트킨은 미국 UC 버클리(Berkeley)대학 정치학 교수로 오랫동안 활약했다. 1931년 독일에서 태어나 1938년 가족과 함께 미국으로 이민을 갔으며, 같은 UC 버클리에서 정치학 박사학위를 1961년 취득했다. 대표적인 저서로는 *The Concept of Representation*(1967)이 있으며, 그 밖에도 *Wittgenstein and Justice*(1972, 1984, 1992), *Fortune Is a Woman: Gender and Politics in the Thought of Niccolò Machiavelli*(1984, 1999), *The Attack of the Blob: Hannah Arendt's Concept of "the Social"*(1998). 등이 있다. 그녀의 저작선으로는 *Politics·Justice·Action*(2016)이 있다.

presentation은 현존시키는 것으로, 재현이라는 것은 현존하는 것이 아닌 무엇인가를 어떤 의미에서 현존하도록 만드는 행위, 이게 바로 재현이라는 것이고 이게 바로 대의가 된다는 것입니다. 영어로 하면 being present and get nothing present라는 완전히 서로 반대되는 것이 동시에 존재하는 개념이라는 뜻입니다. 예를 들어 이야기하면 정치적 대표자는 여기에 출석하지 못하는 다른 동료시민들을 대신하는 것입니다. 여기서 정치적 대표자와 그에 의해 대표되는 시민들은 똑같지 않습니다. 동일하지 않습니다. 그렇다고 이들이 완전히 다른 건가 그렇지도 않습니다.

그래서 재현이라는 것은 재현하는 주체와 재현되는 주체 사이의 완전한 동일성, 완전한 차이는 두 가지 극단 그 어느 사이에 존재하는 것입니다. 여기에서 완전한 동일성이라는 것은 delegate를 이야기 합니다. 유권자가 원하는 것을 그대로 전달하라는 맥락에서 완전한 동일성을 이야기합니다.

완전한 차이라는 것은 일단 뽑아는 놓았으나 유권자가 생각하는 것과는 상관없이 대표가 알아서 결정하는 것이 완전한 차이라는 의미입니다.

피트킨의 이야기는 두 극단 trustee, delegate 그 사이에 레프리젠테이션이라는 것이 존재한다는 것입니다. 어떻게 보면 역설적인 개념이 된다고 할 수 있습니다. 그렇다면 피트킨은 어떻게 레프리젠테이션하는 게 좋으냐, 레프리젠테이션을 acting for라고 이야기합니다. 누구 누구를 위해서 행동하는 것, 이것이 민주주의 의미에서 좋은 대의라고 합니다.

그렇다면 어떻게 하는 게 좋은 대의냐, 자신이 대표하는 타인들의 최선의 이익을 위해 그분의 이름으로 행동하는 것을 의미합니다. 내가 대표하는 사람들의 최선의 이익을 위해서, 내가 대표하는 사람들의 이름을 가지고 행위를 하는 것, 이게 대의라는 것입니다. 그럼 뭐가 최선의 이익이 되느냐는 논쟁이 벌어질 수 있습니다. 왜냐하면 유권자들이 원하는 것과 대표가 원하는 것, 대표가 볼 때 유권자들에게 최선의 이익이 되는 것은 차이가 있을 수 있기 때문입니다.

이런 갈등들이 존재할 때 어떻게 해야 하는가의 문제인데, 유권자들에게 나가서 설명해줘야 합니다. '이것이 최선의 이익이 되는 것입니다'라고, 유권자들의 의견도 받아 들여야 합니다. 그래서 서로 논의하는 과정이 있어야 합니다. 일방적으로 '여러분에게 최선입니다'라고 이야기해서는 절대 안 된다는 것입니다. 누군가를 위해 행동한다는 것은 그들과의 상호작용을 전제로 이루어져야 한다는 주장입니다.

대의의 다양성

이렇게 피트킨이 이야기하는 내용은 고전적인 것인데, 요즘 나오는 레프리젠테이션에 대한 이야기는 다른 것이 있습니다. 멘스브릿지(Jane Mansbridge)[2] 같은 학자들이 주장하는 것은 대표들의 대의 형태는 유권자들이 어떤 식으로 투표하느냐에 따라 차이를 보일 수 있다고 합니다.

첫째, 약속에 입각한 대의입니다. 이경주 교수님께서 발표 중에 공

---

2 맨스브릿지는 미국의 정치학자다. 하버드대학 케네디스쿨에서 정치리더십과 민주주의의 가치 등을 강의했다. 1939년 미국 뉴욕에서 출생하였으며, 웰리슬리(Wellesley)대학을 졸업하고 하버드 대학에서 역사학으로 석사학위(1966년)를 그리고 같은 대학에서 정부론으로 박사학위를 취득(1971년)했다. 대표적인 저서로는 Beyond adversary democracy(1980), Why we lost the ERA (Equal Rights Amendment)(1986) 등이 있으며, 공저로는 Negotiating agreement in politics(2014), Deliberative systems(2012) 등이 있다.

약을 언급 하셨는데, 선거에서 의원들이 내가 당선되면 이러이러한 것들을 실천하겠습니다라고 이야기 하고 선거에 출마하는데, 보통 메니페스트라 불리는 공약이 나오는데, 유권자들이 그 공약을 보고 투표를 하는 경우 어떠한 대의형태가 나타나느냐, 멘스브릿지에 의하면 약속에 입각한 대의가 나타난다는 것입니다.

선거시점에 유권자들에게 약속을 하는 겁니다. 내가 당선이 되면 이것을 반드시 실천하겠습니다라고 약속하는 것입니다. 그러면 유권자들은 다음 선거에서 저 의원이 대표로 일하는 동안 과연 그 약속을 지켰느냐, 지키지 않았느냐 이걸 가지고 다음 선거에서 이 사람을 떨어뜨릴 것인지, 계속 의원직을 유지하게 할 것인지 판단하게 된다는 겁니다. 그렇게 되면 모든 유권자들이 공약에 입각해서 투표를 하게 되는 경우 의원들은 어떤 식으로 의원활동을 하게 될까요? 모든 의원들은 재선을 목표로 하고 있습니다. 자신의 정치적 경력을 계속 유지해 나가고 싶어하는 것 아니겠습니까. 유권자들이 공약을 보고 투표하면, 이 사람은 다음 선거에 이기기 위해 반드시 자기가 약속한 공약을 지켜야만 합니다. 이것이 바로 약속에 입각한 대의가 된다는 겁니다.

두 번째로 예측에 입각한 대의입니다. 유권자들이 회고적 투표를 할 경우 예측에 입각한 대의라는 것들이 발생할 수 있습니다. 회고적 투표는 대의 활동이 결합되어 만들어진 결과입니다. 예를 들어 경제적 성과라고 칩시다. 경제적 성과가 좋았어요. 마음에 들었어요. 그러면 잘했다, 다시 한 번 더해라고 투표한다는 것이지요.

유권자의 입장에서 본다면 대표가 집권하던 과거의 기간 동안 얼마나 일을 잘 했는지 회고적으로 바라보며 투표하는 것입니다. 이것이 회고적 투표가 됩니다. 모든 유권자들이 회고적 투표를 한다면 의원들은 어떤 식으로 대의활동을 해야 되느냐 하는 문제가 남습니다. 이 사람들은 미래를 예측 해야만 합니다. 그래서 **예측에 입각한 대의**가 됩니다. 어떤 미래를 예측하느냐, 예를 들어 임기가 4년이라면 4년 후에 어떠한 결과를 유권자들이 원하느냐를 생각해야 합니다.

자기를 뽑아준 유권자와 4년 후에 자기를 뽑아줄 유권자는 사실 다른 존재입니다. 이 의원들에게 자기를 뽑아준 유권자들은 더 이상 중요하지 않습니다. 그 다음에 자기를 다시 뽑아줄 사람들이 중요한 것이지요. 그리고 이들이 원하는게 무엇인지 알아야 합니다. 거기에 입각해서 예측을 하는 것이지요. 그 사람들이 어떠한 결과를 원하는 유권자들인지. 거기에 입각한 대의활동을 하게 되고 그래서 예측에 입각한 대의가 됩니다.

세 번째로 멘스브릿지가 이야기 하고 있는 것은 **정체성에 입각한 투표**입니다. 자이로스코프(gyroscope)에 입각한 대의(representation)라는 겁니다. 여기서 유권자들은 정체성에 입각한 투표를 합니다. 내가 노동자면 노동자의 이해관계를 대변하고 있는 사람에게 투표한다는 겁니다. 나에게 중요한 정체성이 존재하는데 그 정체성을 반영하는 사람, 이 사람 또는 정당에 투표한다는 겁니다. 예를 들어 경상도, 대구에 살고 있어요. 대구에 살고 있는 사람들은 그 지역적 정체성이 중요하지 않습니까, 그러면 대구지역을 대변하고 있는 보수정당을 지지하는 일이 발생한다는 겁니다. 이런 일이 발생할 때 대표들은 구체적인 디테일들을 굳이 유권자들에게 설명할 필요가 없습니다. 왜냐하면 유권자들은 나의 정체성을 반영하는 사람이라고 믿으면 이들이 하는 구체적인 행동 하나하나 다 살펴볼 필요가 없습니다. 마치 내가 움직이는 것처럼 내가 결정하는 것처럼 저 사람도 결정할 것이라 생각하는 겁니다. 그런데 만약 그 대표가 나의 정체성과 반대되는 결정을 하면 큰 사단이 발생하는 겁니다.

이렇게 자이로스코프적 대의 모델 안에서 대표들은 자기를 뽑아준 유권자들의 정체성을 어떻게 반영할 것인지, 여기에 집중해서 대의활동을 하게 된다는 겁니다. 그래서 이렇게 투표행태에 따라 다양한 대의형태가 발생할 수 있습니다.

멘스브릿지 이론으로 국민소환제를 접근하면, 약속에 입각한 대의가 핵심입니다. 여기에서는 만약에 국회의원이 약속한 것을 지키지 않았다면 소환할 수 있습니다. 자이로스코프적인 레프리젠테이션일 경우 자신의 정체성을 반영하지 않았다면 소환할 수 있는 근거가 된다는 겁니다.

회고적 투표에 대해서는 잘 모르겠습니다. 예측에 입각한 대의는, 이미 다 대의활동이 끝난 상황에 대해 그러니까 사후적으로 평가를 하는 것이지요. 그렇기 때문에 이 경우에는 끝까지 간다는 것을 전제로 하고 있어서 어떤 상황에 국민소환제를 적용할 수 있을지 모르겠습니다. 아무튼 이러한 대의개념의 다양성들을 조금 더 고민한다면 국민소환제라는 것에 대해 조금 더 풍성하게 이야기할 가능성이 있지 않을까 생각합니다.

정당에 의한 악용가능성

제가 하나 더 드리고 싶은 말씀은 대의활동이라고 하는 것, 사실 입법과정에 대한 경험적 연구들을 보면 의원들이 어떤 기준으로 법안에 찬반투표를 하느냐, 찬반투표를 결정하는 요인이 무엇이냐고했을 때, 그것을 결정하는 요인은 크게 세 가지라고 합니다. 하나는 유권자, 다시 말해 자신이 대변하고 있는 지역구 유권자, 또 하나는 자신의 이데올로기나 신념, 이념, 그 다음에 나머지 하나는 정당입니다.

그래서 유권자와 자기 자신의 신념은 앞서 언급한 것처럼 trustee 다 delegate로 이야기 할 수 있는데, 정당이라는 것을 우리가 어떻게 이해해야 하느냐 입니다. 특히 국민소환제라는 맥락 속에서 정당을 어떻게 바라봐야 되느냐.

사실 우리나라 정치를 봐도 정당 중심의 대의민주주의가 이루어지고 있다. 물론 정당이 제대로 된 정당이냐 이건 아닌 것 같습니다. 하지만 이제는 정당 안에서 파벌이라는 것도 지금 고리가 사라진 것 아니냐 싶은 정도입니다.

박근혜 대통령 때만 해도 친박, 비박 이런 파벌들이 존재했는데 지금은 당내 반대 목소리가 다 사라져 버린 것 같습니다. 예를 들어 어떤 의원 같은 경우에는 다른 목소리를 냈다는 이유로 결국 공천도 받지 못한 이런 반대 목소리를 허용하지 않는 상황까지 가게 된 것입니다.

이런 상황에서 이렇게 국민소환제와 연관이 될까요. 정당이 국민소환제를 악용할 가능성도 있다는 겁니다. 자기 정당 내에서. 의원들 중에도 전체 정당의 의견을 따르지 않을 경우 이것을 적극적으로 활용해서 그런 정치인들에 대한 처벌을 가할 상황이 벌어질 가능성도 있습니다. 이처럼 정당을 가지고 대의 민주주의와 국민소환제를 생각해볼 필요가 있다는 것입니다.

정치적 양극화와 소환제

정치적 양극화에 대해서도 이야기 해봐야 합니다. 정영태 교수님이 위스콘신 주의 사례를 말씀하셨는데, 위스콘신 주는 1926년에 소환제가 처음 도입되었습니다. 그리고 나서 얼마나 많은 소환이 있었는지 표로 작성하셨는데, 1980년 이전에는 하나 있었습니다. 그리고 1990년에 한 번 있었고, 1996년에 하나, 2002년에 둘, 2009, 2010, 2011년 등 2000년대 들어서 엄청나게 많이 도입되었습니다.

1926년에 도입이 되어 1980년까지는 딱 한번 도입되었으나 1990년 서서히 시작되고 2000년 들어서면서 소환활동 건수들이 엄청나게 많이 증가하고 있습니다. 이것은 미국의 정치가 양극화 되어가는 시기와 맞물려 있습니다. 뒤에 시사점에서도 포퓰리즘적 인 위험성이나 국민소환제가 가지고 있는 단점으로 양극화가 발생 했을 때 정치적 목적으로 이러한 일들이 벌어지게 되고, 이러한 것 들이 민주적 안정성을 해칠 가능성이 있다고 말씀하셨습니다.

사실 (〈표 3-15〉)를 보면 서술(descriptive)한 수치라서 정확하게 말씀을 드리긴 어렵지만, 아무튼 그런 식의 패턴이 보인다는 뜻입 니다. 2011년 위스콘신 주의 벌어진 여러 일들이 있는데 그 안에서 엄청나게 공화당과 민주당이 나뉘어 갈등하고 있다는 사실입니다. 그 와중에 소환제가 활용이 되었다는 점입니다.

이러한 양극화는 소환제가 가지고 있는 굉장히 긍정적인 측면들과 맞물리게 된다면 안 좋은 쪽으로도 흘러갈 가능성도 높다는 생각이 듭니다. 우리나라도 점점 심해지고 있습니다. 정치적 양극화라는 현 상들이 심한 단계까지 지금 가고 있는 상황인데, 이 시점에서 국민소 환제는 그 좋은 취지에도 불구하고 과연 이것을 구체적으로 실현 시 킬 수 있을까, 실현시킬 경우 과연 어떤 부정적인 요인이 있을까 하는 점들에 대해 조금 더 고민을 해볼 필요가 있지 않을까 생각합니다.

확대해석은 경계해야

마지막으로 두 분께서 발표하신 부분은 아니지만 여론조사와 관 련된 겁니다. 국회의원 국민소환제 도입여부를 국민들에게 여론조사로 물어봤는데 찬성이 거의 80%에 달한다는 사실, 많은 국민들이 국민소환제를 원한다는 이야기입니다. 그러나 사실 80%는 많은 것이긴 하지만 이를 그대로 믿어서는 안 된다고 생각합니다.

저희가 투표행태와 관련된 연구를 하면서 유권자들에 대한 설문을 실시하고 물어보면, 설문에 '이번 투표를 하는 데 무엇이 가장 중요한 기준이었습니까'라고 질문을 던지면 굉장히 많은 사람들이 '공약보고 투표했습니다'라는 반응이 나왔습니다. 그러나 실제 통계분석을 해 보면 공약가지고 투표하지 않습니다. 이슈투표는 일어나지 않습니다. 자신의 출신지역, 이념 성향 이러한 것들이 중요한 역할을 하는 겁니다. 그런데 왜 공약이 중요하다고 이야기를 할까요? 그게 멋있으니까.

이것도 마찬가지입니다. 지금 국회에 대한 신뢰는 낮습니다. 어떤 조사에 따르면 2.4%밖에 안 됩니다. 국회에 대한 신뢰가 낮은 상황에서 '국민소환제를 도입하는 것에 대해 어떻게 생각하세요'라고 물으면, 아무생각 없이 '그냥 좋은 거지요'라고 하는 겁니다. 이것을 너무 확대해석해서는 위험하다고 생각합니다.

구체적으로 국민소환제가 어떤 함의를 가지고 있는지에 대한 의견들이 사람들한테 전파되고 거기에 대한 생각들을 하고 난 다음에 여론조사를 한다든지, 아니면 문재인 정권이 들어선 이후 탈원전 문제를 가지고 사람들이 모여서 같이 이야기하고 그들이 결정하는 사례가 있었지요. 그런 식의 방법들도 괜찮지 않을까 생각합니다.

사회자 : 대단히 감사합니다. 최준영 교수님을 진작 모시고 고견을 들었더라면 내용이 더 풍부해질 수 있지 않았을까 생각했습니다. 다행히 출간에 맞춰 이런 문제들을 꼭 반영해 봐야겠다는 결심을 하게 된 토론이었습니다. 다음으로는 구세진 교수님의 말씀을 듣도록 하겠습니다.

구세진 교수 : 제가 현장에 참여하지 못해 정말 죄송하고 아쉽습니다. 오늘 발표 정말 잘 들었습니다. 제가 자료집을 꼼꼼하게 다 읽어보려고 했는데요, 일단 보면서 방대한 자료조사에 압도당했습니다. 특히 여러 나라 사례를 세세하게 조사하셔서 여기에 포함시키신게, 앞으로의 국민소환제를 도입하려는 쪽이든 아니면 그렇지 않은 쪽이든 굉장히 중요한 자료가 될 것이라는데 저도 최준영 교수님의 의견과 같이 하고 있습니다. 굉장히 많이 배웠습니다.

그리고 이경주 교수님께서 말씀하신 국민소환제라는 직접민주주의 요소가 과연 대의제 민주주의와 합치될 수 있을 것인가라는 근본적인 질문에 대해 대의제 민주주의라는 것을 우리는 하나의 진화하는 개념으로 보아야 한다고 말씀하신 부분이 제게는 굉장히 인상 깊었습니다. 그럼에도 불구하고 우선 저는 짧게 두 가지 정도만 말씀드리고 싶습니다.

오히려 정책논쟁 줄어들 우려는 없는가

첫 번째는 정책논쟁이 사그라들 우려는 없는가 하는 점입니다. 물론 설문조사라는 것이 최준영 교수님 말씀처럼 곧이 그대로 받아들이기는 쉽지 않은 측면도 있습니다만, 정말 국민소환제에 많은 사람들이 동의하고 있기도 하고, 또 집권여당의 공약이기도 하고, 그런 면에서 정말 진지하게 고려해야 하는 대상이 되고 있는 것 같습니다. 다른 한편으로는 국회의원 윤리규정에 대해 정영태 교수님께서 말씀하셨는데, 윤리규정 같은 게 있음에도 불구하고 자기 소속 정당 의원들이 분명하게 잘못을 저지르거나, 스캔들이 있을 때 그것을 처벌을 하지 않으려는 강력한 경향도 있고, 또 타 정당 의원에 대해서도 이러한 경향이 나타나고, 결국 이렇게 자기들끼리 보호해

주는 그런 경향이 있음을 지적하시면서 면책 규정이라는 것도 그렇고 국회의원 윤리규정이라는 것도 그렇고 한계가 있기 때문에 소환제를 도입할 어떤 근거로 제시를 하셨던 것 같습니다. 다만, 저는 이 부분에 대해 약간의 의문이 있다는 뜻입니다.

중요한 문제이기는 하지만 그렇다고 해서 이게 너무 항상, 대부분의 경우에 지나치게 주목을 받게 되는 거죠. 이런 부패문제라든지 하는 것들이. 실제로는 비교적 사소한 이슈들이 우리 정치나 국회를 지배하고 있는 현실이 늘 안타까웠습니다.

국회의원 소환제가 국회의원 개인의 윤리나 범죄라는 면에 과도하게 일반 유권자들로 하여금 더욱더 그쪽에 초점을 맞추게 하지 않을까. 그렇게 되면 정말 정책논쟁이라는 것은 더 사라질 수도 있을 것이라는 이런 우려가 조금 들었습니다. 그래서 주요 이슈들에 대해서 우리가 여전히 집중하고 여기에 조금 더 사람들의 관심을 불러일으키면서도 동시에 소환제를 활성화시킬 수 있는 방법은 무엇일지 그런 고민을 하게 되었습니다.

정치에 대한 효능감을 제고시킬 수 있을 것인가

두 번째는 정치학자들이 답을 해야 하는 질문인 것 같습니다. 소환제를 도입하게 된 이유와 과정에 대해서 정말 자세하게 다루고 계시지만, 실질적으로 이 소환제를 도입하느냐 마느냐의 쟁점이 될 만한 이슈들, 소환제를 도입했을 때 이것이 시민의 정부신뢰에 긍정적인 영향을 미칠 것인가, 과연 더 나은 민주주로 우리가 나갈 수 있을 것인가, 소환제를 도입했을 때 시민의 정치참여를 더 촉진시킬 수 있을 것인가, 또는 소환제를 도입했을 때 시민들이 정치에 대한 정치적 효능이나 정치에 대한 관심을 더욱 향상시킬 수 있을 것인가, 이 소환제 도입 전후로 비교했을 때 부패가 그 전보다 더 감소했는가, 이런 이슈들과 질문들이 굉장히 사람들의 관심을 끌지 않을까 싶습니다. 이런 질문들을 정치학자들이 앞으로 자세히 들여다봐야 하는 문제가 아닌가 그런 생각을 하게 되었습니다.

실질적으로 기능할 수 있도록 설계해야

마지막으로 민주적인 제도를 갖추었다는 것이 사람들의 민주적인 참여로 바로 이어지지는 않는 것 같습니다. 민주적 제도가 참여를 보장해주지 않는다는 그런 근거들이 여러 방면에서 나타나고 있는 것이지요. 그렇게 봤을 때 이 소환제를 실질적으로 국회의원들이 인지하고 조심해야겠다, 소환제가 나에게 사용되지는 않더라도 언제든 사용될 수 있으니 조심해야겠다는 생각이 들게 하려면, 세부적으로 서명할 수 있는 유권자의 수나 이런 절차를 어떻게 만들어 가야 할 것인가, 어떻게 하면 시민의 참여를 더 유도하고, 시민들이 우리가 참여하면 될 수도 있겠다는 생각을 갖게 하고 동시에 국회의원들의 입장에서는 소환대상이 될지도 모른다는 경각심을 갖게 할지 그 부분에 대해서 좀 더 자세하게 살펴봐야겠다는 생각이 들었습니다. 이상입니다. 감사합니다.

사회자 : 감사합니다. 오히려 정책논쟁을 사그라들게 할 우려는 없는가. 정치적 효능감을 제고할 수 있을 것인가에 대한 우려와 함께 이왕 도입하는 경우에는 실질적으로 가능할 수 있도록 설계해야 한다는 말씀으로 이해하였습니다. 더 많은 이야기를 들을 수 있었습니다. 정영태 교수님 말씀을 추가로 듣고 제가 추가 발언을 하도록 하겠습니다.

정영태 교수 : 두 분 말씀 정말 잘 들었습니다. 깜박 잊어버린 것들

이 몇 가지 있었습니다. 이런 중요한 것들을 다 지적해 주셨습니다. 대표의 역할이랄까 이유에 대하여 최 교수님이 이야기 해주신 멘스브릿지나 피트킨의 이야기는 저도 염두에 두고 있었습니다. 네덜란드의 조사 내용도 있더군요. 국민들에게 '국회의원들의 역할이 무엇이냐'고 물었더니 옛날에는 압도적으로 trustee, 신탁위임·자유위임이었습니다. 그런데 지금은 delegate로 많이 바뀐, 그런 국민의식 자체가 변화되는 과정을 보여주면서 네덜란드 상황변화에 대해 필자가 보여주고 싶었던 것 같습니다.

제가 말씀드리고자 하는 핵심은 최 교수님이 말씀하셨듯이 현실의 정치인들, 국회의원이든 대통령을 포함하여, 대표의 역할이 꼭 두 개의 양극으로 가는 것이 아니고 중간에서 어떤 사람은 이쪽으로 가고 어떤 사람은 이렇게 가고, 이런 것이 있는 것 같습니다. 최종적으로 어떤 것을 할 거냐는 자신들을 뽑아줄 국민들이 어떤 생각을 하느냐에 달려있겠지요. 우리나라 같으면 저는 훨씬 delegate 형에 가까울 것이라고 봅니다. 왜냐하면 지역구 사업을 못하면 완전히 떨어지거든요. 그런 상황에서 아마도 국회의원을 평가하라고 하면 지역에 가져다주는 게 뭐냐, 이런 것 가지고 주로 할 것 같습니다. 그러면 delegate형으로 평가할 것 같습니다.

국회의원 소환제는 구세진 교수님께서 이야기 하신 것, 꼭 개별 정치인의 부패문제 뿐만 아니고 정책노선까지도 들어갈 수 있는데, 소환사유에 정치적 이유와 사법적 이유가 있습니다. 사법적 이유는 위법행위를 한 것입니다. 사실 사법처리를 해도 되는 것이지만 사법처리만으로 국회의원 자리에서 쫓아내지 못하는 것이니까 국민소환 투표 형태로 돌린 게 영국의 경우입니다. 그런 경우에는 정책적 이유 때문에 소환을 할 수 없습니다. 위법행위가 분명할 경우에만 해당됩니다.

지금 구세진 교수님의 지적은 그것에만 국한될까봐 걱정하시는 것 같은데 소환사유에 따라 달라질 수 있다는 점을 제가 충분히 말씀드리지 못했습니다.

아무튼 현실에서 대표의 역할이라는 것은 어쩔 수 없이 중간의 장에 놓여있는 것 같습니다. 그런 점을 감안해서 소환제를 하느냐 안 하느냐의 문제가 아니라 소환사유와 관련된 부분에서 반영을 할 수 있지 않을까 생각합니다. 그러면 구 교수님께서 걱정하시는 부분도 조금 극복할 수 있지 않을까 생각합니다.

그 다음에 정당이 갈수록 당 소속의원의 결속력, 나쁘게 이야기 하면 이견을 가진 사람을 쫓아내는 분위기로 흘러가는 대목은 일리 있다고 생각합니다. 특히 양당제로 가면 갈수록, 정쟁이 치열하면 치열할수록 더욱더 그럴 것 같습니다. 당연히 미국도 그렇고 캐나다도 그렇고 다 그렇습니다. 이걸 악용합니다. 소속의원을 쫓아내기 위한 방법으로 눈감아 주는 겁니다. 소환제를, 반대 정당의 의원들을 쫓아내기 위해 악용하는 경우도 있습니다. 그리고 연관해서 양당제이기 때문에 오히려 정당의 목표, 권력 획득 유지라는 목적을 위해 악용하는 경우도 있습니다. 위스콘신 주에서 그랬고 캐나다도 별 차이가 없는 것 같습니다. 개발도상국 베네수엘라는 더 심하구요. 우리나라도 그렇게 갈 가능성을 배제할 수는 없습니다.

그러나 이 문제는 다음과 같이 볼 수도 있을 것 같습니다. 물론 제 개인 생각입니다. 국회의 정당 대립구도는 양극화 되어있으나 국민이 양극화되어 있는 것은 아닙니다. 예를 들어 정당 소속감 이렇게 물으면, 민주당하고 국민의 힘이 있다고 하면, 물론 여러 개 있지만, 국민들이 딱 50% 대 50% 로 갈라져 있는 것은 아닙니다. 중간에 있는 상당수의 유권자들은 유동적인 사람들입니다. 골수 민주당 지지자, 골수 국민의 힘 지지자는 10%에서 20%밖에 안 된다고 봅니다. 그러면 나머지 중간에 있는 사람들은 상당히 유동적인 사람들이기 때문에 국민소환 투표를 붙이면 오히려 그 사람들의 심판에 의해 국회의원직을 더 할 수도 있지 않을까 생각합니다. 그런 생각에 대해 좀 더 고민해 봐야 할 것 같습니다.

구 교수님의 다른 이야기는 다 공감하는 것이니 그대로 반영해서 손을 보도록 하겠습니다. 특히 민주주의 정치참여를 더 확대시킨다든지, 국회의원들이 경각심을 갖게 만든다든지 이런 효과를 가질 수 있도록 진지하게 더 검토해봐야 하지 않느냐는 지적에 대해 전적으로 공감합니다. 다만 소환제에 대한 경각심은 확실한 것 같습니다. 심지어 캐나다의 경우 40%에도 의원들이 굉장히 조심한다고 하니까요. 경각심은 제고되지만 있지만 비용은 들어갈 수 있습니다. 국민소환 투표를 하려면 다소의 비용이 들어갑니다. 비용대비 효과 이런 걸 따지면, 가성비를 따지면 이떨지 모르겠습니다. 그렇지만 민주정치 발전을 위해서는 다소의 비용도 필요하지 않겠습니까. 정도의 차이는 있으나 모든 인권보장에는 크고 작은 비용이 수반되게 마련일 듯 합니다.

사회자 : 두 분이 귀중한 말씀을 해주셨기 때문에 저도 간단하게 몇 가지 말씀드리겠습니다.

최준영 교수님께서 피트킨의 대의개념에 대해 말씀해 주셨습니다. 재현하는 자와 재현되는 주체 사이의 어떤 양극단은 아니지 않느냐는 말씀을 해주셨던 것 같습니다. 제가 말베르(Carré de Malberg)의 반대표제 또는 스기하라(杉原泰雄) 교수의 반직접제를 언급한 이유기도 합니다. 자유위임과 명령적 위임 사이에 '반대표제'적 또는 '반직접제'적인 경향이 나타나지 않느냐라고 그 중간지점에 주목해 보았던 이유기도 합니다. 양극단이 아닌 상태가 현재의 유권자와 대표자의 관계가 아닌가하고 나름 생각해 보았던 것 같습니다.

　그 다음에 유권자의 투표행태에 따른 이야기를 해주셨는데 재미있게 들었습니다. 저희 헌법학에서도 권력분립론을 이야기할 때 보통 입법, 사법, 행정으로 권력을 나누고, 입법권은 입법부에, 재판권을 사법부에, 집행권을 행정부에 이렇게 나누는 게 이른바 고전적인 권력분립론입니다. 오늘날에 집행부도 경우에 따라서는 정책결정 입법기능을 하기도 하고, 마찬가지로 입법부도 어떤 경우에는 집행기능도 있을 수 있다. 이러한 것을 동태적 권력분립론이라고 해서 베르너 케기(Werner Kaegi)가 주창했는데, 그래서 투표자의 투표양태도 예측에 입각한 대의, 정체성에 입각한 대의, 약속에 입각한 대의 이렇게 보면 더 풍부하게 소환제 문제에 접근할 수 있지 않을까 하는 생각을 했습니다.

　그리고 국회의원의 정당과의 관계에 대해서도 말씀해 주셨는데, 우리 헌법에서는 보통 국회의원은 이중적 지위를 갖는다. 유권자의 대표로서의 헌법상의 지위와 권한, 정당원으로서의 지위와 권한 이런 이야기를 하는데 그와 비슷한 이야기가 아닌가 싶습니다. 그런데 문제는 정당원으로서의 지위가 오늘날 점점 더 강해지고 있는 상황에서 그리고 정치적으로 양극화되고 정치적으로 악용될 우려가 없는가 이런 부분도 충분히 있는 것 같습니다. 그래서 소환제를 구성할 때는 여러 가지 요건들, 악용을 방지하기 위한 측면도 고려될 필요가 있다고 봅니다. 소환의 시기를 취임 후 6개월 또는 1년 이상 그래서 대표가 국회의원이 되고 나서 보여줄 수 있는 시기를 갖춘다든지, 그리고 임기 마지막 1년 전에는 소환할 수 없게 한다든지, 왜냐하면 다음 선거에서 심판하면 됩니다. 그 다음에 나머지 2년 정도의 시간이 남는데 그 기간 동안에 한번에 그치게 한다든지 하는식으로 입법과정에서 잘 설계하면 장점이 살아날수 있을것 같습니다.

또 한편으로 어떠한 생각이 들었는가 하면 어떤 정당이 악용을 하기 위해 남발하기도 쉽지는 않다고 생각합니다. 시민운동 단체든 정당이든. 왜냐하면 국민들의 평판도가 저하될 수도 있지 않겠습니까. 예를 들어서 어떤 지역에 어떤 단체가 소환운동을 전략적으로 이용했다가 실패하고 이렇게 되면 그 단체들도 정치적으로 심판받는 측면도 있다는 점을 같이 고려해 봐야한다고 봅니다.

전체적으로 구세진 교수님이 말씀해주신 것과 관련해서는 정영태 교수님과 마찬가지로 소환의 요건을 잘 세팅하면 해결될 부분도 있지 않을까 생각해 보았습니다. 즉 소환의 요건을 특정하지 않는다면 정치적 책임추궁 절차로 세팅하는 것이고, 일정한 위법행위로 한정한다면 사법적 추궁절차로 세팅하는 것인데, 입법과정에서 우리에게 필요한 것이 어떤 소환제인가 하는 고민 또는 국민적 합의가 진행될 것으로 봅니다.

그리고 제 개인적으로는 이 소환제가 전가의 보도는 아니라고 생각합니다. 다시 말해 이것만 도입이 되면 모든 게 해결이 될 것이라 생각하지 않습니다. 다만 1987년 이후 우리사회에서 유권자와 대표와의 관계에서 발생하는 여러 가지 문제들을 해결하기 위한 하나의 과도적 장치가 아닌가, 그래서 민의가 국정에 반영되는 방법은 국민발안이나, 국민투표 등 여러 가지 다른 형태도 있을 수 있을 것 같고 그 과정에서 국회 윤리규정이나 자정기능이 강화되면 소환제의 효용성이 떨어질 수도 있을 것 같습니다. 다만 현재는 많은 사람들이 원하고 있는 것이 아닌가, 특히 제가 생각하기에는 2005년을 기점으로 소환제에 대한 수요들이 굉장히 고양되었던 것 같습니다. 여러분이 잘 기억하다시피 그 당시 국회의원들의 2/3는 어떤 대통령을 탄핵해야 한다고 의결을 했는데 유권자의 2/3는 그렇게 하지 않아야 한다고 하여 극심한 괴리를 겪었습니다. 물론 그전에도 YMCA 등에서 소환제 운동이 계속 있었지만 큰 반향을 얻지 못하다가 2005년도부터 다시 큰 주목을 받게 되고 여론조사 결과도 지지가 압도적으로 찬성의견이 많아지고 있는 것 같습니다. 그럼에도 불구하고 유감스럽게도 결국 국회의원들에 대해서는 고양이 목에 방울을 달지 못하고 주민소환법만 실시되다가 이제 또 다시 국회의원 소환제가 주목을 받고 있는 것 같습니다.

해법은 다양할 것인데 제 개인적으로는 한번쯤은 여러 요건들을 시뮬레이션 해서 도입해보는 것도 우리나라 정치발전의 과정이 될 수 있지 않을까 생각합니다. 이상입니다.

사회자 : 다음은 바쁘신 가운데 줌으로 참석해주신 오동석 교수님께 말씀을 청하기로 하겠습니다.

오동석 교수 : 제 생각은 지금 우리가 처해 있는 민주주의, 국회가 입법자로서 제대로 기능해야 한다는 관점에서는 이경주 교수님께서도 말씀하셨지만, 국민소환제도가 만능의 대안이라든지 이것만으로 되지는 않을 것이라 생각합니다. 그리고 기존의 대의민주주의를 보완하려는 여러 가지 제도들이 필요하다고 생각합니다.

민주적 역량으로 남용 제어해야

그런데 그것들이 답보상태에 있을 때 이것을 마냥 국민들로 하여금 기다리라고 하기보다는 뭔가 국회의원들에 대해서 압박할 수 있는 수단이 주권자인 국민에게는 남아있어야 한다 또는 확보해야 한다는 관점에서 이런 제도의 도입에 찬성하는 입장입니다. 그런 입장에서 보면 앞선 발제자들이나 토론자들께서 일부 그런 의견을 주시기도 했는데, 발제자도 마지막에 그런 말씀을 해주셨는데 중우정치, 이전투구의 장으로 전락할 우려가 있다는 점, 분명히 그런 점도 없지 않아 있다고 생각합니다. 그런데 그 정도의 폐해는 어느 제도든지 다 있다고 생각하고 그런 폐해를 우리가 감수해야 하는 상황이라고 생각합니다. 또 다른 한편 이경주 교수님이 말씀하신 것처럼 소환운동을 벌이는 주최 측의 신뢰성도 있기 때문에 우리가 우려하는 만큼 그런 혼란은 있지 않을 것이다. 그건 지나친 기우라고 저는 생각합니다.

또 그에 대한 반대 근거로서 많이 이야기하는 것이 직접 민주적 요소로 인하여 헌정혼란을 겪었던 독일적 상황, 국민투표 등이 독재에 악용되었던 유신시대입니다. 그러나 그동안 우리는 민주화 과정을 거치면서 시민의 역량이 발전해있다고 생각합니다. 물론 지금도 여전히 정치적 이념이나 이런 것들을 둘러싼 대립이 없는 것은 아니지만 그럼에도 이런 과정들을 계속 거쳐 가면서 뭔가 헌법에서 추구하고 있는 인권과 민주주의 나아가 민주공화국의 이념들을 일정하게 실현시켜나가는 과정에 있다고 하겠습니다.

입법권 행사에 대한 경고장치 필요

지금의 상황은 어쨌든 국회에서 입법이 이루어져야지만 국가 운영의 기본적인 내용들이 결정될 터인데, 노동자들의 사망은 물론이고 각종 사회적 참사의 문제 또 그 과정에서 많은 사람들이 죽고 있음에도, 그리고 저출산이라는 현상을 통해서 알 수 있듯 사람들이 살아가기 어려운 상황들이 드러나면 이런 문제에 대해 적극적으로 입법을 해야 하는데 그런 입법이 없다는 겁니다. 오히려 제가 들여다본 법안 중에 하나는 '당해'라는 말이 일본식 한자이기 때문에 '해당'으로 바꾸자. 그 법률안이 딱 한번이지만 나옵니다. 그런 법안이 제출되고 통과는 당연히 안 되었지만 아시는 것처럼 10명이 법안을 제출해야 되면 9명이 거기에 동조했다는 겁니다. 지금의 여당의원이 발의한 것인데 원래 20대안이긴 합니다만 이런 상황들이 일어나고 있는 것에 대해 적어도 일회적이거나 일시적이라고 넘어갈 수 없는 문제라 생각합니다.

이것은 헌법에서 부여하고 있는 입법권에 대한 모욕이자 국민에 대한 모욕이기 때문에 이런 부분에 대해 엄격한 경고가 필요하다고 생각합니다. 더욱이 직접 민주적인 요소가 상당히 약화되어 있기 때문에 이런 문제가, 지금은 고양이가 그런 역할을 하고 있지 않지만, 고양이가 쥐를 잡아야 하는데 쥐를 잡고 있지 않을 때, 아니면 방울을 달아야 하는데 방울을 스스로 달게 할 수 밖에 없는 상황이라고 한다면 뭔가 주권자인 국민이, 주인이 이 고양이에게 일정한 역할을 할 수 있도록 어떤 수단을 마련하는 것은 절실한 문제라 생각합니다.

비례 지역구 의원 모두를 대상으로, 기간도 넓게

그런 점에서 보면 저는 발제자께서 우려하시는 것보다는 이제까지 나와 있는 여러 법안 중에서 국민의 입장, 시민의 입장에서 가장 최적화할 수 있는 방안을 확보하는 것이 중요하다고 생각합니다. 예를 들면 모든 국회의원, 비례와 지역구 국회의원 모두를 대상으로 해야 할 것이고 특히 비례대표의 경우에는 고정명부식이기 때문에 정당에 대한 선호도에 대한 평가만 할 수 있을 뿐 그 순번에 대해서는 국민들이 관여할 수 없으므로, 소환제도를 통해 정당 자체 그리고 해당 국회의원에 대한 책임을 물을 수 있는 수단이 될 수 있다는 점에서 필요하다고 봅니다.

또 소환청구가 가능한 기간의 편차가 그렇게 크지는 않지만, 가장 넓은 범주로 선정하는 것이, 어쨌든 선거 이후라 하더라도 실수할 수 있는 것 아니겠습니까. 유권자들이, 그렇다고 한다면 그 부분에서 바로잡는다는 관점에서 특별한 편차가 크지 않다면 가장 넓은 범주로 설정하는 것이 지금은 필요하다고 생각합니다. 필요하고 제도가 안정화된다면 그런 혼란의 과정은 줄어들 수 있다고 생각합니다.

또 하나는 소환운동 기간 역시 가장 넓은 것을 택해야 한다고 생각합니다. 발제자께서는 공직선거법의 준용을 말씀하셨던 것 같은데 저는 공직선거법 자체가 국민들의 표현, 선거운동의 자유를 상당히 제약하고 있는데, 그것을 따라가기보다는 어느 정도 찬반의 논의들이 활발하게 이루어지는 것이 필요하다. 그리고 그것은 국력의 낭비가 아니라 민주주의를 더 활성화하기 위한 과정이라고 봅니다. 지금까지 안정성이라든지 이런 부작용 때문에 미루어왔다면 앞으로는 미루어둘 수 만은 없는 문제라고 생각합니다.

그리고 발제자께서 언급하셨지만 헌법 제46조, 국회의원에게 헌법이 부여하고 있는 각종 의무, 이 의무를 제대로 이행했는시를 담보할 수 있는 것이 선거만으로는 부족하다고 생각합니다. 실제 선거과정에 들어가게 되면 과거에 이런 것들이 잊힐 가능성이 있기 때문에 소환제도라는 것을 확보하는 것이 중요하다고 생각합니다.

타 지역구 대표도 소환할 수 있어야

저는 통치라는 말을 우리가 여전히 쓰고 있는데, 통치행위, 고도의 정책행위라고 하는데 오히려 국민들 또는 시민들이 가지고 있는 정치의 의미, 진정한 통치의 의미를 따라야 한다고 생각합니다. 사법적 관념으로만 의존할 수도 없고, 사법적 관념으로 포섭할 수 없는, 국민이 이른바 정치적 역량을 발휘하여 뭔가 국정에 관련된 문제들을 풀어나갈 수 있는 제도가 필요하다고 생각합니다. 왜냐하면

선거와 관련된 내용들도 다 선거법 위반의 문제로 검찰과 법원에 판단권이 맡겨져 있기 때문에 국민들이 정치적 활동을 통해 이 부분에 관여할 수 있는 길이 너무 좁혀져 있기 때문에 그것들을 회복하는 것이 필요하다고 생각합니다.

또 하나는 다른 지역의 유권자들도 대표자 소환과정에 참여해야 한다고 생각합니다. 이 소환권 문제가 국회의원의 국민 대표성에 대해 제한하는 문제라기보다는, 국회의원이 국민 대표로서 작동하도록 규범적인 것들을 지켜나가는, 그런 소환제도가 마련됨으로써 부정적인 의미이긴 하지만 국회의원의 국민 대표성을 확인하는 문제로 접근하는 것이 바람직하지 않을까 싶습니다.

국회의원은 특권신분 아님

민주주의에 의해 뒷받침되지 않는 대의제 논리는 국회의원을 배타적인 독점의 국민대표로 특권화하고, 헌법적 책무를 다하지 못하는 경우에도 아무런 제재를 가할 수 없게 만드는 새로운 신분적인 특권을 만들어내는 것이라 생각합니다. 그것은 일반 행정직 공무원도 마찬가지일 것 같고, 사법부 재판관들의 경우에도 신분보장의 의미는 국민을 위해 일하라는 것인데 그렇지 않을 경우 그 신분보장을 계속 유지한다는 것은 결국 특권 세력화하는 것을 방조하는 셈입니다. 우리가 정말 국민주권 내지 시민이 정치의 주체로 나서게 하기 위한 방안을 고민한다면 그로부터 생겨나는 폐해문제는 시민들이 정치적으로 풀어나가야 할 것입니다. 그런 원칙적인 관점에서 이 법안을 비롯한 국회의원들에 대한 여러 법안에 대해 시민의 관점에서 적극적인 입법을 하도록 요청하는 것이 필요하지 않을까 하는 것이 제 생각입니다.

연구자로서의 토론이라기보다는 시민의 한 사람으로서 다소 정제하지 못했고 약간은 울분에 찬 토론을 하게 된 점에 대해서는 양해를 부탁드리면서 가름하고자 합니다. 고맙습니다.

사회자 : 두 번째 토론은 전남대 허완중 교수님의 말씀을 청하기로 하겠습니다. 바쁘신 가운데 참석해주셔서 감사드립니다.

허완중 교수 : 대한민국 국민은 위대한 촛불혁명을 통해 국민의사를 무시하는 대통령을 그 자리에서 끌어내렸습니다. 하지만 이 과정에서 대한민국 국민 스스로 자신의 의사를 관철하는 것이 아니라 헌법재판소 재판관 9명의 의사에 따라 관철되는 모습을 바라봤습니다. 국민이 그토록 외치는데도 헌법재판소가 어떠한 결정을 내리는지를 바라볼 수 밖에 없었던 참혹한 경험을 우리는 했습니다. 그래서 우리 의사를, 즉 국민의 의사를 국민 스스로 관철할 수 있는 방법이 없을까라는 고민이 있었습니다. 그리고 그러한 방법으로 국민소환제도를 도입하자는 목소리가 굉장히 뜨거웠습니다.

우리가 새로운 정부를 만들었을 때 새로운 정부가 그러한 목소리를 듣고 국민소환제도를 도입해줄 것이라 믿었습니다. 하지만 새로운 정부가 출범하고 나서 2년 반이 지난 지금 시점에서 국민소환제도가 도입될 것인가에 관해서는 여전히 미지수입니다. 어쩌면 새로운 정부가 끝나는 그 시점까지도 도입되지 못할 것이라는 두려움마저 듭니다.

정치적 책임추궁제도로 설계하되 일정한 제한을

첫째, 국민소환제도의 법적지위와 관련해서 탄핵제도와 어떠한 관계가 있는가를 명확하게 따져볼 필요가 있다고 봅니다. 즉 국민소환제도가 탄핵제도를 보완하는 제도로 여겨진다면 국민소환의 사유도 탄핵사유와 그다지 달라지지 않을 겁니다. 오히려 같을 수도 있다고 생각합니다. 하지만 국민소환제도를 탄핵제도와 별개의 제도로 이해한다면 국민소환사유도 탄핵사유와는 별개로 설정되는 것이 옳다고 생각합니다. 따라서 우리가 국민소환제도를 어떻게 이해할 것인가에 대한 논의도 필요하다고 봅니다.

둘째, 국민소환제도가 공화국 원리와 민주주의의 바탕이 되는 국민주권 원칙에 근거를 두고 있는 것이라면 국민소환제도를 사법적 책임추궁절차로 설계하는 것은 어렵다고 봅니다. 그런 점에서는 국민소환제도를 정치적 책임추궁절차로 설계하는 것이 옳다고 생각합니다.

그러나 국민소환제도가 오용되고 남용될 수 있다는 점에서 그리고 국민소환에 따른 파급력이 매우 크다는 점을 고려하면 국민소환사유를 정치적으로 완전 개방하는 것은 다소 위험하다고 생각합니다. 따라서 이런 측면에서는 제한이 가해져야 한다고 생각합니다. 특히 민주주의는 대화와 타협을 통해 문제를 해결하는 것이 원칙이라는 점에서 국민소환은 최후의 수단으로 남아야 한다고 생각합니다. 이것이 우리가 국민대표를 뽑으면서 그에게 위임을 하는 자유의 원칙에 부합하는 해석이라고 생각합니다. 이러한 점에서 탄핵사유처럼 중대한 사유로 한정하는 것을 고려할 필요가 있습니다. 즉 사소한 사유로 언제든지 국민소환할 수 있는 길은 어느 정도 제한할 필요가 있을 것 같습니다.

셋째, 위법행위도 부당한 행위에 포함된다는 점에 비추어 보면, 위법행위와 부당한 행위를 함께 소환사유로 삼는 것이 국민소환제도를 사법적 책임추궁절차와 정치적 책임추궁절차의 중간 형태로 보기는 어렵다고 봅니다. 즉 위법행위가 부당한 행위 안에 들어간다면 결국 부당행위가 종극적인 소환사유가 될 것이고 궁극적으로는 정치적 책임추궁절차로서 국민소환제도를 이해하는 것이 적합할 것 같습니다.

지역구·비례 모두 소환대상으로 삼고 소환투표운동 보장해야

넷째, 국회의원이 지역구에서 뽑히든 비례대표로 뽑히든 그 국회의원의 지위는 아무런 차이가 없습니다. 따라서 국회의원이 어떠한 방식으로 선출되느냐에 따라서 차별을 두는 것은 헌법적으로 타당하지 않다고 생각합니다. 그런 점에서 소환대상과 관련하여 지역구 국회의원과 비례대표 국회의원을 차별할 근거는 없다고 생각합니다. 따라서 국회의원을 소환대상으로 삼는다면 비례대표 국회의원이든 지역구 국회의원이든 모두 소환대상으로 삼아야 한다고 봅니다.

다섯째, 지역구 국회의원과 비례대표 국회의원의 헌법적 지위의 차이가 없고 국민소환제도의 근거가 국민주권 원칙이라는 점에 비추어 모든 국회의원에 대해 지역에 상관없이 소환할 수 있도록 하는 것이 바람직하다고 봅니다. 즉 자기 지역구 국회의원 뿐만아니라 다른 지역구 국회의원도 소환할 수 있어야 하고 당연히 비례대표 국회의원도 어느 지역에서든 소환할 수 있다고 생각합니다. 소환을 해서 자리에서 쫓아내는 정족수의 문제는 물론 달라질 수 있지만 소환여부에 관해서는 차별을 둘 수 없다고 봅니다. 다만 선거와 연계하여 선출권자가 해임권자가 되는 것이 논리적이라는 점에 비추어 보면 국회의원은 해당 지역구 선거인만으로도 소환할 수 있어야 합니다. 즉 특정지역구에서 지역 구민이 자신들이 뽑은 국회의원을 해임하고자 한다면 해당 지역구의 선거인만으로도 해임할 수 있도록 설계하는 것이 옳습니다.

여섯째, 소환시기와 관련하여 소환사유에 따라 달리 봐야 하지 않을까 합니다. 즉 단순한 부당행위라면 소환시기를 한정짓는 것이 타당할 것입니다. 하지만 위법행위라면 소환시기를 제한할 필요는 없다고 봅니다. 즉 위법행위를 했다는 것이 확인되는 순간 언제든지 그를 소환할 수 있어야 합니다. 그것이 위법행위와 부당행위의 차이점을 우리가 인정하는, 즉 사법적 처리가 될 수 있고 안 될 수 있는 차이와 관련해서도 중요한 구별이라는 생각이 듭니다.

마지막으로 국민소환과 관련하여 서명요청을 할 수 있는 활동시기가 보장되어야 하고, 소환투표 하기 전에 소환투표 운동을 할 수 있는 충분한 시간이 보장되어야 한다는 점을 따졌을때, 국민투표 법률안을 보면 임기개시 6개월 임기종료 6개월 전에는 안 되는 것 그 사이에만 소환을 할 수 있다는 견해와 임기개시 후 1년 임기 종료 전 1년 안에 소환할 수 있다는 두 가지 안이 크게 대립하는 것으로 보입니다. 저는 이 중에서 6개월 안이 타당하지 않을까 생각합니다. 왜냐하면 6개월이라 하더라도 어떤 해당행위를 확인하고 그에 대해서 서명요청 활동을 하는 시간이 어느 정도 필요할 것이고, 그리고 소환투표에 적어도 한두 달의 시간이 필요하다고 보면 실제로 확인하고 나서 실제 투표를 할 때까지 거의 6개월의 시간이 걸리지 않을까 생각합니다. 그런 점에서 보면 전후 1년을 빼서 2년이라는 시간을 두게 되면 사실상 앞뒤로 1년 정도밖에 보장이 되지 않는다라는 점에서 적어도 6개월로 해서 최소 2년은 실질적으로 보장될 필요가 있다고 생각합니다.

이것으로 마치도록 하겠습니다. 감사합니다.

사회자 : 정치적 책임추궁제도로 설계하되 일정한 제한이 필요하고, 지역구 국회의원이든 모두를 소환대상으로 하는 것이 국민주권의 원리에 원칙적으로 부합한다는 등 6가지 과제에 대해 말씀해주셨

습니다. 좋은 말씀 감사드립니다. 다음은 박재범 연구원님 말씀해주시면 감사하겠습니다.

박재범 : 두 분의 소중한 말씀 잘 들었습니다. 특히 오동석 교수님께서 말씀해주신 것처럼 국민소환제가 시민의 관점에서 좀 더 적극적으로 해석되고 활용할 수 있도록 각 법률안에서 폭넓게 엮어야 되지 않느냐는 의견에 저도 동감합니다. 국민의 의사를 스스로 관철시킬 수 있는 제도적 장치로서 민주주의의 요소가 적극적으로 확대되어 갈 수 있는 제도로 국민소환제가 도입되어야 한다는 의미로 저는 이해가 되었습니다. 또한 한국사회가 1987년 민주화 이후 그리고 직접적으로 국민의 힘으로 부당한 대통령을 탄핵시킨 시민의 힘이 존재했기 때문에 법률의 실천적 행동도 국민적 의식이 충분히 가능하다고 생각합니다.

하지만 제가 한 가지 안타까웠던 것은 20대 국회든, 21대 국회든 국민소환제 법률안이, 현재는 국회의원 10명 이상 공동발의를 하면 법안이 발의가 되기는 하지만, 전체 국회의원 수에 비하면 한 10여 명 정도의 동의로 대부분 6개 법안이 발의에 그치고 있습니다. 이는 대표발의 의원 개인의 의지 이상 나가고 있지 못한 것이 아닌가, 국회 안에서 수많은 국회의원들, 내지 당이 당론이나 직접적인 국민들의 참여를 위한 과정으로 폭넓은 논의가 이루어지고 법안이 준비된다면 100여 명 이상의 국회의원들이 동의하는 국민소환제 발의안이 나와야 하지 않는가 하는 점입니다.

그리고 전남대 허완중 교수님의 말씀, 6가지 과제에 대해 충분히 동의합니다. 감사합니다.

사회자 : 말씀 대단히 감사합니다. 말씀을 들으면서 느낀 소감은 다

음과 같습니다. 오동석 교수님 발표를 통해 우리가 혼합선거구제를 취하고 있고 게다가 비례 대표의 경우에는 고정명부식 제도를 취하고 있다는 것을 환기할 수 있었습니다. 그래서 비례대표 명부작성에 관여를 못하고 있는 상황을 고려한다면 이 소환제가 비례대표에 대한 하나의 견제도 될 수 있다는 생각이 들었습니다. 허완중 교수님의 발표를 통해서는 소환제도가 탄핵제도의 보완이라면 소환사유를 위헌위법에 맞추어야 할 것이나 그렇지 않고 별개의 제도로 소환제도를 생각한다면 정치적 책임추궁절차로 소환제를 설계할 필요가 있다는 말씀 잘 새겨듣도록 하겠습니다. 그밖에 여러 의견들이 있었는데 그 부분에 대해서는 저희가 이번 토론들을 잘 기록해서 문서화하는 작업도 필요하다고 생각했습니다.

가능하다면 이러한 좌담회의 내용을 담아 대중서 형태로 출판할 경우에는 조금 더 바람직한 형태의, 현재 우리사회에 필요한 형태의 소환제는 무엇일까, 이런 과정에서 오동석, 허완중 두 교수님이 말씀하신 제한기간도 조금 더 폭넓게 할 필요가 있지 않겠느냐, 소환운동 기간 이 부분들도 조금 더 폭넓게 해서 실질적으로 국민이 통제권을 행사할 수 있는 방안에 대해 나름대로 의견들을 밝혀볼 생각입니다.

오늘 3시부터 시작해서 세 시간 정도의 좌담을 무사히 마치게 된 것 같습니다. 오늘 행사를 위해 법학연구소 연구자 여러분들께서 많은 노력을 해주셨습니다. 다시 한번 법학연구소에 감사드립니다. 좌담을 기록해 주시고 토론에 참여해주신 박재범 님께도 감사의 말씀을 드립니다. 그리고 바쁘신 가운데 발표와 토론에 임해주신 모든 분들께 감사의 말씀드립니다. 이상으로 국민소환제 쟁점에 대한 좌담회를 모두 마치도록 하겠습니다. 감사합니다.

부록

소환제 관련 법률안

〈표1〉20대 국회 - 국민소환에 관한 법률 발의(안)

의안번호	의안명	발의의원	소환대상	사유	소환 시기
2021152 (2019.6.26.) 임기만료폐기	국회의원의 국민소환에 관한 법률안	정동영 의원 등 15인	지역구 국회의원 비례대표 국회의원	정해진 기준 없음	임기 시작 1년 이후 만료 1년 전 사이
2021071 (2019.6.20.) 임기만료폐기	국회의원의 국민소환에 관한 법률안	황주홍 의원 등 10인	지역구 국회의원 비례대표 국회의원	정해진 기준* (헌법 제46조)	임기 개시 6개월 이후 만료 1년 전 사이
2005606 (2017.2.3.) 임기만료폐기	국민소환에 관한 법률안	박주민 의원 등 18인	지역구 국회의원 비례대표 국회의원	정해진 기준 상동 (헌법 제46조)	임기 개시 6개월 이후 만료 6개원 전 사이
2005431 (2017.2.3.) 임기만료폐기	국회의원의 국민소환에 관한 법률안	황영철 의원 등 33인	지역구 국회의원 비례대표 국회의원	정해진 기준 상동 품위없는 언행으로 사 회적 물의를 일으킨 경 우 추가	임기 개시 6개월 이후 만료 1년 전 사이
2004324 (2016.12.12.) 임기만료폐기	국회의원의 국민소환에 관한 법률안	김병욱 의원 등 11인	지역구 국회의원 비례대표 국회의원	정해진 기준 상동 (헌법 제46조)	임기 개시 6개월 이후 만료 6개원 전 사이
2004230 (2016.12.8.) 법안 철회	국회의원의 국민소환에 관한 법률안	김병욱 의원 등 10인	지역구 국회의원 비례대표 국회의원	정해진 기준 상동 (헌법 제46조)	임기 개시 6개월 이후 만료 6개원 전 사이

* 「대한민국헌법」 제46조에 따른 국회의원의 의무를 위반한 경우, 그 밖에 직권을 남용하거나
 직무를 유기하는 등 위법·부당한 행위를 한 경우.

소환투표성립 요건	서명 기간	소환 이후
· 지역구 국회의원은 해당 지역구의 국민소환투표청구권자 총수의 100분의 10 이상 · 비례대표 국회의원은 전체 국민소환투표청구권자수를 지역구국회 의원정수로 나눈 수의 100분의 5 이상 청구권자의 서명	120일	소환성립 후 공직선거법에 따른 보궐선거 실시
선거구 획정 상한인구(당시 31만406명)의 100분의 30에 해당하는 국민소환투표권자 서명	대통령령으로 정함	소환성립 후 공직선거법에 따른 보궐선거 실시
· 해당지역 국회의원은 직전 국회의원 총선거의 전국평균 투표율의 100분의 15 이상에 해당하는 지역구 서명 · 다른지역 국회의원 및 비례대표 국회의원은 국민소환투표청구권자 총수를 지역구국회의원 정수로 나눈 수에서, 직전 국회의원 총선거의 전국평균 투표율의 100분의 15 이상에 해당하는 국민소환투표청구권자의 서명	120일	소환성립 후 공직선거법에 따른 보궐선거 실시
· 지역구국회의원은 지역국민소환투표청구인 총수의 100분의 15 이상의 서명 · 비례대표 국회의원은 비례대표국민소환투표청구인 총수의 100분의 15 이상의 서명	120일	소환성립 후 공직선거법에 따른 보궐선거 실시
· 지역구국회의원은 지역구국민소환투표인 총수의 100분의 15 이상의 서명 · 비례대표 국회의원은 비례대표국민소환투표인 총수의 100분의 15 이상의 서명	120일	소환성립 후 공직선거법에 따른 보궐선거 실시
· 지역구국회의원은 지역구국민소환투표인 총수의 100분의 10 이상의 서명 · 비례대표 국회의원은 비례대표국민소환투표인 총수의 100분의 10 이상의 서명	120일	소환성립 후 공직선거법에 따른 보궐선거 실시

〈표2〉 21대 국회 – 국민소환에 관한 법률 발의(안)

의안번호	의안명	발의의원	소환대상	사유	소환 시기
2103105 (2020.8.20.) 접수	국회의원의 국민소환에 관한 법률안	민형배 의원 등 11인	지역구 국회의원 비례대표 국회의원	정해진 기준* (헌법 제46조)	임기 시작 1년 이후 만료 6개월 전 사이
2101965 (2020.7.15.) 소관위 접수	국민소환에 관한 법률안	박주민 의원 등 27인	지역구 국회의원 비례대표 국회의원	정해진 기준 (헌법 제46조)	임기 개시 1년 이후 만료 1년 전 사이
2101957 (2017.7.15.) 소관위 접수	국회의원의 국민소환에 관한 법률안	김병욱 의원 등 10인	지역구 국회의원 비례대표 국회의원	정해진 기준 상동 (헌법 제46조)	임기 개시 6개월 이후 만료 6개원 전 사이
2101263 (2020.7.1.) 소관위접수	국회의원의 국민소환에 관한 법률안	박영순 의원 등 12인	지역구 국회의원 ·	· 정해진 기준 상동 (헌법 제46조) · 기타추가**	임기 개시 1년 이후 만료 1년 전 사이
2100263 (2020.6.8.) 소관위 접수	국민소환에 관한 법률안	최강욱 의원 등 11인	지역구 국회의원 비례대표 국회의원	· 정해진 기준 상동 (헌법 제46조) · 기타추가***	임기 개시 6개월 이후 만료 6개원 전 사이
2100035 (2020.6.1.) 소관위 접수	국회의원의 국민소환에 관한 법률안	이정문 의원 등 10인	지역구 국회의원 비례대표 국회의원	정해진 기준 상동 (헌법 제46조)	임기 개시 6개월 이후 만료 6개원 전 사이

* 「대한민국헌법」 제46조에 따른 국회의원의 의무를 위반한 경우, 그 밖에 직권을 남용하거나 직무를 유기하는 등 위법·부당한 행위를 한 경우.

** 직권남용이나 직무유기, 성범죄, 음주운전 등 위법·부당한 행위를 한 경우, 국가안보와 국익에 중대한 위험과 막대한 손해를 끼친 경우, 국회의원의 직위를 이용해 사적 이익을 추구하거나 자신과 특수한 관계에 있는 개인이나 기관, 단체 등에 부정한 특혜를 준 경우, 국회의원 재직 중 취득한 정보를 그 자신이 부동산·유가증권 거래 등 사적 이익을 추구하기 위해 이용하거나 타인으로 하여금 부당하게 사용하게 한 경우, 성별이나 연령, 장애, 종교, 지역, 직업 등을 차별하거나 이에 대한 편견을 조장 또는 비방하고, 역사적 사실을 부정하는 등의 언행으로 사회적 물의를 일으킨 경우.

소환투표성립 요건	서명 기간	소환 이후
· 지역구국회의원은 직전 총선거의 전국평균 투표율의 100분의 10을 곱한 수 이상 국민소환투표청구권자의 서명 · 비례대표 국회의원은 모든 투표청구권자 총수를 지역구국회의원 정수로 나눈 수에 직전 국회의원선거의 전국평균 투표율의 100분의 10을 곱한 수 이상 · 다만, 비례대표 국회의원의 경우 특정한 특별시·광역시·특별자치시·도 또는 특별자치도에서 받은 서명의 수가 소환에 필요한 서명 총수의 5분의 1 이상을 초과하는 경우 그 초과되는 부분은 계산에 미산입함	120일	소환성립 후 공직선거법에 따른 보궐선거 실시
· 해당지역 국회의원은 직전 국회의원 총선거의 전국평균 투표율의 100분의 15 이상에 해당하는 지역구 서명 · 다른지역 국회의원 및 비례대표 국회의원은 국민소환투표청구권자 총수를 지역구국회의원 정수로 나눈 수에서, 직전 국회의원 총선거의 전국평균 투표율의 100분의 15 이상에 해당하는 국민소환투표청구권자의 서명	120일	소환성립 후 공직선거법에 따른 보궐선거 실시
· 지역구국회의원은 지역구국민소환투표인 총수의 100분의 15 이상의 서명 · 비례대표 국회의원은 비례대표국민소환투표인 총수의 100분의 15 이상의 서명	120일	소환성립 후 공직선거법에 따른 보궐선거 실시
· 지역구국회의원은 지역국민소환투표청구인 총수의 100분의 15 이상의 서명	중앙선관위 규칙으로 정함	소환성립 후 공직선거법에 따른 보궐선거 실시
· 지역구국회의원은 직전 국회의원 총선거의 전국평균 투표율의 100분의 15 이상 지역구 국민소환투표청구권자의 서명 · 비례대표 국회의원은 국민소환투표청구권자 총수를 지역구국회의원 정수로 나눈 수에 직전 국회의원 총선거의 전국평균 투표율의 100분의 15 이상에 해당하는 국민소환투표청구권자의 서명	120일	소환성립 후 공직선거법에 따른 보궐선거 실시
국민소환투표청구권자는 국회의원에 대해 청구일 현재 국회의원 선거구 획정 상한인구의 100분의 30에 해당하는 국민소환투표권자의 서명	대통령령으로 정함	소환성립 후 공직선거법에 따른 보궐선거 실시

*** 대한민국임시정부의 법통과 불의에 항거한 4·19민주이념 및 「민주화운동 관련자 명예회복 및 보상 등에 관한 법률」에 따른 민주화운동 등 민주적 기본질서를 부정하는 경우.

참고문헌

1. 한글문헌

[자료집]

더불어 민주당 국회혁신특별위원회, 『국민소환제 20대국회 통과를 위한 입법토론회』(2019.8.28.)

민주평화연구원, 『일 안하는 국회, 어떻게 할 것인가? 국회의원 국민소환제 대토론회』(2019.6.24.)

민주화운동기념사업회/유럽주민발안과 국민투표기구, 『2009 현대직접민주주의 글로벌포럼』(민주화운동기념사업회)

국회 헌법개정 특위 자문위, 『국회헌법개정특별위원회 자문보고서』(2018.1.)

하혜영 등, 『주민소환제도 운영실태와 개선방안(국회입법조사처 정책보고서 22권)』(2012.12.)

국가인권위원회, 『기본권 보장강화 헌법개정 (안) 공개토론회』(2017.6.26.)

김선화, 『영국의 국민소환제 내용과 실시 사례 및 시사점』(국회입법조사처), 1578호(2019)

[단행본]

김영기, 『미국의 주민소환 제도』(대영문화사, 2002)

김철수『한국헌법사』(대학출판사, 1989)

장 자크 루소, 『사회계약론』, 이환 옮김(삼성출판사, 1977)

고노 겐지(河野健二), 『시민혁명의 역사 구조』, 박준식 옮김(청아출판사, 1983)

스기하라 야스오, 『헌법의 역사』, 이경주 옮김(이론과 실천, 1999)

권영성, 『헌법학 원론』(보정판, 법문사, 2010)

성낙인, 『헌법학』(제21판, 법문사, 2021)

E. J. 시이예스, 『제3신분이란 무엇인가』, 박인수 해제(책세상, 2003)

쟝 모랑쥐(Jean Morange), 『1789년 인간과 시민의 권리선언』, 변해철 옮김(탐구당, 1999)

이경주, 『유권자의 권리찾기, 국민소환제』(책세상, 2004)

이경주, 『헌법 I 』(박영사, 2019)

이준일, 『헌법학강의』(홍문사, 2019)

안성호, 『스위스 연방 민주주의 연구』(대영문화사, 2001)

조병윤, 『국민대표론의 연구』(서울대학교 박사학위논문, 1982)

장병구, 『일본의 지방 분권과 주민 자치』(북피닷컴, 2002)

전광석, 『한국헌법론』(한국지식재산연구원, 2019)

죠셉 짐머만(Joseph F. Zimmerman), 『미국의 주민 소환제도』, 김영기 옮김(대영문화사, 2002)

송석윤, 『위기시대의 헌법학-바이마르 헌법학이 본 정당과 단체-』(정우사, 2002)

[논문]

김선화, "영국의 국민소환제 내용과 실시사례 및 시사점", 『이슈와 논점』 578호(국회입법조사처2019.5.7.)

김선화, "국민소환제도의 도입문제" 『이슈와논점』 제482호(국회입법조사처, 2012.6.29.)

김선택, "민주주의의 구조변화와 헌법개혁", 『안암법학』 제25권 (2017.11.)

김현정, "국회의원 국민소환제와 민주주의 실질화", 『저스티스』 제167 호(2018.8.)

김종서, "국민주권과 국민소환제", 흥사단, 『모든 권력은 국민으로부터 나오는가?(국민소환제, 국민투표, 의원추첨제 시민토론회)』 (2008.7.2.).

김종철, "권력구조 개헌의 기본방향과 내용", 『법학평론』 제8호(2018.4)

강태수, "국회의원 정당기속성과 자유위임관계에 대한 고찰", 『경희법학』 제47권 제4호(2012)

박병섭, "대의제에 대한 비판적 연구", 『민주법학』 제14호(1998)

박홍규, "민주공화국과 국민주권론", 『시민과 세계』 제2권(2004.10.)

백수원, "소환제도의 법적성격에 관한 고찰", 『미국헌법연구』 제23권 제

3호(미국헌법학회, 2012.12.)

송석윤, "서독 기본법의 제정과정", 『법사학연구』 제29호(2004.4.)

이공주, "국민주권 실질화 방안으로서의 국민소환제도", 『헌법학연구』 제18권 제4호(2012.12)

이승우, "국회의원에 대한 국민소환제도의 도입과 합헌여부", 『공법연구』 제41집1호(2012.10)

이우영, "대의제민주주의에서 소수자 보호의 헌법적 의의와 구조", 『법학』 제48권 제3호(서울대학교 법학연구소, 2007.9)

이재승, "하버마스의 법철학", 『민주법학』 12호(관악사, 1997)

유승익, "자유위임과 명령적 위임", 『법학논총』 33집(숭실대학교 법학연구소, 2015.1)

장영수, "국민소환제도의 의의와 기능 및 문제점", 『고려법학』 제45권(2005.11)

장영수, "참여민주주의의 실현과 국민소환제 도입의 문제점", 『공법학연구』 제7권 제2호(2006.6)

전종익, "국회의원의 헌법상 의무와 이익충돌", 『저스티스』(2017.4)

조태경, "부안에서의 민주주의 실험과 전망", 『국민 발의권 국민 소환권 열린 토론회』(2004)

정원식, "독일 지방자치에 있어 주민 참여와 로컬거버넌스", 『한국 정책과학 학회보』 제7권 제3호(2003.12)

2. 외국문헌

[이론 및 개괄]

Andeweg, Rudy B., and Thomassen, Jacques J.A. (2005). Modes of Political Representation: Toward a New Typology. *Legislative Studies Quarterly*, 30(4), 507-528.

Dalton, R., Bürklin, W. and Drummond, A. (2001). Public opinion and direct democracy. *Journal of Democracy*, 12: 141-53.

European Commission for Democracy through Law (Venice Commission). (2009). *Report on the Imperative mandate and* similar practices. Adopted by the Council for Democratic Elections at its 28th meeting (Venice, 14 March 2009) and by the Venice Commission at its 79th Plenary Session (Venice, 12-13 June 2009) on the basis of comments by Mr Carlos CLOSA MONTERO (Member, Spain).

IDEA (2008). *Direct Democracy*: The International IDEA Handbook.

Ruth, Saskia P., Welp, Yanina, and Whitehead, Laurence. Eds. (2017). *Let the people rule? Direct democracy in the Twenty-First Century*. ECPR Press.

Serdült, Uwe, and Welp, Yanina (2017). The levelling up of a political institution: Perspectives on the recall referendum. In Ruth, Saskia P., Welp, Yanina, and Whitehead, Laurence. Eds. (2017). *Let the people rule? Direct democracy in the Twenty-First Century*. ECPR Press.

Tomba, Massimiliano (2018). Who's afraid of the imperative mandate? *Current Times*, 1(1), 108-119.

Welp, Yanina and Whitehead, Laurence. Eds. (2020). *The politics of recall elections.* Palgrave.

Welp, Yannia (2018). Recall referendum around the world: Origins, institutional designs and current debates. In *The Routledge Handbook to Referendums and direct democracy.* Edited by Laurence Moral, Matt Qvortrup. Routledge.

Whitehead, Laurence (2018). The recall of elected officeholders: The growing incidence of a venerable, but overlooked, democratic institution. *Democratization* 25(8), 1341-1357.

社會經濟生産性本部, 『地方分權と住民參加』(2001)

竹內康江, "純粹代表制と半代表制", 『憲法学の基礎概念』(勁草書房, 1983)

佐竹寬, 『參加民主主義の思想と實踐』(中央大學出版部, 1993)

杉原泰雄, 『國民主權の研究』(岩波書店, 1971)

杉原泰雄, 『人民主權の史的展開』(岩波書店, 1978)

杉原泰雄, 『國民主權と代表制』(有斐閣, 1983)

杉原泰雄, 『國民主權と国民代表制』(有斐閣, 1982)

渡辺良二, 『近代憲法における主権と代表』(法律文化社, 1988)

杉原泰雄, 「いわゆる半代表制概念について」『一橋論叢』65巻 1号(1971).

樋口陽一 「現代の代表における直接民主制的諸傾向」, 杉原泰雄編, 文獻
　　　研究『日本國憲法 2 (國民主權と天皇制』(三省堂, 1977), 中村義孝
　　　『フランス憲法史集成』(法律文化社, 2003)

モ-リス・デュヴェルジュェ、時本義昭訳『フランス憲法史』(みすず書
　　　房,1998)

吉田傑俊, 『現代民主主義 思想』(靑木書店, 1990)

福田欽一, 『近代民主主義とその展望』(岩波新書, 1977)

沼田稻次郎, 『現代の權利鬪爭』(勞動旬報社)

佐佐木允臣, 『もう一つの人權論』(信山社, 1995)

和田進, 『国民代表原理と選挙制度』(法律文化社, 1995)

野村敬造, 『フランス憲法の歩み』(憲法調査会事務局, 1960)

[비교헌법적 고찰]

▪ 대만

"公職人員選擧罷免法". 全國法規資料庫. https://law.moj.gov.tw/
　　　LawClass/LawAll.aspx?PCode=D0020010 (2020. 10. 7 검색). "Civil
　　　Servants Election and Recall Act". https://law.moj.gov.tw/ENG/
　　　LawClass/LawAll.aspx?pcode=D0020010 (영어본)

"總統副總統選擧罷免法". 全國法規資料庫. https://law.moj.gov.tw/
　　　LawClass/LawAll.aspx?pcode=D0020053 (2020. 10. 7 검색).
　　　"Presidential and Vice Presidential Election and Recall Act". https://law.
　　　moj.gov.tw/ENG/LawClass/LawAll.aspx?pcode=D0020053 (영어본)
　　　https://zh.wikipedia.org/zh-tw/%E4%B8%AD%E8%8F%AF%E6%B0
　　　%91%E5%9C%8B%E7%BD%B7%E5%85%8D%E5%88%B6%E5%B
　　　A%A6 (2020.10.8. 검색)

Jau-Yuan Hwang (2006). *Direct Democracy in Asia: A Reference Guide to the
　　　Legislation and Practices*. Taiwan Foundation for Democracy.

Lui, Fei-Lung (1992). The electoral system and voting behavior in Taiwan. In Cheng, Tun-jen and Haggard, Stephan (eds.). *Political Change in Taiwan*. Lynne Rienner Publishers: Boulder & London.

Taiwan Foundation for Democracy(財團法人臺灣民主基金會) (2005). Direct *Democracy Practices in Taiwan: The Taiwan Referendum* Act, Reports and Analyses.

Tedards, Bo (2004). The referendum issue in Taiwan. In 財團法人臺灣民主基金會(Taiwan Foundation for Democracy)) (2005). *Direct Democracy Practices in Taiwan: The Taiwan Referendum Act*, Reports and Analyses.

Tien, Hung-Mao (1992). Transformation of an Authoritarian Party State: Taiwan's Development Experience. In Cheng, Tun-jen and Haggard, Stephan (eds.). *Political Change in Taiwan*. Lynne Rienner Publishers: Boulder & London.

立法院法律系統(해당 연도). https://lis.ly.gov.tw/lglawc/lglawkm(2020.10.9. 검색);

蘇芳禾. 罷免降門檻 割闌尾: 台灣民主重大進程. 自由時報 (2016.11.30.) https://news.ltn.com.tw/news/politics/paper/1057101

施信民 (2007). 臺灣環保運動史彙編. 國史館.

王家俊. 倒馬 馮光遠發起罷免馬系立委運動. 蘋果日報 (2013. 8.14). https://web.archive.org/web/20160412060829/http://www.appledaily.com.tw/realtimenews/article/new/20130814/242183/ (2020.10.12. 검색)

維基百科. "中華民國罷免制度". https://zh.wikipedia.org/zh-tw/%E4%B8%AD%E8%8F%AF%E6%B0%91%E5%9C%8B%E7%BD%B7%E5%85%8D%E5%88%B6%E5%BA%A6 (2020. 10. 7 검색)

維基百科. "中華民國罷免制度". 維基百科.

黃意涵 (2014). 罷免蔡正元 割闌尾送連署書. 中央通訊社 (2014.12.15.). https://www.cna.com.tw/news/firstnews/201412150119.aspx (2020.10.12. 검색)

▪ 영국

Grew, Tony (2019). Parliament should be proud of the recall of MPs Act. The House, Politics. May 2.
https://www.politicshome.com/thehouse/article/parliament-should-be-proud-of-the-recall-of-mps-act(2020. 7. 14 검색)

HM Government (2011). *Recall of MPs Draft Bill.* Presented to Parliament by the Deputy Prime Minister, by Command of Her Majesty. December.

House of Commons (2019). *Recall elections.* Briefing Paper, Number 5089 (August).

Judge, David (2013). Recall of MP's in the UK: 'If I were you I wouldn't start from here'. *Parliamentary Affairs* 66, 732-751.

Tonge, Jonathan (2019). The Recall of MPs Act 2015: Petitions, Polls and Problems. *The Political Quarterly, 90*(4), 713-718.

▪ 남미(베네수엘라 등)

Griffith, Gareth and Roth, Lenny (2010). *Recall Elections.* E-Brief. NSW Parliamentary Library Research Service, February 2010. E-Brief 3/2010.

Jackson, David, Thompson, Elaine, and Williams, George (2011). Recall elections for New South Wales? *Report of the Panel of Constitutional Experts.* 30 September.

Welp, Yannia (2018). Recall referendum around the world: Origins, institutional designs and current debates. In The Routledge Handbook to Referendums and direct democracy. Edited by Laurence Moral, Matt Qvortrup. Routledge.

European Commission for Democracy through Law (Venice Commission). (2009). *Report on the Imperative mandate and similar practices.* Adopted by the Council for Democratic Elections at its 28th meeting (Venice, 14 March 2009) and by the Venice Commission at its 79th Plenary Session (Venice, 12-13 June 2009) on the basis of comments by Mr Carlos CLOSA MONTERO (Member, Spain))

IDEA (2008). *Direct Democracy*: The International IDEA Handbook.

Mallett-Outtrim, Ryan (2017). The curious case of Venezuela's recall referendum: Murder … or suicide? Venezuelanalysis.com. January 9. https://venezuelanalysis.com/analysis/12875 (2020.9.5. 검색)

The Carter Center (2005). *Observing the Venezuela Presidential Recall Referendum: Comprehensive Report.*

Sato, Erika (2016). Politicization and Venezuela's Presidential Recall Referendum Timetable." *Council on Hemispheric Affairs*, August 12. https://venezuelanalysis.com/analysis/12135 (2020. 9. 2. 검색)

McCoy, Jennifer L. (2006). Thje 2004 Venezuelan recall referendum. *Taiwan Journal of Democracy*, 2(1), 61-80.

Sonnerland, Holly K. (2016). Explainer: what is the recall referendum process in Venezuela? American Society/Council of the Americas. April 28. https://www.as-coa.org/articles/explainer-what-recall-referendum-process-venezuela (2020.9.5.)

Emmersberger, Joe (2016). Venezuela's recall process and the international media's lies of omission. Venezuelanalysis.com. May 30. https://venezuelanalysis.com/analysis/11999 (2020.9.5. 검색)

Harnecker, Marta (2004). After the referendum: Venezuela faces new challenges. *Monthly Review*, 56(6). November. https://monthlyreview.org/2004/11/01/after-the-referendum-venezuela-faces-new-challenges/ (2020.9.5. 검색)

Dreier, Hannah (2016). Venezuela officials deny opposition a recall vote in 2016. *AP News*, September 22. https://apnews.com/3be795ca8528490dadb64b1b0acc1c49/venezuela-gather-signatures-recall-late-october (2020.9.5 검색)

Kai, Daniel (2016). Venezuela election board okays opposition recall push first phase. *Reuters*. August 2. https://www.reuters.com/article/us-venezuela-politics-idUSKCN10C3DV (2020.9.5. 검색)

Mogollon, Mery and Kraul, Chris (2016). Anger grows as Venezuela blocks effort to recall president. *Los Angeles Times, October 21*. https://

www.latimes.com/world/mexico-americas/la-fg-venezuela-recall-tension-20161021-snap-story.html (2020.9.5. 검색)

Lehoucq, Fabrice (2008). Bolivia's constitutional breakdown. *Journal of Democracy*, 19(4), 110-124.

Ledebur, Kathryn, and Walsh, John (2008). Bolivia's recall referendum setting the stage for resumed political conflict. *WOLA*(Washington Office on Latin America) *Memo*. August 7. https://www.wola.org/sites/default/files/downloadable/Andes/Bolivia/Past/Recall%20Referendum%20AIN-WOLA%20%208-7-2008.pdf (2020.9.9. 검색)

▪ 미국

Amar, Vikram David (2004). Adventures in direct democracy: The top ten constitutional lessons from the California recall experience. *California Law Review*, 92.

Ballotpedia (2020). *Recall of Wisconsin state senators* (2011). https://ballotpedia.org/Recall_of_Wisconsin_State_Senators_(2011) (2020.9.23. 검색)

Ballotpedia. "Laws governing recall." https://ballotpedia.org/Laws_governing_recall (2020. 7. 15 검색)

Bowler, Shaun (2004). Recall and representation: Arnold Schwarzenegger meets Edmund Burke. *Representation* 40(3), 200-212.

CNN (2011). Wisconsin battle shifts to recall votes. CNN.com. June 16. http://edition.cnn.com/2011/POLITICS/06/15/wisconsin.unions/ (2020.9.22. 검색)

Cronin, Thomas E. (1989). *Direct Democracy: The Politics of initiative, referendum, and recall*. Harvard University Press.

Garrett, Elizabeth (2004). Democracy in the wake of the California Recall. *University of Pennsylvania Law Review*. 153(1), 239-284.

Houston, Scott (2010). *Removal of City and Country Officials*. State Bar of Texas. Texas Government Lawyers Section Presents: Best Practices for Public Sector Lawyers Course. July 14. San Antonio. Chapter 1.

http://www.texasbarcle.com/Materials/Events/9185/122953_01.pdf
(2020. 7. 15. 검색)

Mark, Guarino (2011). Next up for Wisconsin: The mother of all recall drives. *Christian Science Monitor*

Maskell, Jack (2012). Recall of legislators and the removal of members of Congress from office. *CRS Report for Congress*. January 5. Congressional Research Service 7-5700. RL30016. https://fas.org/sgp/crs/misc/RL30016.pdf (2020. 7. 15. 검색)

Merrick, Amy (2011). Wisconsin fight moves to recall. *Wall Street Journal*, June 16. https://www.wsj.com/articles/SB10001424052702303499204576388023100282878 (2020.9.20. 검색)

Miller, K. P. (2005). The Davis Recall and the courts. *American Politics Research*, 33(2): 135-62.

Murse, Tom (2018). *There is no way to recall a president: What the Constitution says about removing a sitting President*. ThoughtCo.

Murse, Tom (2019). Can you recall a member of Congress? *What the Constitution says about recalling a Congressman*. ThoughtCo. https://www.thoughtco.com/can-members-of-congress-be-recalled-3368240 (2020. 7. 15. 검색)

National Conference of State Legislatures(NCLS, 2016). Recall of State officials. 30/08/2016. https://www.ncsl.org/research/elections-and-campaigns/recall-of-state-officials.aspx (2020. 8. 6. 검색)

National Conference of State Legislatures(NCLS, 2019). Recall of Local officials. 7/8/2019. https://www.ncsl.org/research/elections-and-campaigns/recall-of-state-officials.aspx (2020.9.14. 검색).

Pack, T. (2008). High crimes and misdemeanors: Removing public officials from office in Utah and the case for recall. *Utah Law Review*, 2008, 665-696.

Persily, Nathaniel A. (1997). The peculiar geography of direct democracy: Why the initiative, referendum and recall developed in the American West. *Michigan Law & Policy Review* 2, 11-41.

Portal: Unsuccessful attempts to amend the United States Constitution.

Wikipedia. (2020. 7. 15. 검색). 이 중에서 "Recall of Senators and Representatives Amendment." Proposed June 29, 1992 (failed). Wikisource. https://en.wikisource.org/wiki/Recall_of_Senators_and_Representatives_Amendment#:~:text=Recall%20of%20Senators%20and%20Representatives%20Amendment%20%281992%29%20The States%20of%20America%20Proposed%20June%2029%2C%201992%20%28failed%29 (2020. 7. 15. 검색)

Schneider, Christian (2012). *The history of the recall in Wisconsin*. Badger Institute Report.

Spivak, Joshua (2004). California's recall: Adoption of the Grand Bounce' for elected officials. *California History*, 81(2), 20-63.

Spivak, Joshua (2007). What is the history of recall elections? *History News Network* (Columbia College of Arts & Sciences, The George Washington University). https://historynewsnetwork.org/article/1660 (2020. 7. 15 검색)

Spivak, Joshua (2020). From Arnold Schwarzenegger to Han Kuo-yu: electoral recalls are gaining ground. *The Global Legal Post*. 5 June. https://www.globallegalpost.com/commentary/from-arnold-schwarzenegger-to-han-kuo-yu-electoral-recalls-are-gaining-ground-15061472/ (2020. 7. 15. 검색)

Wisconsin Department of Administration (2016). *Transition of the Government Accountability Board to the Ethics Commission and Elections Commission*. 2015 Wisconsin Act 118. Proposed Implementation Plan. https://elections.wi.gov/sites/elections.wi.gov/files/publication/70/gab_transition_plan_with_attachments_pdf_11334.pdf (2020.9.23. 검색)

▪ 캐나다

Boyer, J. Patrick (1982). *Lawmaking by the People: Referendums and Plebiscites in Canada*. Butterworths.

Conacher, Duff (1991). Power to the people: Initiative, referendum, recall and the possibility of popular sovereignty in Canada. *University of Toronto Faculty of Law Review* 49(1), 174-232.

Elections BC (2010-11). *Report of the Chief Electoral Officer on the Recall Process in British Columbia*. Elections BC. (캐나다, British Columbia) https://elections.bc.ca/docs/rcl/Summary-of-Recall-Petitions.pdf (2020.9.9. 검색)

Elections BC (2020?). Summary of Recall Petitions. https://elections.bc.ca/docs/rcl/Summary-of-Recall-Petitions.pdf (2020.9.9. 검색)

Elections BC, 미상. Recall petition canvasser guide and application. https://elections.bc.ca/docs/rcl/fill-in-921.pdf (연도미상. 검색)

Elections BC, 연도 미상. Provincial third party advertising sponsors. https://elections.bc.ca/provincial-elections/advertising-rules/provincial-advertising-sponsors/ (2020.9.12 검색)

Jackson, David, Thompson, Elaine, and Williams, George (2011). Recall elections for New South Wales? *Report of the Panel of Constitutional Experts*. 30 September.

McCormick, Peter (1994). The recall of elected members. *Canadian Parliamentary Review*. Summer. 11-13.

Ruff, Norman (1993-1994), Institutionalizing Populism in British Columbia. *Canadian Parliamentary Review*, Winter.

▪ 리히텐스타인, 스위스, 호주, 스위스, 독일

Geißel, Brigitte and, Jung, Stefan (2018). Recall in Germany: explaining the use of a local democratic innovation. *Democratization*, 25(8), 1358-1378.

Geißel, Brigitte and, Jung, Stefan (2020). Explaining institutional change towards recall in Germany. In Yannia Welp and Laurence Whitehead (eds.). *The Politics of Recall Elections*. Palgrave Macmillan.

Greene, Lee (1933). Direct legislation in the German Länder 1919-32. *American Political Science Review*, 27(3). Jackson et al. (2011)에서 인용.

Qvortrup, Matt (2011). A comparative institutional analysis of the recall. *Representation*, 47(2).

Rappard, William E. (1912). The initiative, referendum and recall in

Switzerland. *The Annals of the American Academy of Political and Social Science*, Sep., 1912. 110-145.

Serdült, U. (2015) A dormant institution – history, legal norms and practice of the recall in Switzerland, *Representation – Journal of Representative Democracy*, 51(2), pp. 161-172.

Thoma, Richard (1928). The referendum in Germany. *Journal of Comparative Legislation and International Law* 19(1), 55-73.

Wells, Roger (1929). The initiative, referendum and recall in German cities. *National Municipal Review*, 18. Jackson et al. (2011)에서 인용.

▪ 기타 – 호주 등

Australians for Constitutional Monarchy (2009). *Recall elections for NSW? O'Farrell proposal*. https://norepublic.com.au/recall-elections-for-nsw-ofarrell-proposal-2/

Griffith, Gareth and Roth, Lenny (2010). *Recall Elections*. E-Brief. NSW Parliamentary Library Research Service, February 2010. E-Brief 3/2010.

Jackson, David, Thompson, Elaine, and Williams, George (2011). Recall elections for New South Wales? *Report of the Panel of Constitutional Experts*. 30 September.

Lewis, Tom (2015). Podemos and the Left in Spain. *ISR(International Socialist Review)*, Issue 98 (Fall 2015). https://isreview.org/issue/98/podemos-and-left-spain (2020. 8.7 검색).

Twomey, Anne (2011a). The recall of Members of Parliament and Citizens' initiated elections. *UNSW Law Journal* 34(1), 41-69.

Twomey, Anne (2011b). *Second thoughts – Recall elections for members of Parliament*. Sydney Law School Research Paper, no. 11/55.

▪ 일본

寺田友子(2010)「判例批評議員解職請求代表者の資格を制限する政令の適法性(平成21.11.18最高裁判所大法廷判決)」(『民商法雑誌』143(2), 195-210 , 2010年 11月)

藤原淳一郎(2010)「最新判例批評 公務員(農業委員会委員)が議員の解職

請求代表者となることを禁止する地方自治法85条1項に基づく
同法施行令を無効とした事例(最大判平成 21.11.18)」(『判例時報』
2081 , 164-173 , 2010年 9月)

安本典夫(2009)「公務員の解散・解職請求権の政令による制限・再論」
(『名城法学』59(1), 1-44)

村田尚紀(2009)「判例批評 地方自治法施行令による地方議会議員解職
請求代表者資格制限の違法性―東洋町議リコール署名最高裁
大法廷判決(2009.11.18)」(『関西大学法学論集』60(6), 1291-1301,
2011年 3月)

角島靖男ほか(1960年代)「解職請求制度の解説」『選挙時報』(全国市区選
挙管理委員会連合会) (※シリーズ物で全12回連載)

高野真澄(1975)「フランス代表民主制の現代的展開(1)」(『奈良教育大学
紀要、人文社会科学』24巻、77-96 , 1975年 11月 15日)

辻村みよ子(1977)「「命令的委任」法理に関する覚え書き-フランス革命期の
議論を中心に-」(『一橋研究』第2巻第3号, 78-97, 1977年)

Akira Osanai, Chikako Tatebayashi and Akihisa Aoyama (2010). Nagoya mayor,
assembly clash/Kawamura leads drive to dissolve municipal body for
recall election. *The Yomiuri Shimbun* (online), 29 August 2010.

CLAIR(Council of Local Authorities for International Relations) (2019). *Local
Government in Japan 2016* (2018 Revised Edition), Tokyo. https://www.
jlgc.org/cms/wp-content/uploads/jichi-en_1.pdf (2020.9.26. 검색)

Okamoto, Mitsuhiko, and Serdült, Uwe (2020). Recall in Japan as a measure
of vertical accountability. Yanina Welp and Laurence Whitehead
(eds.). *The Politics of Recall Elections*. Palgrave macmillan.

Okamoto, Mitsuhiko, Ganz, Nils, and Serdült (2014). *Direct democracy in
Japan*. C2D Working Paper series. C2D Centre fro Research on Direct
Democracy and ZDA Centre for Democracy Studies Aarau at the
University of Zurich.

Takanobu Tsujiyama (2000). Local Self-Governance in Japan: The realties
of the direct demand system'. *National Institute for Research
Advancement Review* 7(2), 26-27.

3. 판례

공직선거 및 선거부정방지법 제15조 위헌확인(헌재, 1997.6.26./96헌마
89)

공직선거 및 선거부정방지법 제37조 제1항 위헌확인(헌재, 1991. 1. 28
/97헌마253)

주민소환제에 관한 법률 위헌확인(헌재, 2011.3.31./2008헌마355)

주민소환에 관한 법률 제10조4항 위헌소원(헌재, 2011.12.29./2010헌
바368)

주민소환에 관한 법률 제1조 등 위헌확인(헌재, 2009.3.26./2007헌마
843)

주민소환에 관한 법률 제9조 제2항 등 위헌확인(헌재, 2015.1.29./2013
헌마221)

대법원 1992. 9. 22 / 대판 91도 3317.

대법원 판결 2004. 10. 28 선고 / 2004 추 102,

전라남도 공직자 소환에 관한 조례안 재의결 무효 확인 (2004.11.1./
2004추89,2004추102)

4. 관련 법안 및 헌법개정안 등

〈제20대 국회 국민소환제 관련 발의법안〉

의안번호 20211152 국회의원 국민소환에 관한 법률안
(정동영의원 등 15인), 2019.6.26.

의안번호 2021071국회의원의 국민소환에 관한 법률안
(황주홍의원 등 10인), 2019.6.20.

의안번호 2005606 국민소환에 관한 법률안
(박주민의원 등 18인), 2017.2.13.

의안번호 200541 국회의원의 국민소환에 관한 법률안
(황영철의원 등 33인), 2017.2.3.

의안번호 2004324 국회의원의 국민소환에 관한 법률안
(김병욱의원등11인), 2016.12.12.

의안번호2004230 국회의원의 국민소환에 관한 법률안
(김병욱의원 등 10인), 2016.12.8.

〈제21대 국회 국민소환제 관련 발의법안〉
의안번호 2103105 국회의원의 국민소환에 관한 법률안
(민형배의원 등 11인) 2020.8.20
의안번호 2101965 국민소환에 관한 법률안
(박주민의원 등 27인) 2020.7.15.
의안번호 2101965 국회의원의 국민소환에 관한 법률안
(김병욱의원 등 10인) 200.7.15
의안번호 2101263 국회의원의 국민소환에 관한 법률안
(박영순의원 등 12인) 2020.7.1.
의안번호 2100263 국민소환에 관한 법률안
(최강욱의원 등 11인) 2020.6.08.
의안번호 2100035 국회의원의 국민소환에 관한 법률안
(이정문의원 등) 2020.6.1

〈헌법개정안 등〉
국민의 당,헌법개정안(2017.2.17.)
나라 살리는 헌법개정 국민주권회의 헌법개정안(2017.2.13.)
대한민국헌법 개정안(대통령 공고 제278호)(2018.3.26.)
지방분권개헌 국민행동,지방분권개헌국민행동 헌법개정안(2016.2.25.)

5. 여론조사 등

류이근, '도입 합의 소환제 논의 본격화', 〈한겨레신문〉(2004.5.11.)
남정호, '다시 떠오르는 국민소환제', 〈투데이신문〉(2019.7.18.)
정연주, '국민소환제 법제화? 여야 정권 바뀌어도 어렵다,' 〈news1〉
    (2019.7.6.)
이서희, '직접민주주의 도입을 통한 시민의 참여가 필요하다', 〈오마이뉴
    스〉(2018.4.2.)
윤호창, '21대 국회가 수행해야할 10대 과제' 〈프레시안〉(2020.4.13.)
http://www.legislation.gov.uk/ukpga/2015/25/contents/
    enacted(2020년5월1일 열람)
국민청원 답변 〈국회의원도 국민이 직접 소환할 수 있어야 합니다〉(참여
    인원 210,344)(2020.5.1.)

국회의원국민소환제 여론조사(리얼미터, 2019.6.3.)

http://www.realmeter.net/%ea%b5%ad%ed%9a%8c%ec%9d%
98%ec%9b%90%ea%b5%ad%eb%af%bc%ec%86%8c%e
d%99%98%ec%a0%9c-%ec%b0%ac%ec%84%b1-78-vs-
%eb%b0%98%eb%8c%80-16/

국회의원국민소환제 여론조사(리얼미터, 2017.6.11.)

https://www.nesdc.go.kr/files/result/202007/
FILE_201706090305244260.pdf.htm

조사기관 : 칸타코리아. 서울신문 창간기념 여론조사 보도, 2019.7.18

https://www.nesdc.go.kr/files/result/202007/
FILE_201907170401262950.pdf.htm

한국사회여론연구소(KSOI), 2019. 6. 23 일요서울보도

https://www.nesdc.go.kr/files/result/202007/
FILE_201906221036061900.pdf.htm

한국사회여론연구소(KSOI), 2018. 3. 19보도(고발뉴스)

https://www.nesdc.go.kr/files/result/202007/
FILE_201803170813468250.pdf.htm

색인

국회의원도 소환하라!! 국민소환제

초판 1쇄 인쇄 2021년 7월 5일
초판 1쇄 발행 2021년 7월 10일

지은이 이경주·정영태·박재범·김헌구
펴낸곳 논형
펴낸이 소재두
등록번호 제2003-000019호
등록일자 2003년 3월 5일
주소 서울시 영등포구 당산로 29길 5-1 502호
전화 02-887-3561
팩스 02-887-6690
ISBN 978-89-6357-250-5 94340
값 19,000원